Franz Breid (Hrsg.)

Wenn der Herr einst wiederkommt

Zu Fragen über die Letzten Dinge

FRANZ BREID (HRSG.)

Wenn der Herr einst wiederkommt

Zu Fragen über die Letzten Dinge

Referate der «Internationalen Theologischen Sommerakademie 2012» des Linzer Priesterkreises in Aigen/M.

CHRISTIANA-VERLAG
im Fe-Medienverlag • Kisslegg-Immenried

2. Auflage 2013

© CHRISTIANA-VERLAG
im Fe-Medienverlag, Hauptstr. 22, D-88353 Kisslegg-Immenried
www.fe-medien.de

Alle Rechte vorbehalten
Satz und Layout: CHRISTIANA-VERLAG
Druck: Scandinavianbooks – Printed in EU

ISBN 978-3-7171-1219-8

Inhaltsverzeichnis

Vorwort des Herausgebers 7

Thomas Heinrich Stark, St. Pölten
   Die ewige Bestimmung des Menschen
   und die Unsterblichkeit der Seele 9

Karl Wallner, Heiligenkreuz
   Reinkarnation aus christlicher Sicht 57

Manfred Hauke, Lugano
   Das zweite Kommen Christi 86

Regina Willi, Heiligenkreuz
   Die Botschaft vom Gericht als Warnung
   und Frohbotschaft 115

Michael Stickelbroeck, St. Pölten
   Übergang und Umwandlung
   – zur Theologie des Fegefeuers 147

Anton Ziegenaus, Augsburg
   Die Hölle als Wirklichkeit ewigen
   Heilsverlustes 175

Joseph Schumacher, Freiburg
   Was bedeutet Auferstehung der Toten? 188

Peter Christoph Düren, Augsburg
  Ein kritischer Blick auf Totenliturgie
  und Bestattungsriten 231

Kurzbiographien 308

Vorwort des Herausgebers

Die unsichere Zukunft des Euro-Raumes, die weltweite Schuldenproblematik der Staaten und der Banken und eine Fülle von Privatoffenbarungen dürften dazu beigetragen haben, dass die Menschen heute wieder hellhörig geworden sind für Fragen der Eschatologie. Die Antworten, die sie suchen, sind allerdings oft meilenweit von der Wahrheit der Offenbarung durch Christus entfernt.

Unsere Akademie war bemüht, einen Beitrag zur Beachtung dieser drängenden Fragen zu leisten und stimmige Antworten aus der Sicht des katholischen Glaubens zu geben.

Nachdem die Totenliturgie den Begriff «Seele» praktisch eliminiert hat, war zuerst die Problematik um die Seele des Menschen und ihr Weiterleben nach dem Tod, getrennt vom Leib zu klären.

Im Tod trennt sich die Seele vom Leib, es gibt keinen «Ganztod», in den auch die Seele mit hineingezogen wäre, die Wiedervereinigung der «anima separata» mit dem – dann allerdings verklärten – Leib geschieht am Jüngsten Tag.

Da viele Menschen beim Sterben grundsätzlich schon im Gnadenstand sind, aber noch der Läuterung bedürfen, erleben sie die Leidenszeit des Fegefeuers, wo aber die Lebenden ihnen mit den diversen Suffragien zu Hilfe kommen können.

Wie Prof. Hauke im Blick auf die Zeit vor der Wiederkunft Christi überzeugend darlegen konnte, ist der der Wiederkunft Christi vorausgehende «Antichrist» durchaus als eine real lebende Einzelperson zu verstehen.

Jesus ist nach seinem Tod in der Erde bestattet worden, das Erdbegräbnis sollte darum die Begräbnisform des Christen sein. Im Anschluss an die Kremation eines Menschen werden heute manche Formen der «Bestattung» praktiziert, die der Personwürde des Menschen kaum mehr gerecht werden, so wenn Teile der Asche dann zu einem Diamanten oder zu einer Bleistiftmine gemacht werden.

Das – auch bei der Akademie selbst festzustellende lebhafte Interesse an den Fragen der Eschatologie – hat gleichermaßen gezeigt, wie sehr dieses Thema heute die Menschen existenziell berührt, ebenso aber auch, wie wenig verlässliche Glaubensdarbietung dazu im kirchlichen Alltag geschieht.

Es ist zu hoffen, dass der Sammelband mithilft, letztere Lücke zu schließen.

Franz Breid

Prof. Dr. Thomas Heinrich Stark, St. Pölten

Die ewige Bestimmung des Menschen und die Unsterblichkeit der Seele[1]

Die Fragen, die sich um die Themen Tod und Unsterblichkeit ranken, stehen im Zentrum der menschlichen Suche nach universalem Sinn. Das existenzielle Vertrauen in den Sinn des Daseins ist jedoch einer Gefährdung ausgesetzt, denn das Faktum des unausweichlichen Todes ist dazu angetan, die Sinnhaftigkeit des menschlichen Lebens insgesamt in Frage zu stellen. Der Erwartung eines Lebens nach dem Tode scheint demgegenüber jedoch das Potential eigen zu sein, einen universalen Sinnhorizont zu eröffnen, der dem Faktum des Todes seinen alles vernichtenden Charakter nimmt.

Und so nimmt es denn auch nicht weiter Wunder, dass Vorstellungen von einem Leben nach dem Tod die gesamte menschliche Kulturgeschichte begleiten, ja, geradezu im Zentrum der Kulturgeschichte angesiedelt zu sein scheinen. Zu den ältesten Spuren, die aus den frühsten Entwicklungsstufen der menschlichen Kultur auf uns gekommen sind, gehören solche, die von Begräbnisritualen und damit in Zusammenhang stehenden Vorstellungen von einem Leben nach dem Tod Zeugnis geben.

Die christliche Eschatologie blickt also auf eine große Zahl vielgestaltiger Vorläufer zurück, die teilweise bereits

---

[1] Bei dem vorliegenden Text handelt es sich um eine erheblich erweiterte Fassung meines Vortrags in Aigen.

in die Richtung der christlichen Eschatologie weisen. Andererseits muss darauf hingewiesen werden, dass die heute weit verbreitete Zurückweisung eines Glaubens an ein Weiterleben nach dem Tod, wiewohl sie menschheitsgeschichtlich keineswegs die Regel, sondern eher schon eine kuriose Ausnahme darstellt, ebenfalls keine moderne Erfindung ist, sondern auf antike Vorläufer zurückgeht. So führen etwa der atomistische Materialismus eines Demokrit, der Nihilismus der Sophisten oder der Hedonismus der Epikureer zu einer Lebenseinstellung, die ein Weiterleben nach dem Tod als Illusion erscheinen lässt. Ist eine solche Lebenseinstellung – so könnte man fragen – nicht am Ende doch die realistischere und vernünftigere?

Hier wird man antworten können: Zumindest was den christlichen Glaube an ein Leben nach dem Tod betrifft, so handelt es sich bei ihm um alles andere als eine naive illusionäre Vertröstung. Vielmehr stützt dieser Glaube sich – wie die christliche Theologie insgesamt – außer auf die göttliche Offenbarung auch auf die diskursiven Argumente der philosophischen Vernunft. In denjenigen philosophischen Theoremen, auf die die Theologie sich in diesem Kontext zu beziehen pflegt, wird das Leben nach dem Tod in der Regel unter dem Stichwort der Unsterblichkeit der Seele verhandelt.

Alle philosophischen Erwägungen zu einer möglichen Unsterblichkeit der Seele sind jedoch mit der Schwierigkeit konfrontiert, zunächst begründen zu müssen, wozu die Annahme der Existenz der Seele notwendig sein soll, ja, ob eine solche Annahme überhaupt sinnvoll und vernünftig ist. Einer heute weit verbreiteten Auffassung zufolge, ist die Annahme eines immateriellen Prinzips wie der Seele verzichtbar im Hinblick auf die Erklärung der Vorgänge in der materiellen Welt. All diese Vorgänge ließen sich – so sagt man – mit Hilfe physikalischer, chemischer und biologischer Modelle aus anderen materiellen Vorgängen zureichend erklären. Die materielle Natur erscheint somit als vollständig aus sich selbst erklärbar, was jegliche Bezugnahme auf immaterielle Faktoren als überflüssig erscheinen lässt.

Selbst das, was man gewöhnlich als den menschlichen Geist zu bezeichnen pflegt, sei nichts weiter als eine Folgeerscheinung bestimmter physikalischer und biochemischer Prozesse im menschlichen Organismus, genauer gesagt in den Strukturen des menschlichen Gehirns. Hinsichtlich der Erklärung der geistigen Fähigkeiten des Menschen sei die Annahme einer Seele daher vollkommen überflüssig.[2] Die einzige Funktion, die dem Konzept der Seele bestenfalls noch zugesprochen werden kann, sei die einer psychologisch wirksamen, sinnstiftenden Metapher, der freilich keine echte wissenschaftliche Bedeutung zukomme.

Angesichts dieser Ausgangslage gilt es zunächst der Frage nachzugehen, ob sich die Existenz der Seele philosophisch begründen lässt, und wenn ja, auf welche Weise.

---

2 Vgl. W. Kuhn, Biologischer Materialismus, Osnabrück 1973.

I. Die Seele als Prinzip der Selbstbewegtheit von Organismen und als «Form» des organischen Körpers[3]

Die philosophische Frage nach der Seele ist methodisch im Grenzbereich zwischen Naturphilosophie und Metaphysik angesiedelt. Da aber alle Wissenschaft auf die Erfahrung gegründet sein muss, und da dieser Grundsatz auch für eine sich als wissenschaftlich verstehende Philosophie in Geltung ist – worauf nicht zuletzt Aristoteles mit besonderem Nachdruck hingewiesen hat – bedarf die philosophische Beantwortung der Frage nach der Seele einer soliden Erfahrungsgrundlage, um nicht ins Phantastische, Mirakulöse oder gar Esoterische abzugleiten.

Daher beruht die philosophische Begründung der Existenz der Seele seit der griechischen Antike auf einer exakten und reflektierten Beobachtung der Natur. In der Natur begegnen uns nämlich zweit Grundformen von Bewegung: die *Fremd*bewegung und die *Selbst*bewegung. So bewegt sich etwa eine Billard-Kugel allein deshalb, weil sie vom Billard-Spieler oder von einer anderen Billard-Kugel angestoßen und dadurch von *außen* in Bewegung versetzt wurde. Uns begegnen aber auch selbstbewegte Dinge, nämlich Organismen, die sich offensichtlich selbst in Bewegung versetzen und in Bewegung halten. Da aber jede Bewegung einen Grund haben muss, kann der Grund der Bewegung selbstbewegter Dinge, indem er nicht *außerhalb*

---

[3] Bei den folgenden Überlegungen zur Phänomenologie des Lebens orientiere ich mich vor allem an: H. Plessner, Die Stufen des Organischen und der Mensch. Einleitung in die philosophische Anthropologie, (3. Aufl.) Berlin / New York 1975. Vgl. auch: J. von Uexküll, Theoretische Biologie, Frankfurt 1973; H. Conrad-Martius, Der Selbstaufbau der Natur Entelechie und Erngie, Hamburg 1944; dies., Bios und Psyche, Hamburg 1949; dies., Das Lebendige. Die Endlichkeit der Welt. Der Mensch. Drei Dispute, München 1951.

von ihnen angesiedelt ist, nur in ihnen selbst liegen. Und diesen Grund der Selbstbewegung nennt die Philosophie seit jeher Seele. Die Unterscheidung von Fremdbewegung und Selbstbewegung bildet sodann das Kriterium der Unterscheindung zwischen toten und lebendigen Dingen. Selbstbewegung ist das Kriterium des Lebens. Somit fungiert die Seele, als der Grund der Selbstbewegung, auch als das Prinzip des Lebens in selbstbewegten Dingen, also in Organismen.[4]

Nun weist aber jede Bewegung eine Richtung auf. Eine richtungslose Bewegung wäre ein Widerspruch in sich selbst. Die Richtung einer Bewegung hängt ab vom Impuls, der die Bewegung anstößt. Der Impuls ist nämlich eine Vektorgröße, die neben einem bestimmten Betrag an Energie immer zugleich eine Richtungsvorgabe beinhaltet. Daher wird durch die Ursache einer Bewegung immer zugleich die Ausrichtung dieser Bewegung mitverursacht. Da die Ursache der Bewegung toter Dinge außerhalb dieser Dinge liegt, werden tote Dinge immer von außen in eine bestimmte Richtung gelenkt. Wenn etwa eine Billardkugel von außen einen Bewegungsimpuls aufnimmt, so wird sie dadurch nicht nur in Bewegung gesetzt, sondern zugleich immer auch in eine ganz bestimmte Richtung gelenkt. Lebendige Dinge, also Organismen, tragen die Ursache ihrer Bewegungen hingegen in sich selbst. Daher geben sie ihren Bewegungen auch selbst deren Richtung vor.

Die Ausrichtung jeder Bewegung verweist aber stets auf ein Ziel, denn eine ziellose Ausrichtung wäre ebenso ein Widerspruch in sich selbst wie eine richtungslose Bewegung. Wenn Organismen sich also selbstständig in

---

4 Platon, Nom. 895 f., Phaidr. 245; Aristoteles, De anima B, 1, 412 b 4; Phys. II 1, 92 b 8 f.; De anima II 2, 413 20 ff.; Historia animalium VIII 1, 588 b 6 ff.; De generatione animalium II 1, 732 a 11 ff.

Bewegung versetzen, so müssen sie sich auch selbst das Ziel dieser Bewegung vorgeben. Die Zielgerichtetheit von Organismen ist also eine notwendige Konsequenz ihrer Selbstbewegtheit. Diese Zielgerichtetheit von Organismen bezeichnet Aristoteles als Entelechie. Sich selbst auf ein Ziel hin in Bewegung zu setzen, bezeichnet man als Streben. Daher zeichnen sich Organismen durch ihr Streben aus. Organismen sind also auf etwas aus.[5] Steine sind hingegen auf nichts aus. Auf etwas aus zu sein, ist das grundlegende Charakteristikum, durch das lebendige Organismen sich von toten Dingen unterscheiden. Wenn es nun aber die Seele ist, die die Selbstbewegung der Organismen verursacht und sie dadurch auf ein Ziel ausrichtet, dann ist die Tatsache, dass Organismen auf etwas aus sind, in der Aktivität ihrer Seele begründet.[6]

1. Das vegetative Leben der Pflanze[7]

Als lebendige Dinge zeichnen sich Organismen also dadurch aus, nicht einer Bewegung unterworfen zu sein, die ihnen von außen aufgenötigt wurde. Vielmehr initiieren sie ihre Bewegungen selbst und bestimmen eigenständig deren Richtung und Verlauf. An dieser Stelle gilt es jedoch zu beachten, dass der Begriff der Bewegung im aristotelischen Sinne, so wie er hier verwendet wird, nicht nur die Ortsveränderung von A nach B bezeichnet, sondern jede Art der Veränderung im Sinne der

---

5 Vgl.: Robert Spaemann, Zum Begriff des Lebens, in: ders., Schritte über uns hinaus. Gesammelte Aufsätze und Reden II, Stuttgart 2011, S. 82-92.

6 Vgl.: Robert Spaemann, Seelen, in: ders., Schritte über uns hinaus. Gesammelte Aufsätze und Reden II, Stuttgart 2011, S. 126-145.

7 Zum Leben der Pflanze siehe: H. Plessner, Die Stufen des Organischen, a.a.O., S. 218-226.

Prozessualität.[8] So sind pflanzliche Organismen zwar in aller Regel ortsgebunden, d.h. sie vollziehen von sich aus keine Ortsveränderung von A nach B, aber bereits sie vollziehen sehr wohl Bewegungen im Sinne der Prozessualität, indem sie nämlich ihren Organismus selbst aktiv aufbauen, d.h. indem sie selbsttätig zu einer bestimmten Gestalt heranwachsen.

Man kann also sagen, dass nicht etwa erst Tiere, sondern bereits pflanzliche Organismen auf etwas aus sind, nämlich darauf, ihre artgemäße Struktur aufzubauen.[9] Als selbstbewegte Systeme zeichnen sich bereits pflanzliche Organismen durch die Fähigkeit zur Selbstorganisation aus. Ein Organismus ist kein Aggregat, das durch äußere Einwirkungen zusammengesetzt wird, wie dies bei jeder Maschine der Fall ist. Organismen sind vielmehr autopoietische Systeme, die sich selbst aufbauen. Aufbau und Gestalt von Organismen ergeben sich bereits auf der Ebene des vegetativen Lebens der Pflanze nicht allein aus den zufälligen Umwelteinflüssen, denen die Pflanze ausgesetzt ist. Derartige Zufälligkeiten bedingen den Aufbau geologischer Schichten oder die Gestalt von Flussläufen, die sich gegenüber den auf sie einwirkenden Einflüssen passiv verhalten. Aufbau und Gestalt einer Pflanze entspringen dagegen der Eigenaktivität des pflanzlichen Organismus. Freilich ist eine Pflanze immer auch von Umweltbedingungen abhängig, die auf ihren Aufbau und ihre Gestalt einen Einfluss ausüben. Dieser Einfluss erfolgt aber nicht *unmittelbar*, sondern er ist *vermittelt* durch die Eigenaktivität der Pflanze.

---

8 Aristoteles, De anima II, 2, 413 a 22-25. Zur Struktur, Organisation und Aktivität alles Lebendigen im Allgemeinen vgl.: H. Plessner, Die Stufen des Organischen, a.a.O., S. 123-218.

9 Vgl. H. Conrad-Martius, Die «Seele» der Pflanze. Biologisch-ontologische Betrachtungen, Breslau 1934.

So nehmen etwa Licht, Feuchtigkeit und Temperatur einen Einfluss auf das Wachstum einer Pflanze. Allerdings verursachen sie das Pflanzenwachstum nicht *unmittelbar*. Die kausale Wirkung, die derartige Umwelteinflüsse auf die Pflanze ausüben, beschränkt sich darauf, Reize auszulösen, die die Pflanze registriert und auf die sie dann *reagiert*, indem sie eine Eigenaktivität in Gang setzt. Wenn sich eine Pflanze etwa nach dem Licht ausrichtet, so ist das Licht nicht die eigentliche *Ursache* für diese Ausrichtung des Pflanzenwachstums, sondern eher dessen *Anlass*. Die kausale Wirkung, die das Licht an der Pflanze hervorruft, beschränkt sich auf die Erzeugung eines *Reizes*. Der durch diesen Reiz veranlasste Bewegungsimpuls und die spezifische Ausrichtung der Wachstumsbewegung resultieren hingegen aus der *Eigen*aktivität, mit der die Pflanze aus eigenem Antrieb auf diesen Reiz *reagiert*.[10]

Wie der Aufbau jedes Systems, so basiert auch der Aufbau organischer Systeme auf einem Bauplan, d.h. auf Informationen. Anders als aggregative Systeme, also Maschinen, tragen Organismen ihren Bauplan allerdings in sich. Sie sind selber Träger der Informationen, die den Aufbau ihrer Struktur regeln. Diese Informationen werden nicht von außen in den Organismus importiert, sondern im organischen Prozess vom Organismus selbst kodiert. Jeder Organismus schreibt seinen eigenen Bau-

---

10 Damit soll keineswegs der Automatismus von Reiz und Reaktion in Frage gestellt werden. Es wird hier nicht behauptet, dass ein pflanzlicher Organismus sich etwa aussuchen könnte, ob und wie er auf einen Reiz reagiert. Es wird hier lediglich festgestellt, dass nicht etwa Licht, Feuchtigkeit oder Temperatur die eigentlichen *Ursachen* des organischen Wachstumsprozesses und seines Richtungsverlaufs bilden, sondern vielmehr die spontane Eigenaktivität, mit der der Organismus auf die Licht-, Feuchtigkeits- oder Temperaturreize *reagiert*, so zwingend und automatisiert die Reaktion auf diese Reize für die Pflanze auch sein mag. Der hier herausgestellt Unterschied bezieht sich also lediglich auf die Bewegungs*ursache*.

plan gleichsam selbst und liest die für seinen Selbstaufbau notwendigen Informationen an sich selbst ab. Organismen erweisen sich darin als informationsverarbeitende Systeme.

Insofern kann man sagen, dass alle Organismen über Reflexivität verfügen. Reflexivität ist hier jedoch nicht im Sinne des Bewusstseins zu verstehen, sondern lediglich in dem Sinne, dass Organismen auf sich selbst rückbezogen sind. Aufgrund ihrer Reflexivität, also aufgrund seiner Rückbezogenheit auf sich selbst, bilden Organismen eine Sphäre der Innerlichkeit aus, ein Innenleben und Eigenleben, das ihnen eine Eigenständigkeit gegenüber ihrer Umwelt verleiht.[11] Diese Tatsache kommt daran sichtbar zum Ausdruck, dass jeder Organismus sich nach außen hin aktiv abgrenzt. Ein Organismus hört nicht einfach nur irgendwo auf, d.h. er ist nicht nur räumlich begrenzt, sondern er führt – aufgrund seiner Innerlichkeit – innerhalb seiner räumlichen Grenzen ein Eigenleben, das ihn grade auch in funktionaler Hinsicht von seiner Umwelt unterscheidet. Vermittels seines Innenlebens und Eigenlebens gibt der Organismus sich selbst seine Gestalt. Jede Gestaltgebung aber ist Konturierung, d.h. Grenzsetzung. Jede Gestalt ist durch ihre Konturen, d.h. ihre Grenzen definiert.

Während die Konturierung, d.h. die Gestaltung toter Gegenstände, aus den von außen auf sie einwirkenden Einflüssen resultiert, geben Organismen sich selbst ihre

---

11 Adolf Portmann hat herausgestellt, «dass alle Lebewesen in irgendeiner wenn auch noch so rätselvollen Weise […] Wesen der Innerlichkeit sind», und dass daher «Lebewesen in der Welt als Subjekte auftreten», als «relativ autonome Zentren des Handelns». Dies gilt freilich in der Weise, dass man «diesen Subjektcharakter nicht mit dem Auftreten von Bewusstsein allzu sehr […] identifizieren» dürfe. Vgl. A. Portmann, Entlässt die Natur den Menschen? Gesammelte Aufsätze zur Biologie und Anthropologie, München 1970, S. 15.

Gestalt. Ein Kieselstein erhält seine Gestalt ebenso durch äußere Einwirkungen wie eine Statue, deren Gestalt (auch wenn diese z.B. einen Organismus darstellt) ein Bildhauer in den Stein meißelt. Der Organismus hingegen erhält seine Gestalt nicht durch äußere Einwirkungen, sondern durch sein eigenes, aus seinem Innenleben und Eigenleben entspringendes, an seinem Bauplan orientiertes Wirken auf sich selbst, d.h. durch seine Reflektiertheit. Daher sind Organismen nicht nur raumfüllend, sondern raumbehauptend. Organismen setzen selbst aktiv eine Grenze, die ihr Inneres von ihrer Umgebung scheidet, und sie verteidigen diese Grenze auch aktiv im Rahmen ihrer Selbstbehauptung. Dass dies bereits bei pflanzlichen Organismen der Fall ist, wird überall dort sinnfällig, wo etwa die Wurzeln einer Pflanze den Straßenbelag durchstoßen oder eine Gartenmauer sprengen.

Dass Organismen ihre Grenze selbst setzen, zeigt ferner an, dass sie immer schon über ihre Grenzen hinaus sind. Denn ein Seiendes, das nicht in irgendeiner Weise über seine eigene Grenze hinaus ist, stößt nie an seine Grenze; es bemerkt seine Grenze daher gar nicht und kann sich daher auch nicht aktiv zu seiner Grenze verhalten. Folglich kann es seine eigene Grenze auch nicht aktiv selbst setzen und gegenüber seiner Umwelt behaupten. Indem Organismen aber genau dies tun, zeigen sie an, dass sie sich selbst überschreiten und in diesem zunächst rein formalen Sinne selbsttranszendent sind. Es lassen sich drei Weisen dieser Selbstüberschreitung von Organismen unterscheiden: eine materielle, eine informationelle und eine zeitliche.

Zunächst fällt auf, dass Organismen sich in der Weise überschreiten, dass sie in einem Austausch mit ihrer Umwelt stehen. Diese Form der Selbstüberschreitung findet ihren materiellen Ausdruck im Stoffwechsel, in dem Organismen beim Vollzug ihrer Vitalfunktionen stoffliches Material aus ihrer Umgebung aufnehmen und es in ihre organische Struktur integrieren und anderes Material aus ihrer organischen Struktur ausscheiden und in die Umwelt abgeben. Organismen stehen aber auch in informationeller Hinsicht im Austausch mit ihrer Umwelt. Jeder Organismus nimmt Informationen von außen auf, indem er gewisse Umweltbedingungen und deren Veränderung registriert, d.h. indem er Reize empfängt, auf die er dann reagiert. Und gerade an diesem Reiz-Reaktions-Schema erweist sich erneut die Reflektiertheit jedes Organismus. Zwar steuert der Organismus seine Aktivitäten selbst, indem er sich auf die artspezifischen Informationen bezieht, die er selbst enthält und an denen er seine Eigenaktivität orientiert. Allerdings passt er seine Eigenaktivitäten auch den Umweltbedingungen an, über die er vermittels der auf ihn wirkenden Reize «informiert» ist.

So richten sich Pflanzen in ihrem Wuchs, d.h. beim Aufbau ihres Organismus, an ihrer Umgebung und den dort herrschenden Bedingungen aus. Aber gerade in dieser Anpassung behauptet der Organismus seine Identität, denn die Anpassung dient allein dazu, den von allen Umwelteinflüssen unabhängigen artspezifischen Bauplan des Organismus unter jeweils besonderen konkreten Bedingungen möglichst optimal zu realisieren. Gelingt es einem pflanzlichen Organismus nicht, seinen Bauplan unter den gegebenen Umweltbedingungen zu realisieren und dadurch seine Identität zu behaupten, so geht er zugrunde.

Der Anpassungsfähigkeit von Organismen sind deutliche Grenzen gesetzt. So können Pflanzen ihren Bauplan nicht ändern, wenn er in einer bestimmten Umgebung nicht realisiert werden kann. (Wenn man einen Rosenstock in eine Wüste setzt, wo er keine ausreichende Lebensgrundlage vorfindet, wird er nicht zu einem Kaktus mutieren, um zu überleben, sondern er wird eingehen.)

Und noch in einer weiteren Hinsicht sind Organismen als informationsverarbeitende Systeme zu qualifizieren: Organismen beinhalten nämlich nicht nur artspezifische Informationen und sie nehmen nicht nur zusätzliche Informationen von außen auf, sondern sie geben auch Informationen nach außen ab. So senden Organismen – wenn auch zumeist unbewusst – durch ihre äußere Erscheinungsweise Signale an andere Organismen und induzieren dadurch ein für sie selbst vorteilhaftes Verhalten dieser anderen Organismen. Symbiotische Verhältnisse zwischen unterschiedlichen Organismen sind in der Regel durch Informationsaustausch gesteuert.

Und schließlich überschreiten Organismen sich auch in zeitlicher Hinsicht. Eines der wichtigsten Merkmale, wodurch belebte Dinge sich von unbelebten Dingen unterscheiden, bildet deren Fähigkeit, sich in strukturell identischen Exemplaren fortzupflanzen, d.h. durch Reproduktionen ihrer selbst ihrer Organstruktur eine über ihr Ableben hinausreichende Dauer zu verleihen.

Wenn wir an dieser Stelle rekapitulieren wollen, welches die Kriterien sind, durch die sich belebte Dinge, also Organismen, von unbelebten Dingen unterscheiden, so kommen wir zu folgendem Ergebnis:

Organismen sind selbstbewegt, d.h. sie tragen die Ursache ihrer Bewegung in sich, halten sich selbst in Bewegung, geben ihrer Bewegung selbst ihre Richtung vor und sind somit zielgerichtet. Sie sind informationsverarbeitende Systeme, denn sie bauen ihre eigene Struktur selbstständig auf, und beziehen sich dabei auf die Informationen ihres Bauplans, den sie selbst beinhalten, sowie auf Informationen, die sie aus ihrer Umwelt aufnehmen. Darin erweisen Organismen sich als reflektiert, d.h. als auf sich selbst rückbezogen. Aufgrund ihrer Reflexivität entwickeln Organismen Innerlichkeit und Eigenleben, was sie in die Lage versetzt, ihre eigene Grenze selbst zu setzen und zu behaupten, sie aber zugleich auch zu überschreiten. Organismen transzendieren sich selbst in Gestalt von Stoffwechsel, Informationsaustausch und Fortpflanzung.

All diese Lebensprozesse sind Ergebnis und Ausformung der Eigenaktivität und somit der Selbstbewegtheit der Organismen. Da aber die Ursache einer Bewegung auch die Ursache ihrer Ausrichtung ist, muss die Seele, wenn sie als Ursache der Selbstbewegtheit der Organismen anzusehen ist, auch die Ursache aller Lebensprozesse und ihrer Zielrichtung sein. Es ist daher konsequent zu sagen, die Seele ist das Gestaltungsprinzip und somit die Form des organischen Körpers und seiner (Eigen-)Aktivitäten. Und nichts anderes sagt Aristoteles.

Wenn wir ferner festgestellt haben, dass Leben darin besteht, auf etwas aus zu sein, und wenn wir die zuvor dargestellten Lebensäußerungen von Organismen Revue passieren lassen, dann stellt sich die Frage: Was eigentlich ist es, worauf Organismen letztlich aus sind? Die Antwort auf diese Frage lautet: Sie sind darauf aus, ihrer Entelechie zu folgen, d.h. die in ihnen angelegten Möglichkeiten zu verwirklichen und die Ziele zu erreichen, auf die sie durch ihre seelische Aktivität ausgerichtet sind. Organismen streben nach Selbstverwirklichung oder – aristotelisch ausgedrückt – nach Vervollkommnung, nach perfectio, denn die perfectio ist es, worin die Selbstverwirklichung erst zu ihrem eigentlichen Ziel gelangt. Das Streben nach Selbsterhaltung ist demgegenüber sekundär. Die Selbsterhaltung steht im Dienst des Strebens nach Vervollkommnung und nicht umgekehrt die Vervollkommnung im Dienst der Selbsterhaltung – wie der Darwinismus uns glauben machen will.¹² Leben ist Streben nach Vollkommenheit. Leben als bloßes Streben nach Leben wäre absurd.

2. Das animalische Leben des Tieres¹³

Leben weist eine Stufenordnung auf, es ist daher offensichtlich hierarchisch geordnet. Die Vervollkommnung, der alles Leben zustrebt, erfolgt daher auf jeder Stufe des Lebens auf je eigene Weise.

---

12 Dieser Zusammenhang gilt übrigens gerade auch hinsichtlich der Fortpflanzung. Wenn wir auch zuvor die Vererbung unter dem Gesichtspunkt der Informationsweitergabe betrachtet haben, so beleuchtet dieser Gesichtspunkt nur einen Aspekt an der Funktion der Vererbung, die sich in diesem Aspekt keineswegs erschöpft. Denn was bei der Vererbung weitergegeben wird, ist nicht primär Information, sondern organisches Leben im Ganzen. Unbeschadet der Tatsache, dass Information einen integralen Bestanteil organischen Lebens bildet, geht die Bedeutung des Lebens nicht darin auf, Träger von Information zu sein. Der Zweck der in der Fortpflanzung weitergegebenen Erbinformation ist die Weitergabe organischen Lebens im Ganzen, das sich zwar anhand der Erbinformation selbst organisiert, dessen Bedeutung aber nicht umgekehrt darin aufgeht, der Informationsweitergabe und damit der Selbsterhaltung der Art zu dienen. Die Weitergabe des Lebens ist die Weitergabe eigenaktiver, selbstorganisierter Identität und somit die Weitergabe der Möglichkeit zur Selbstvervollkommnung. Die Vererbung steht im Dienst des Lebens, nicht das Leben im Dienst der Vererbung. Die Theorie vom «egoistischen Gen» (vgl. R. Dawkins, The Selfish Gen, Oxford 1989) ist eine materialistische Variante des Platonismus, für den Leiblichkeit und Vitalität lediglich akzidentelle, wenn nicht gar verzichtbare, ja, im Letzten eigentlich inadäquate Träger abstrakter Bedeutungsgehalte darstellen. Wir werden darauf später noch näher einzugehen haben. Zum Darwinismus aus biologischer Sicht siehe: W. Kuhn, Biologischer Materialismus, Osnabrück 1973, ders., Darwins Evolutionstheorie, Köln 1985; ders., Stolpersteine des Darwinismus, Stein am Rhein 1999. Zum Darwinismus aus naturphilosophischer Sicht siehe: H. Conrad-Martius, Abstammungslehre, München 1949. Zu den sich aus dem Darwinistischen Menschbild mit Notwendigkeit ergebenden politischen Konsequenzen vgl.: H. Conrad-Martius, Utopie der Menschenzüchtung. Der Sozialdarwinismus und seine Folgen, München 1951.

13 Zum Leben des Tieres vgl. H. Plessner, Die Stufen des Organischen, a.a.O., 226-287.

Die unterste Stufe des Organischen, nämlich die Ebene des vegetativen Lebens der Pflanzen, wird überformt durch die höhere Ebene des animalischen Lebens. Auch der tierische Organismus hat vegetatives Leben, d.h. die Eigenaktivität des tierischen Organismus vollbringt all jene Leistungen, die wir uns bereits am Leben der Pflanzen vergegenwärtigt haben, er hebt diese Lebensäußerungen aber auf eine höhere Ebene.

Am augenfälligsten wird dies dadurch, dass Tiere selbstständig Ortsveränderungen vollführen können. Dazu aber müssen sie sich in ihrer Umwelt orientieren. Sie nehmen daher nicht nur Reize auf, sondern verfügen über sinnliche Empfindungen, bzw. über echte Wahrnehmungen, und zwar Wahrnehmungen ihrer Umwelt wie auch Selbstwahrnehmungen. Sie werden ihrer Umwelt und ihrer selbst gewahr. Sie sind daher in einem wesentlich höheren Maße reflektiert als Pflanzen. D.h. sie sind viel intensiver auf sich selbst rückbezogen und prägen daher eine viel intensivere Innerlichkeit aus als pflanzliche Organismen.

Die bereits im pflanzlichen Organismus objektiv anzutreffende Innerlichkeit findet in der Pflanze keine Repräsentation, d.h. die Pflanze bemerkt ihre eigene Innerlichkeit nicht. Das liegt daran, dass der pflanzliche Organismus kein eigentliches Zentrum aufweist. Pflanzliche Organismen sind vergleichsweise undifferenziert, weil ihre einzelnen Organe nur eine geringe Spezialisierung aufweisen, sodass die organischen Funktionen der Pflanzen mehr oder minder gleichmäßig über ihren gesamten Organismus verteilt sind. Daher erhält man, wenn man eine Pflanze zerteilt, in vielen Fällen zwei eigenständige und überlebensfähige Organismen. Dies ist bei Tieren nicht der Fall, denn tierische Organismen weisen – im Unterschied zu Pflanzen – einen hohen Grad an funktionaler Differenziertheit auf. Zugleich sind alle Funktionen im tierischen Organismus auf ein sie zu einer Einheit zusammenführendes Zentrum hingeordnet. Charakteristisch für tierische Organismen ist die Herausbildung eines Zentralorgans, dem eine organische Peripherie gegenübersteht. Diese organische Peripherie wiederum teilt sich (wenn wir es hier einmal bei einer sehr groben Einteilung belassen wollen) in ein Rezeptiv- und ein Effektivsystem, d.h. in Wahrnehmungs- und Handlungsorgane. Die Koordination des Gesamtsystems obliegt dem Zentralorgan, bei dem alle wichtigen Informationen zusammenlaufen und das alle Organaktivitäten aufeinander abstimmt und steuert.

Das Zentralorgan des Tieres tritt sodann zu dessen organischer Peripherie in ein Verhältnis des Habens, d.h. das Zentralorgan bedient sich der peripheren Organe als seiner Werkzeuge, die es gleichsam besitzt. Zugleich findet im Zentralorgan die Innerlichkeit des Tieres ihre konkrete organische Repräsentation. Im tierischen Organismus verdichtet sich die Selbstreflexivität und Innerlichkeit alles Organischen zu echter Subjektivität. Tiere haben Bedürfnisse, die sie bemerken, und vermögen daher Lust und Schmerz zu empfinden. Tiere verfügen über Erinnerungen und haben daher offenbar Vorstellungen und folglich auch Bewusstsein. (Wer schon einmal einen Hund beim Schlafen beobachtet hat, wird bemerkt haben, dass er bisweilen träumt.) Das Leben des Tieres ist zentriert um die Repräsentation einer reflexionsbedingten Innerlichkeit im Bewusstsein. Daher weist das Tier einen höheren Grad an Identität auf als die Pflanze. Indem aber dem Tier seine Umwelt zu Bewusstsein kommt, tritt es zu dieser Umwelt in ein Verhältnis des Habens, die dem Verhältnis des Habens analog ist, in dem das Zentralorgan seines Organismus zu seiner organischen Peripherie steht.

Die Zentriertheit des Tieres und seine daraus resultierende Stellung gegenüber seiner Umwelt wirkt sich im aktiven Verhalten des Tieres gegenüber seiner Umwelt aus. In ihrem Verhalten gegenüber ihrer Umwelt zeigen Tiere ein gegenüber Pflanzen extrem gesteigertes Maß an Selbsttranszendenz. Aufgrund ihrer gesteigerten Rückbezüglichkeit auf sich selbst, grenzen sie sich einerseits auch viel deutlicher von ihrer Umwelt ab als die Pflanzen. Tiere vegetieren nicht nur still vor sich hin, sondern sie greifen aktiv in ihre Umwelt jenseits der Grenze ihres Organismus ein. Tiere streben – bisweilen sehr eigensinnig – selbst gewählten Zielen nach. In ihnen steigert sich die Selbstorganisation vegetativen Lebens zu einem gewissen Grad der Selbst*bestimmung*, der sie dazu befähigt, mit einer bisweilen erstaunlichen Intelligenz zu agieren. Darüber hinaus sind höhere Tiere bis zu einem gewissen Grad zur Kommunikation fähig. Gerade aufgrund ihrer ausgeprägten Innerlichkeit leben Tiere zugleich sehr viel intensiver außerhalb ihrer selbst, also in ihrer Umwelt und auf ihre Umwelt hin, als Pflanzen dies tun.

Dies alles hat weitreichende Folgen, so z.B. diese: Während man einen Weinstock, um ihn – zum Zweck der Ertragssteigerung – in eine bestimmte Ordnung zu bringen, beschneidet, d.h. in seinem Wuchs begrenzt, muss man einen Hund erziehen, d.h. man muss sich kommunikativ mit ihm auseinander setzen, um bei ihm ein analoges Ergebnis zu erzielen. Dieser Umstand, sowie auch all die anderen Charakteristiken animalischen Lebens, die wir uns vergegenwärtigt haben, machen deutlich: Das animalische Leben ist nicht einfach auf das vegetative Leben aufgepfropft oder aufgestockt. Vielmehr überformt das animalische Leben das vegetative, stellt es in seinen Dienst und formt es im Hinblick auf die animalischen Zwecksetzungen grundlegend um. Tiere haben keinen

Pflanzenorganismus, der zusätzlich noch über Wahrnehmungen und Bewusstsein verfügt und herumläuft. Der Organismus des Tieres unterscheidet sich von dem der Pflanze vielmehr von Grund auf.

Tiere repräsentieren eine grundlegend andere, und zwar höhere, Form des Lebens als Pflanzen. Wenn aber Belebtheit durch Beseeltheit bedingt ist, so wird man annehmen müssen, dass Tiere über eine andere Art der Seele verfügen als Pflanzen. Die Eigenaktivität, d.h. die Selbstbewegung tierischer Organismen ist auf ein anderes Ziel ausgerichtet als diejenige der Pflanzen. Tiere verfügen über eine andere Art der Entelechie als Pflanzen und daher auch über eine andere Weise der Vervollkommnung ihrer selbst. Die animalische Seele, die die spezifische Eigenaktivität des tierischen Organismus initiiert und ihr ihre spezifischen Ziele vorgibt, formt den tierischen Organismus von Grund auf auf das animalische Leben hin, in das vegetative Funktionen in gewandelter Form integriert sind.

3. Das geistige Leben und der Mensch[14]

Im Vergleich zu Pflanzen sind höhere Tiere uns Menschen also schon sehr ähnlich. Bei aller Ähnlichkeit, die höhere Tiere mit dem Menschen aufweisen, gilt es dennoch zu betonen, dass der Mensch keineswegs bloß ein höher entwickeltes Tier ist. Ebenso wie die Tiere ge-

---

14 Zum Leben des Menschen siehe.: H. Plessner, Die Stufen des Organischen und der Mensch, a.a.O., S. 88-346. Vgl. auch: H. Conrad-Martius, Die Geistseele des Menschen, München 1960; A. Portmann, Zoologie und das neue Bild des Menschen. Biologische Fragmente zu einer Lehre vom Menschen, Hamburg 1962; ders., Entlässt die Natur den Menschen? Gesammelte Aufsätze zur Biologie und Anthropologie, München 190; ders., Biologie und Geist, Göttingen 2000.

genüber den Pflanzen, so repräsentieren die Menschen gegenüber den Tieren eine gänzlich neue, höhere Stufe des Lebens. Dass der Mensch bereits aus rein biologischer Perspektive kein echtes Tier ist, ist eine Einsicht, die sich in der Geistesgeschichte vom Prometheus-Mythos des Aischylos bis zur modernen Anthropologie durchgehalten hat. Wäre der Mensch nämlich ein Tier, dann wäre er – so wie er körperlich verfasst ist – schlicht nicht überlebensfähig und schon gar nicht dazu in der Lage, gegen die Tiere erfolgreich zu konkurrieren. (Man versuche einmal, einen Ringkampf mit einem Bären, einen Wettlauf mit einem Pferd, einen Wettstreit im Sehen mit einem Adler oder im Wettriechen mit einem Hund zu gewinnen.)

Der Mensch ist aber nicht nur in organischer Hinsicht für den Lebenskampf schlecht ausgerüstet. Zu allem Überfluss ist er auch noch triebschwach. Während Tiere aufgrund ihre Triebsteuerung in jeder Lebenslage gleichsam automatisch angemessen zu reagieren vermögen, muss der Mensch permanent Entscheidungen treffen, d.h. er muss fortgesetzt zwischen verschiedenen Möglichkeiten eine Wahl treffen, von der er durch seine Anlagen nicht ausreichend entlastet wird. Während die Tiere mit fertigen Verhaltensmustern geboren werden, muss der Mensch alle seine Verhaltenweisen und Handlungsformen mühsam erlernen, angefangen vom aufrechten Gang, über alle Arten technischer Verrichtungen bis hin zu der für ihn notwendigen Form der Kommunikation, nämlich der Sprache. All diese Umstände haben zur Folge, dass der Mensch als Tier nicht überlebensfähig wäre. Daher hat es sich in der Anthropologie eingebürgert, den Menschen als Mängelwesen zu bezeichnen.[15]

---

[15] So etwa in: A. Gehelen, Der Mensch. Seine Natur und seine Stellung in der Welt, Berlin 1940.

Was aber ist es, das den Menschen nicht nur gerettet hat; das ihm nicht nur das Überleben ermöglicht, sondern ihn darüber hinaus zum Herrn über die Welt, auch der Welt der Tiere, erhoben hat? Die klassische Antwort auf diese Frage lautet, dass der Geist es sei, der dies ermöglicht hat. Was aber ist der Geist? Und lässt sich das, was der Geist ist, ausgehend von der organischen Verfasstheit des Menschen verstehen? Eine erste Antwort auf diese Fragen könnte lauten: Im Menschen vollendet sich die Reflexivität, die allem Organischen eigen ist, zur vollständigen Reflexivität. Im Menschen tritt die Reflexivität als das in Erscheinung, was Thomas von Aquin «reditio completa» nennt.[16] Was ist darunter zu verstehen?

Die Reflexivität des pflanzlichen Organismus führt noch nicht zur Ausbildung eines Zentrums. Die verschiedenen organischen Funktionen der Pflanze sind über ihren gesamten Organismus zerstreut. Aufgrund ihrer Unzentriertheit ist die Pflanze gegenüber ihrer Umwelt offen. Sie ist gleichsam an ihre Umwelt ausgegossen, sie ist ortsgebunden und schwankt im Wind. Das Tier ist bereits höher reflektiert.

Diese höhere Reflektiertheit führt zu einer deutlichen Abgrenzung des Tieres gegenüber seiner Umwelt und zur Ausbildung eines organischen Zentrums. Daher ist das Tier ein Subjekt. Es lebt aus seiner Mitte heraus und in seine Mitte hinein. Aber es weiß sich nicht als Mitte; es weiß nicht um seine Subjekthaftigkeit. Daher verfügt es auch nicht über die Kategorie der Objektivität. Das Tier weiß nicht um die Dinge an sich. Es kennt die Dinge nur in ihrer Nützlichkeit für es selbst. Und daher bemerkt es auch nur die Dinge, die ihm nützen. Das Tier lebt in

---

[16] Vgl. R. L. Fetz, Ontologie der Innerlichkeit. Reditio completa und Processio interior bei Thomas von Aquin, Freiburg Schweiz 1975.

einer eng begrenzten Umwelt und sein Organismus ist auf diese Umwelt hin hochgradig spezialisiert. Alles, was diesem hochspezialisierten Leben nicht dient, tritt nicht in den Horizont des Tieres. Und alles, was in seinen Horizont tritt, bezieht das Tier vollständig und ausschließlich auf sich selbst. Das Tier ist der Mittelpunkt seiner Welt, jedoch weiß es sich weder als diesen Mittelpunkt, noch weiß es von der Welt als solcher.

Auch der Mensch lebt als Zentrum und als Subjekt, jedoch weiß er darum. Im Menschen steigert sich die Subjekthaftigkeit zum Ich. Im menschlichen Leben vollendet sich die Reflektiertheit alles Lebendigen zur vollständigen Reflexion, d.h. zur Selbstreflexion. Der Mensch kehrt in seiner Selbstreflexion vollständig zu sich zurück, er vollzieht eine reditio completa. Gerade weil der Mensch sich aber als Mittelpunkt seiner Welt weiß, kommt ihm zu Bewusstsein, dass es auch noch anderes als ihn selbst gibt. Indem der Mensch sich als Mittelpunkt erkennt, erkennt er zugleich, dass dieser Mittelpunkt von anderem umgeben ist, das von ihm radikal unterschieden ist. Der Mensch bezieht daher nicht alles, was ihm begegnet, ausschließlich auf sich, sondern er erkennt anderes *als* anderes. Er verfügt über die Kategorie der Objektivität, die er jedoch auch auf sich selbst anzuwenden vermag.

Der Mensch vermag sich – in Absehung von seinen subjektiven Interessen – von sich selbst zu distanzieren und sich auf diese Weise zu objektivieren; er kann sich selbst zum Objekt seiner Erkenntnis machen. In seiner Selbsterkenntnis kommt er sich dann aber zugleich auch näher als jedes Tier. Weil der Mensch als Ich in seiner Freiheit ganz bei sich ist, kann er auch ganz über sich hinaus bei den Dingen sein. Wenn David Hume vom Menschen sagt: «We really never advance a step beyond ourselfes»[17], so gilt diese Einschätzung höchstens für das Tier und eben nicht für den Menschen, der geradezu dadurch definiert ist, dass er sich selbst überschreitet. Streng genommen gilt die Aussage Humes nicht einmal für das Tier, ja, nicht einmal für die Pflanze. Denn alles organische Leben zeichnet sich – wie wir gesehen haben – dadurch aus, über sich hinaus zu sein, sich zu transzendieren. Gemäß der Dreistufigkeit des Lebens ist aber auch die von den verschiedenen Lebensformen verwirklichte Selbsttranszendenz dreifach gestuft.

So ergibt sich eine aufsteigende Linie von der Reflexivität der Pflanze über das Bewusstsein des Tieres zum Selbstbewusstsein des Menschen; von der (auf der Reflexivität aufbauenden) Selbstorganisation der Pflanze über die (auf dem Bewusstsein aufbauende) Selbstbestimmung des Tieres zur (auf dem Selbstbewusstsein aufbauenden) Freiheit des Menschen; sowie von der Reizempfindung der Pflanze über die Wahrnehmung des Tieres zur echten Erkenntnis des Menschen.

Die Erkenntnisfähigkeit des Menschen aber gründet in seiner Freiheit. Gerade weil der Mensch die Dinge nicht ausschließlich auf sich selbst bezieht und mit einem triebbedingten Automatismus auf sie reagiert, vermag er sie als das zu erkennen, was sie von sich aus sind. Er sieht in einem Stein nicht nur den potenziellen Baustoff, in einem Baum nicht nur das potenzielle Brennmaterial und in einem Schwein nicht nur das potenzielle Nahrungsmittel, sondern er macht sich einen Bergriff vom Stein, vom Baum und vom Schwein als solchem, denn er will wissen, was diese Gegebenheiten an sich sind, unabhängig von den Interessen, die er womöglich mit ihnen

---

[17] David Hume, A Treatise of Humen Nature, Oxford 1987, Book I, part II, Sect. VI.

verbindet. Wenn Hobbes sagt, die Erkenntnis einer Sache bestehe darin, «to know what we can do with it, when we have it», dann beschreibt er damit zwar die Kenntnis des Tieres, aber gerade nicht die *Er*kenntnis des Menschen. Begriffe referieren daher nicht nur auf je besonderen einzelnen Gegebenheiten, die mit ihnen bezeichnet werden, sondern zunächst auf die allgemeinen Grundkonzepte, die allen besonderen Gegebenheiten zugrunde liegen. Baum ist nicht der Name für ein bestimmtes einzelnes Gewächs, sondern der Bergriff des Baumes bezeichnet alle Gegebenheiten, die das allgemeine Grundkonzept des Baumseins verwirklichen. Der Begriff des Baumes bezeichnet also – metaphysisch gesprochen – das Wesen des Baumseins überhaupt.

Die Erkenntnis des Menschen geht also nicht bloß auf das je besondere Einzelne, sondern auf das Allgemeine, das allem Besonderen und Einzelnen zugrunde liegt und auf Begriffe gebracht wird. Die begriffliche Erkenntnis, die sich auf das Wesen der Dinge richtet, vollendet sich aber erst dort, wo die Dinge auf ihre Gründe zurückgeführt worden sind. Echtes, im ursprünglichen Sinne von Wissenschaftlichkeit wissenschaftliches Wissen (episteme) unterscheidet sich von bloßen Meinungen (doxa) dadurch, dass echtes Wissen um die Gründe der gewussten Dinge weiß. Erkenntnis besteht in der Rückführung der Dinge auf ihre allgemeinen Gründe, also in der Beantwortung der Frage nach den Bedingungen der Möglichkeit der erkannten Dinge. Auf diese Weise führt die Erkenntnis zur Einsicht in die allgemeinen Ordnungszusammenhänge, die aller Wirklichkeit zugrunde liegen.

Mit der Einsicht in die allgemeinen Ordnungszusammenhänge erfasst der Mensch aber auch die Normativität, unter deren Maßgabe alles Leben steht. Anders als das Dasein eines Steins kann das Dasein eines Organismus *gelingen* oder *misslingen*. Tote Dinge sind einfach nur der Fall. Lebendige Dinge sind nie einfach nur der Fall, sie sind nicht einfach nur gegeben, sondern ihnen ist etwas *vorgegeben*. Ihre Gegebenheit ist an Bedingungen geknüpft, die sie selbst durch ihre Eigenaktivität erfüllen müssen. Der Mensch aber ist das einzige Lebewesen, das nicht einfach nur unter Normen steht, sondern darum *weiß*, dass dies der Fall ist, und dass daher die Normen, unter denen es steht, zu erkennen vermag. Der Mensch begreift die ihm gegebene *Vorgabe* als *Aufgabe*. Der sich als Freiheit artikulierende menschliche Wille ist sodann ein Antrieb, vermittels dessen der geistbegabte Organismus sich mit Bewusstsein selbst bewegt und dabei die allgemeine Ordnung, der seine Selbstbewegung folgt, *erkennt* und *anerkennt*.

Das Vermögen, das den Menschen zur Erkenntnis der Ordnung der Dinge und der normativen Voraussetzungen des Lebens befähigt, nennen wir Vernunft. Die Griechen nannten es Logos. Daher definiert Aristoteles den Menschen als zoon logon echon, als Lebewesen, das Logos hat. Logos bedeutet aber auch Sprache, woran zum Ausdruck kommt, dass die Sprache das wichtigste Instrument ist, dessen sich die Vernunft bedient. Das Medium, in dem der Geist sich bewegt, ist die Sphäre des Symbolischen. Alle geistige Betätigung vollzieht sich im Symbolgebrauch, d.h. in Prozessen der Generierung und Transformation wirklichkeitsrepräsentierender Zeichen. Die wichtigste unter allen Formen des Symbolgebrauchs ist aber die Sprache.[18]

Die im Medium der Sprache sich bewegende menschliche Erkenntnis geht aber nicht nur auf das Allgemeine,

---

18 Zu Funktion der Sprache vgl. E. Cassirer, Philosophie der symbolischen Formen. Teil 1, Die Sprache, Hamburg 2001, sowie meine Arbeit: Symbol, Bedeutung, Transzendenz. Der Religionsbegriff in der Kulturphilosophie Ernst Cassirers, Würzburg 1997.

sondern auch aufs Ganze. Der Mensch hat nicht nur eine Umwelt, wie das Tier, sondern der Mensch hat Welt. Er verfügt über das, was man in der Anthropologie seit Max Scheler als «Weltoffenheit» bezeichnet.[19] Was das Tier von seiner Umgebung wahrnimmt, richtet sich nach seinen Lebensinteressen. Was seinen Lebensinteressen nicht dienlich ist, bleibt vom Tier unbemerkt. So hat jedes Tier nicht nur einen artspezifischen Organismus, sondern auch eine artspezifische Umwelt. Unterschiedliche Tiere, die denselben Lebensraum – etwa denselben Wald – bevölkern, nehmen von diesem Lebensraum Unterschiedliches wahr, und sie nehmen es auf ganz unterschiedliche Weise wahr, d.h. sie bewohnen ganz unterschiedliche Umwelten. Artspezifischer Organismus und artspezifische Umwelt des Tieres reflektieren einander wechselseitig, denn die vom Tier wahrgenommene artspezifische Umwelt ergibt sich aus der Struktur und Funktionalität des artspezifisch spezialisierten tierischen Organismus. Man kann sagen, es gibt soviel Umwelten von Tieren, wie es Arten von Tieren gibt, deren jede ihre eigene ökologische Nische bewohnt.

Der Mensch zeichnet sich in organischer Hinsicht dadurch aus, für keine ökologische Nische spezialisiert zu sein.[20] Dies hat eine doppelte Folge: Zum einen bewohnt der Mensch die gesamte Welt von den Polen bis zum Äquator. Zum anderen bemerkt er an dem Ort, an dem er jeweils lebt, nicht nur diejenigen Aspekte seiner Umgebung, die für ihn unmittelbar lebensdienlich sind, und er bemerkt sie nicht nur im Hinblick auf ihre Lebensdienlichkeit. Das hängt mit dem zusammen, was

---

19 Zum Begriff der Weltoffenheit vgl. M. Landmann, Philosophische Anthropologie, Berlin / New York 1982, S. 161-171.

20 Vgl. J. von Uexküll, Streifzüge durch die Umwelten von Tieren und Menschen, Frankfurt 1970.

man als Triebschwäche des Menschen bezeichnet hat. Der Mensch agiert nicht im Rahmen eines vorgegebenen Programms, das für jeden Reiz ein bestimmtes Reaktionsmuster vorgibt. Im Unterschied zum Tier kann der Mensch staunen oder ratlos sein. Das Verhalten des Menschen gründet nämlich in echter – also aufs Allgemeine und Prinzipielle gehender – Erkenntnis und darauf gegründeten freien Entscheidungen. Das menschliche Verhalten ist daher im höchsten Maße flexibel, allerdings um den Preis, grundsätzlich mit einem gewissen Grad an Unsicherheit belastet zu sein. Der Mensch entbehrt jener schlafwandlerischen Sicherheit, wie sie Tieren zu eigen ist.

Aufgrund der Freiheit des Menschen ist seine Erkenntnis nicht an subjektive Interessen gebunden, sondern sie geht vielmehr aufs Objektive und somit aufs Allgemeine, begrifflich Fassbare, sowie aufs Prinzipielle, auf die Begründungszusammenhänge. Und sie geht, aufgrund der Weltoffenheit des Menschen, immer zugleich aufs Ganze. Damit aber wird die Welt als ganze zum Erkenntnisgegenstand des Menschen. Da Erkenntnis aber darin besteht, den Erkenntnisgegenstand auf seine Gründe, und somit auf etwas anderes als ihn selbst zurückzuführen, ist derjenige, der die Welt zu seinem Erkenntnisgegenstand macht, genötigt, gedanklich über die Welt hinauszugehen. Indem der Mensch nach der Bedingung der Möglichkeit der Dinge, aller Dinge, ja, schließlich der Welt im Ganzen fragt, sieht er sich schließlich auf das Unbedingte hinter allem Bedingten, also auf das Absolute, verwiesen, das als Grund der Welt und aller Bedingungsverhältnisse in der Welt als ein weltjenseitiges, als ein transzendentes Absolutes zu konzipieren ist.

In der menschlichen Erkenntnisfähigkeit gelangt die Selbsttranszendenz, die alles organische Leben auszeichnet, zu ihrer Vollendung. Was den Menschen als geistiges Wesen vor allem anderen Leben auszeichnet, ist die Radikalität seiner Selbsttranszendenz. «Der Mensch übersteigt» – wie Pascal es ausgedrückt hat – «unendlich den Menschen.» Die Selbsttranszendenz des Menschen ist von der Art, dass der Mensch sich auf *die Transzendenz* als solche hin transzendiert. Daher lebt der Mensch nicht bloß – wie das Tier – im Hier und Jetzt, und er weiß – im Unterschied zum Tier – auch nicht bloß um Vergangenheit und Zukunft, aus der und auf die hin er lebt, sondern er ist konstitutiv auf eine absolute Zukunft und somit auf Ewigkeit hin angelegt. Auch findet der Mensch auf dieser Welt letztlich keinen ihm angemessenen Standort oder Ruheort. Er ist – bereits aufgrund seiner Konstitution – grundsätzlich über diese Welt hinaus und hat daher – wie Plessner es ausdrückt – einen «utopischen Standort».[21]

Der Mensch ist also nicht ein seltsames *Tier*, sondern ein Wesen sui generis. Ebensowenig, wie das Tier einen Pflanzenkörper hat, der zusätzlich noch wahrnimmt und herumläuft, hat der Mensch einen Tierkörper, der zusätzlich noch über Geist verfügt. Ebenso, wie das animalische Leben das vegetative Leben vollständig überformt und in transformierter Form in seinen Dienst stellt, so überformt das geistige Leben vollständig das animalische und stellt es in transformierter Form in seinen Dienst. Der Mensch ist bereits organisch kein Tier, sondern ein geistiges Wesen, dessen Leib nach den Anforderungen des geistigen Lebens gebildet ist, und dies lässt sich bereits rein empirisch zeigen.[22] Der Mensch realisiert eine neue, ganz eigene Form des Lebens, nämlich geistiges Leben, das sich ebensowenig auf animalisches Lebens zurückführen

---

21 Vgl. H. Plessner, Die Stufen des Organischen, a.a.O., S. 341-346.

22 W. Kuhn, Zwischen Tier und Engel. Die Zerstörung des Menschenbildes durch die Biologie, Stein am Rhein 1988. Siehe auch die dort angegebene weiterführende Literatur.

lässt, wie animalisches auf vegetatives. Das Leben macht offenbar Sprünge über Kluften, die von keinen Brücken überspannt sind. Die Eigenaktivität des Lebens gewinnt im geistigen Leben eine neue Qualität, die den Menschen als eine eigenständige Lebensform neben bzw. über Pflanze und Tier ausweist.

Wenn das Prinzip der Eigenaktivität der Organismen, also der Grund ihrer Belebtheit und ihrer Art des Lebens, aber deren Seele ist, so wird man annehmen müssen, dass der Mensch über eine Seele verfügt, die sich grundlegend von der der Pflanze und des Tieres unterscheidet. Und man wird weiter annehmen müssen, dass die Geistseele die animalische Seele in ähnlicher Weise überformt, wie die animalische Seele die vegetative überformt. Wir hatten ja gesehen, dass die animalische Seele, die die spezifische Eigenaktivität des tierischen Organismus initiiert und ihr ihre spezifischen Ziele vorgibt, den tierischen Organismus von Grund auf auf das organische Leben hin formt, in das vegetative Funktionen in gewandelter Form integriert und in den Dienst des animalischen Lebens gestellt sind. Und in analoger Weise verwirklicht auch die Geistseele des Menschen vegetative und animalische Funktionen, überformt sie aber und gestaltet sie in der Weise um, dass sie in den Dienst des geistigen Lebens gestellt werden können.

Wenn ferner die Seele, indem sie die Eigenaktivitäten des Organismus steuert, dem Organismus seine Form verleiht, so muss angenommen werden, dass es die Geistseele des Menschen ist, die nicht nur dessen geistige Aktivitäten bedingt, sondern darüber hinaus dem gesamten – auch vegetative und animalische Funktionen umfassenden – menschlichen Organismus seine Gestalt gibt und seine Funktionalität gewährleistet.

II. Die Unzerstörbarkeit der Geistseele und das ewige Leben

Spätestens an diesem Punkt müssen wir uns einem gewichtigen Einwand stellen, der unser gesamtes, auf den Aristotelismus gegründetes Unternehmen in Frage stellt, nämlich dem Einwand des Naturalismus, der die Existenz eines geistigen Formprinzips in der Natur leugnet und die gesamte Funktionalität des Lebens, einschließlich des geisteigen Lebens, als ein rein biochemisches, bzw. biophysikalisches Phänomen deutet, das aus seinen materiellen Grundbedingungen vollständig erklärt werden kann. Wir müssen uns also der Frage stellen, ob Geist, Bewusstsein und Leben sich tatsächlich als bloße Epiphänomene rein materieller Vorgänge erklären lassen.

1. Die Immaterialität der Seele

Die Beantwortung der Frage, inwiefern die Seele als ein immaterielles Prinzip zu betrachten ist, verlangt nach einem eigenen Aufsatz.[23] Es sei dazu an dieser Stelle nur soviel gesagt. Wäre alles, was existiert und geschieht, ausschließlich materiell bzw. Produkt oder Wirkung der Materie, wie der Naturalismus annimmt, so wäre die einzig real existierende Kausalitätsform die mechanische Kausalität. Es gäbe folglich in Wahrheit nur Fremdbewegung nach dem Billard-Kugel-Modell. Bereits Leben, also Selbstbewegung, wäre unter dieser Voraussetzung eine mechanisch erzeugte Fiktion. Und als exakt eine solche erscheint das Leben ja auch dem neuzeitlichen Denken,

---

23 Siehe dazu J. Seifert, Das Leib-Seele-Problem und die gegenwärtige philosophische Diskussion, Darmstadt 1989, sowie die dort angegebene weiterführende Literatur.

sowohl in der Cartesianischen als auch in der empiristischen Tradition. Wenn aber die Mechanik es ist, die das Leben simuliert, so ist es wiederum das Leben, das den Geist simuliert; dann täuscht die Mechanik Lebendigkeit und das Leben Geistigkeit vor.

Das Problem dabei ist: Wahrheit und Täuschung, Wirklichkeit und Fiktion, Realität und Simulation sind selbst geistige Kategorien; es gibt sie nicht für Steine. Und obwohl das Leben von Tieren und vielleicht auch das von Pflanzen durch Täuschungen beeinträchtigt werden kann, werden sich diese Lebewesen dieser Tatsache niemals bewusst. Wenn also der Naturalismus Recht hat, so stellt sich doch die Frage: Wer täuscht hier wem, vermittels welcher Simulation was vor? Denn für den Naturalismus ist Leben, Bewusstsein, Geist «eine Illusion, die niemand hat, eine Erscheinung, die sich selbst erscheint, oder ein Nichts, das sich in einem Nichts reflektiert».[24] Dieser Zusammenhang kann freilich nicht logisch gedacht werden, weshalb eine «Theorie», die ihn propagiert, einem vernünftigen Menschen nicht zuzumuten ist.[25]

2. Das postmortale Schicksal der Seele

Was nun den Fortbestand der menschlichen Existenz über die Grenze des Todes hinaus angeht, so ergibt sich die darauf gerichtete Erwartung – wie wir zuvor gesehen haben – mit einer gewissen Notwendigkeit aus der Dynamik des menschlichen Seelenlebens.

---

24 J. Seifert, a.a.O., S. 94.
25 Vgl. B. Weissmahr, Kann Geist aus Materie entstehen?, in: Zeitschrift für atholische Theologie (21) 1999, S. 1-24.. Zum naturalistischen Reduktionismus vgl. R. Spaemann, Wirklichkeit als Anthropomorphismus, in: Schritte über uns hinaus. Gesammelte Aufsätze und Reden II, Stuttgart 2011, S. 188-215; ders., Hirnforschung und Willensfreiheit, a.a.O., S: 146-164.

Mit dem Tod allerdings endet unbestreitbarerweise das menschliche Leben, was am dem Tod folgenden Zerfall des Leibes in drastischer Weise sinnfällig wird. Damit eine menschliche Fortexistenz jenseits der Todesgrenze möglich würde, müsste die Identität des Menschen seinen Tod überdauern. Dies wiederum würde einen den Tod überdauernden Träger dieser Identität notwendig machen. Da die menschliche Existenz ihrem Wesen nach aber zu bestimmen ist als die geistige Existenz eines personalen Subjekts, setzt ein Leben nach dem Tod voraus, dass dieses personale Subjekt den Tod überdauert. Wie aber kann das gedacht werden?

a) Das Platonische Modell

Eines der in diesem Kontext wirkungsgeschichtlich einflussreichsten Modelle liefert das platonische Konzept der Unsterblichkeit der Seele. Sie ist bei Platon der Träger der menschlichen Identität, der den Tod überdauert. Dieser Ansatz legt sich insofern nahe, als die Seele das identitätsstiftende Moment aller Organismen bildet. Platon und die sich auf ihn berufende Tradition identifiziert den Menschen allerdings vollständig mit seiner Seele. Die Seele ist nicht wesenhaft mit dem Leib verbunden, sondern sie bedient sich lediglich des Leibes, so wie sich der Schiffer seines von ihm gesteuerten Schiffes bedient oder so, wie man sich seiner Kleider bedient. Im platonischen Pseudepigraph Alkibiades I wird Platons Position mit der markanten Aussage wiedergegeben: «Die Seele – das ist der Mensch.»[26] Der Mensch ist folglich eine Seele, die ihren Körper lediglich benutzt.

---

26 Alkibiades, I 130 c.

Diese Unabhängigkeit der Seele vom Leib liegt im Ursprung der Seele begründet. Die Seele existiert – Platon zufolge – nämlich bereits vor der Entstehung des Leibes. Sie führt ein präexistentes Dasein im Reich der ewigen Ideen, die zu schauen ihre eigentliche Wesensbestimmung darstellt. Die Seele ist also nicht nur subsistent, sondern sie vermag auch, unabhängig vom Körper, ihre Wesensbestimmung, d.h. ihre Art-Natur, vollständig zu verwirklichen.

Jedoch wird die Seele aus der beseligenden Ideenschau herausgerissen, denn sie stürzt – aufgrund von Umständen, die Platon in mythischen Bildern beschreibt – in die materielle Wirklichkeit der Welt ab und verbindet sich dort mit dem Leib, mit dem *soma*, das Platon – unter Verwendung eines griechischen Wortspiels – als *sema*, als Grab der Seele, deutet. In der materiellen Welt befindet sich die Seele also in einer ihrem Wesen fremden Sphäre, und insbesondere ihre Verbindung mit dem von ihr bewegten Leib widerspricht der Natur der Seele. Dies wird vor allem daran deutlich, dass ihre Verbindung mit dem Leib die Seele daran hindert, die ihr Wesen ausmachende Aktivität, nämlich die Erkenntnis, in angemessener Weise zu realisieren. Durch die Verbindung mit dem Leib an der unmittelbaren Schau der Ideen gehindert, verliert die Seele ihr allumfassendes Wissen, das sie in der präexistenten Seelenschau gewonnen hatte.

Die menschliche Erkenntnis in der irdischen Sphäre besteht demnach in der Wiedererinnerung des vormaligen Wissens der Seele. Die dem Leib eigene Sinnlichkeit trägt zur Erkenntnis nichts bei, außer dass sie der Seele die Anlässe für ihre Wiedererinnerung liefert. Der Mensch gründet seine Erkenntnis also nicht auf Erfahrung, sondern Erkenntnis ist stets apriorische Erkenntnis, die durch die Erfahrung lediglich angestoßen wird. Das Ende des irdischen Lebens ist daher eine reine Befreiung für die Seele, denn der Tod ist die Trennung der Seele von dem ihr wesensfremden Leib. Und wenn die Seele die Trennung vom Leib vollzieht, kehrt sie zur Sphäre der Ideen zurück, aus der sie stammt, um dort die ihrem Wesen entsprechende, vom verleiblichten Erdendasein lediglich unterbrochene Daseinsweise wieder aufzunehmen.

Das platonische Denkmodell hatte für die langen Jahrhunderte von der Patristik bis zur Frühscholastik einen maßgeblichen Einfluss auf das Denken christlicher Philosophen und Theologen, auch wenn der Platonismus in vielfacher Hinsicht dem christlichen Welt- und Menschenbild adaptiert wurde. Gleichwohl behielten insbesondere die platonische Anthropologie und Seelenlehre auch in ihrer christlichen Wendung eine problematische Schlagseite, war ihre Grundstruktur doch mythologischen und somit letztlich weltanschaulich-religiösen Implikationen geschuldet, die mit der christlichen Schöpfungslehre und dem aus ihr sich ergebenden Menschenbild schlicht unvereinbar sind.[27] Die sich daraus unweigerlich ergebenden Ungereimtheiten beseitigt Thomas von Aquin im Rückgriff auf die zu seiner Zeit neu entdeckte aristotelische Tradition, deren Instrumentarium seinen Vorgängern nicht in ausreichendem Umfang zur Verfügung gestanden hatte.[28]

---

27 Vgl. R. Heinzmann, Die Unsterblichkeit der Seele und die Auferstehung des Leibes. Eine problemgeschichtliche Untersuchung der frühscholastischen Sentenzen- und Summenlieteratur von Anselm von Laon bis Wilhelm von Auxerre, Münster 1965.

28 Vgl. ScG II, 56-59, 68-83; STh I, q. 75 f.; De anima.

b) Thomas von Aquin und die Lehre von der anima separata[29]

An unterschiedlichen Stellen, insbesondere im 57. Kapitel der Summa contra gentiles, referiert Thomas sehr ausführlich und präzise die Positionen Platons und des christlichen Platonismus, um sie sodann einer grundlegenden Kritik zu unterziehen.[30] Den Angelpunkt dieser Kritik bildet die Tatsache, dass der Platonismus Seele und Leib des Menschen je für sich als ens completum, als vollständiges Seiendes, deutet, die daher auch je für sich zu subsistieren und die ihnen jeweils zukommende Artnatur zu verwirklichen vermögen. Die Verbindung von Seele und Leib wäre demnach eine Verbindung zweier Substanzen, und es entspricht dem Wesen einer derartigen Verbindung, dass sie für die in ihr verbundenen Substanzen von lediglich akzidenteller Bedeutung ist. Unter dieser Voraussetzung ist es durchaus konsequent anzunehmen, dass die Trennung der Seele vom Leib für die Seele keine corruptio substantialis zur Folge hat, d.h. dass die Eigenaktivität der Seele, also ihr Leben, durch

---

29 Bei meiner Darstellung der Seelelehre des Thomas von Aquin folge ich im Wesentlichen: R. Heinzmann, Anima unica forma corporis. Thomas von Aquin als Überwinder des platonisch-neuplatonischen Dualismus, in: Philosophisches Jahrbuch (93) 1986, S. 236-259; und T. Kläden, Mit Leib und Seele ... Die mind-brain-Debatte in der Philosophie des Geistes und die anima-forma-corporis-Lehre des Thomas von Aquin, Regensburg 2005, bes. S. 156-165. Vgl. in diesem Zusammenhang ferner: J. Pieper, Tod und Unsterblichkeit, München 1968; W. Kluxen, Anima separata und Personsein bei Thomas von Aquin, in: W. P. Eckert (Hg.), Thomas von Aquino. Interpretation und Rezeption. Studien und Texte, Mainz 1974, S. 96-116; ders., Seele und Unsterblichkeit bei Thomas von Aquin, in: K. Kremer (Hg.), Seele. Ihre Wirklichkeit, ihr Verhältnis zum Leib und zur menschlichen Person, Leiden / Köln 1984, S. 66-83.

30 Zur Platonismuskritik Thomas von Aquins vgl. R. J. Henle, Saint Thomas and Platonism. A Study of the Plato and Platonici Texts in the Writings of Saint Thomas, Den Haag 1956.

deren Trennung vom Leib unbeeinträchtigt bliebe. Hieraus erklärt sich die Unsterblichkeit der Seele. Da aber die Geistigkeit das Wesen des Menschen ausmacht, ist es die Geistseele, die dem Menschen seine Identität verleiht. Bleibt die Geistseele vom Tod, d.h. von ihrer Trennung vom Leib letztlich unberührt, überdauert auf diese Weise auch die Identität des Menschen und damit seine lebendige Existenz den Tod.

Diese argumentative Absicherung des Glaubens an ein Leben nach dem Tod ist allerdings mit einer schweren Hypothek belastet. Thomas weist darauf hin, dass unter platonischen Voraussetzungen kein vernünftiger Grund dafür angegeben werden kann, weshalb die Seele sich überhaupt mit einem Leib verbinden sollte. Aus platonischer Sicht ergibt sich eine derartige Verbindung nämlich nicht aus der Natur der Seele. Ganz im Gegenteil: Die Verbindung mit einem Leib ist gegen die Natur der Seele gerichtet. Damit aber wäre die Verbindung aus Seele und Leib und folglich die Leiblichkeit des Menschen etwas letztlich Widernatürliches. In der Tat lassen sich Spuren einer derartigen Einschätzung der Leiblichkeit in der gesamten Tradition des Platonismus, auch des christlichen Platonismus, nachweisen, und Thomas führt diesen Nachweis etwa bei Origenes[31], aber auch bei Petrus Lombardus[32] und Hugo von St. Victor.[33]

Thomas vertritt demgegenüber die Auffassung, dass die Verbindung aus Leib und Seele die Natur des Menschen ausmacht.[34] Diese Auffassung deckt sich sowohl mit den Ergebnissen einer modernen, phänomenologisch verfahrenden theoretischen Biologie und einer auf sie gegrün-

---

31 ScG II, 83, n. 1674.
32 Super III. Sent. dist. V, q. 3, a. 2.
33 Ebd.
34 Super II. Sent. Dist. 8, q. 1, a. 2 ad 3.

deten Naturphilosophie, als auch mit der menschlichen Selbsterfahrung. Der Mensch erfährt sich gerade nicht als eine Seele, die einen ihr wesensfremden Leib bewohnt, dessen sie sich bedient wie eines Schiffes oder – moderner ausgerückt – eines Automobils, bei dem man beliebig ein- und aussteigen kann. Vielmehr sind alle wesentlichen Vollzüge menschlicher Existenz an leibliche Aktivitäten gebunden. Dies gilt auch für geistige Vollzüge. So gründet etwa alle menschliche Erkenntnis in der Erfahrung, die durch die sinnlichen Empfindungen des Leibes vermittelt ist. Aber auch alle Empfindungen von Lust oder Schmerz betreffen uns zuinnerst; sie berühren unser Ich und nicht bloß einen von unserem Ich unterschiedenen Leib. Dass der Leib dem Menschen bisweilen als Last oder Hindernis erscheint, hat seinen Grund gerade darin, dass der Leib vom eigentlichen Selbst des Menschen nicht unterschieden ist, sondern ein wesentliches Moment an der menschlichen Existenz ausmacht.

Der Mensch ist also ein unum simpliciter. Seele und Leib sind demzufolge nicht für sich eigenständige, je für sich existierende Substanzen. Wären sie das, so könnten sie nicht zu einem unum simpliciter verbunden werden. Daher bilden Seele und Leib lediglich unselbstständige Prinzipien menschlicher Existenz, die ausschließlich in Verbindung miteinander konkretes Menschsein zu begründen vermögen. Wenn dem aber so ist, dann liegt es nahe, das platonische Modell durch den aristotelischen Hylemorphismus zu ersetzen, demzufolge jedes Seiende, also jede Substanz, aus einer Verbindung von Form und Materie hervorgeht. Form und Materie sind bei Aristoteles keine bereits je für sich existierenden Entitäten, sondern lediglich notwendige Prinzipien alles Seienden, die ausschließlich in ihrer Verbindung miteinander Seiendes zu begründen vermögen.

Übertragen auf den Menschen ergibt sich daraus Folgendes: Im konkreten Menschen bilden Leib und Seele in der Weise eine Einheit, dass sie in ontischer Hinsicht identisch sind.[35] D.h. die Seele ist die Wirklichkeit des Leibes bzw. der Leib ist die Weise, wie die Seele wirklich ist. Umgekehrt erhält der Leib all seine Bestimmungen und damit seine Wirklichkeit allein von der Seele. Die Seele ist nicht früher als der Leib und außerhalb des Leibes oder unabhängig von ihm geschaffen[36], sie ist vielmehr forma corporis. Der Mensch ist daher eine Einheit aus Leib und Seele, der nichts vorausliegt. Dies ist eine Sichtweise, die sich – wie wir gesehen haben – auch ausgehend von einer biologischen Phänomenologie des Lebendigen nahelegt. Somit ist der konkrete Mensch als Substanz zu bestimmen. Substanzen aber zeichnen sich dadurch aus, unteilbar zu sein. Ist der Mensch aber Substanz und somit unteilbar, so muss er auch durch eine einheitliche und somit unteilbare forma substantialis konstituiert sein. Da die als forma substantialis des Menschen fungierende Seele aber eine Geistseele ist, ist es eben diese Geistseele, die dem Menschen nicht nur seine Geistigkeit verleiht, sondern ihn zugleich auch zum Körperwesen, zum Lebewesen und zum Sinnenwesen bestimmt.[37]

So weit so gut. Allerdings ergibt sich auch aus dem aristotelischen Hylemorphismus ein schwer wiegendes Folgeproblem. Indem die Form in dieser Konzeption nämlich kein eigenständiges Sein hat, sondern indem sie hier lediglich als unselbstständiges Seinsprinzip fungiert, kann sie nur Bestand haben, solange sie mit einer von ihr geformten Materie verbunden ist. Der Tod, den auch

---

35 De potentia q. 3, a. 10.
36 ScG II, 85, n. 1692-1705.
37 De anima a. 1, 8 und 9; STh I / II, q. 56, a. 4 und q. 59, a.5; ScG II, 83, n. 1675.

Thomas als Trennung von Leib und Seele definiert[38], müsste daher – aus aristotelischer Sicht – auch der Existenz der individuellen Seele ein definitives Ende setzen. Daher ist ein Leben nach dem Tod für Aristoteles keine denkbare Perspektive.

Thomas löst das sich daraus ergebende Problem mit seiner Lehre von der anima separata. Dafür, dass die vom Leib getrennte Seele den Tod überdauert, gibt Thomas eine Reihe von Gründen an. Beginnen wir mit dem Individuationsproblem: Wie kann die Seele, indem sie als Form – Aristoteles zufolge – ihre Individualität erst durch ihre Verbindung mit der *Materie* gewinnt, nach ihrer Loslösung vom materiellen Leib als *individuelle Seele* fortbestehen?[39] Thomas vertritt hier die These, dass die Seele ihre individuelle Determination zwar *im Leib* erfährt (indem sie sich in einem konkreten menschlichen Leben verwirklicht), *nicht* aber *vom Leib*.[40] Die Seele ist nicht vollständig, in einer sie in ihren Möglichkeiten beschränkenden Weise in den Leib eingebunden, was sich daran erkennen lässt, dass sie für Willens- und Erkenntnisakte verantwortlich ist, die sich nicht auf körperlich materielle Ursachen zurückführen lassen.[41] Das lässt darauf schließen, dass die Seele ein vom Leib unabhängiges Sein besitzt, ohne dass dadurch ihre Funktion als Form des Leibes infrage gestellt würde.

Besitzt eine Form (wie etwa die Seele) aber ein eigenständiges Sein, das nicht darin aufgeht, Materie zu einem

---

38 STh I, q. 20, a. 4; q. 90, a. 4; STh III, q. 14, a. 1 u. 3; q. 56, a. 1.

39 Die Beantwortung diese Frage ist deshalb von entscheidender Bedeutung, weil der Seele, wenn sie den über den Tod hinausgehenden Fortbestand der Identität des Menschen sicherstellen soll, auch die für die menschliche Existenz unaufgebbare Individualität zukommen muss.

40 Super I. Sent. d. VIII, q. 5, a. 2.

41 ScG II, 81, n. 1624.

Körper zu formen, und hat sie sich einmal in der Materie verwirklicht, wie sich die Seele im Leib verwirklicht, so verliert diese Form auch dann ihr Sein nicht, wenn sie von dem von ihr geformten materiellen Körper getrennt wird und dieser Körper vergeht.[42] Da es sich bei der Seele um eine solche Form handelt, bleibt sie auch dann bestehen, wenn sie sich von dem von ihr geformten Leib getrennt hat.

Als weiteres Argument für die Unvergänglichkeit der Seele führt Thomas die Erkenntniskraft der Geistseele ins Feld. Diese befähigt den Menschen nämlich zur Erkenntnis der Wahrheit und des Wesens der Dinge, die in sich unvergänglich sind.[43] Im menschlichen Streben nach derartigen Erkenntnissen manifestiert sich ein auch in anderen Bereichen der menschlichen Existenz anzutreffendes natürliches Verlangen nach Ewigkeit. Da in der Natur aber nichts ziellos geschieht, kann ein derartiger appetitus naturalis, ein derartiges natürliches Streben, nicht ins Leere zielen.[44]

Beweisen diese von Thomas angeführten Argumente aber nun die Unsterblichkeit der Seele? An dieser Stelle ist es hilfreich, auf eine inhaltlich bedeutsame terminologische Besonderheit im Werk des Thomas zu verweisen. Wenn Thomas vom postmortalen Schicksal der Seele spricht, so verwendet er nicht den Terminus Unsterblichkeit, immortalias, sondern den Terminus incorruptibilitas, Unvergänglichkeit. Den Terminus Unsterblichkeit bezieht Thomas stets auf den ganzen Menschen.[45]

---

42 De anima a. 14.
43 Super I. Sent. dist. 19, q. 5, a. 3.
44 Sth I, q. 75, a. 6; ScG II, 55, n. 1297-1312.
45 Vgl. R. Heinzmann, Anima unica forma corporis, a.a.O., S. 255 f.

Die anima separata ist zwar unvergänglich, aber in ihr subsistiert nicht die vollständige Artnatur des Menschen,[46] denn der Mensch ist nicht identisch mit seiner Seele, wie die platonische Tradition annimmt. Vielmehr ist der Mensch eine Verbindung aus Leib und Seele.[47] Die anima separata ist – wie Thomas in seinem Kommentar zum 15. Kapitel des I. Korintherbriefs deutlich herausstreicht – nicht der Mensch, sie ist weder ein Ich, noch ist sie Person[48]; sie ist – wie Thomas sich ausdrückt – quasi nihil, so gut wie nichts.[49]

Aber selbstverständlich betrachtet Thomas die anima separata nicht als nichts und auch nicht als etwas Unpersönliches, rein Objektives, sondern durchaus als subjekthaft. Die starken Formulierungen, die Thomas im Korintherbrief-Kommentar verwendet – und die manchen Leser irritieren mögen –, sind der Abgrenzung gegen einen einseitigen Platonismus geschuldet, dem einige «konservative» Zeitgenossen des Aquinaten (in der Absicht, die christliche Orthodoxie gegen Teile des arabischen Aristotelismus zu verteidigen) zugeneigt waren. Was aber ist die anima separata dann, wenn sie nicht im vollen Sinne Mensch ist? Was ist ihr ontologischer Status?

Die Beantwortung dieser Frage lässt sich in exemplarischer Weise an der Behandlung des Erkenntnisproblems durchführen, handelt es sich doch bei der Erkenntnisfähigkeit um jene Kapazität der Geistseele, die dieselbe von der bloß animalischen oder vegetativen Seele unterscheidet. Und es ist eben gerade jene Erkenntnisfunktion der Geistseele, die den Grund dafür abgibt, weshalb derselben in ihrer Verbindung mit dem Leib ein höherer ontologi-

---

46 STh I 75, 2.
47 Super II. Sent. dist. 38, q. 1, a. 2 ad 3.
48 STh I, 29, 1; STh I, 75, a. 4 ad 2.
49 In I ad Corinthos XV, lect. II, n. 924.

scher Status zukommt, als getrennt von ihm. Daher weist die mit dem Leib verbundene Seele eine größere Ähnlichkeit mit Gott auf, als die anima separata.[50] Da nämlich die Erkenntnis die die Geistsseele als solche auszeichnende Aktivität darstellt, und da dieselbe im Erkenntnisakt auf die Sinnesdaten zurückgreifen muss, die ihr der Leib zur Verfügung stellt[51], vermag die Geistseele die ihr eigene Artnatur getrennt vom Leib nicht vollständig zu realisieren.[52] Daher ist die anima separata mit Erkenntnisakten befasst, die sich auf Erfahrungen beziehen, die sie in der Zeit gewonnen hat, als sie noch mit dem Leib verbunden war.[53]

Dennoch lebt die anima separata – Thomas zufolge – nicht ausschließlich in der Vergangenheit ihres Erdendasein, denn durch ihre Trennung vom Leib ist die Seele in einen neuen Existenzmodus eingetreten. Dies aber hat – gemäß dem Grundsatz agere sequitur esse – zur Folge, dass auch ihr Erkenntnismodus sich wandelt. Dem geänderten modus essendi entspricht ein geänderter modus operandi. Dabei gilt es zu beachten, dass die Seele als Form einen höheren ontologischen Status aufweist als der materielle Leib, denn die Form existiert nicht um der Materie willen, sondern umgekehrt die Materie um der Form willen; die Materie existiert, damit die Form sich an ihr verwirklichen kann. Somit befindet sich die anima separata aber in einer gleichsam paradoxen Situation. Denn einerseits bewegt sie sich als reine Form auf der Seinsebene der getrennten Substanzen bzw. der reinen Geistwesen, also der Engel, die einen höheren ontologischen Status besitzen als die Menschen; andererseits muss

---

50 De potentia, q. 5, a. 10 ad 5.
51 De anima a. 8, ad 15; ScG II, 83, n. 1675.
52 De anima q. 1.
53 STh I, q. 89, a. 5 f.

der anima separata – wie gerade zuvor festgestellt wurde – ein weniger vollkommener Status attestiert werden als der mit dem Leib verbundenen Seele, da sie als *menschliche* Seele eben darauf angelegt ist, forma corporis zu sein.

Diese paradoxe Situation der anima separata spiegelt sich nun auch in ihrer Erkenntnisweise. Denn einerseits ist die anima separata zu einer höheren Erkenntnis fähig als die inkorporierte Seele, da sie – in Analogie zu den Engeln – ihre Erkenntnisgegenstände unmittelbar erfassen kann, ohne vermittelnde conversio ad phantasma, d.h. ohne sich den auf die sinnliche Erfahrung gegründeten Vorstellungsbildern zuzuwenden.[54] Andererseits entspricht diese Erkenntnisweise nicht der Natur der menschlichen Seele, weshalb die anima separata auch nur zu einer irgendwie allgemeinen und verschwommenen (in quadam communitate et confusione) Erkenntnis gelangt.[55] Allerdings rechnet Thomas damit, dass die anima separata darüber hinaus zu einer Erkenntnisweise befähigt ist, die – wie die Erkenntnis der Engel – auf eine influentia divini luminis, also auf eine göttliche Erleuchtung zurückgeht.[56] Auf diese Weise wird sichergestellt, dass die anima separata ein aktuelles Leben zu führen vermag, dass ihr also über die Vergangenheit ihres Erdendaseins eine echte Gegenwart zukommt. So gesehen kann wiederum nicht davon gesprochen werden, dass die anima separata über eine lediglich defiziente Erkenntnisweise verfügt.

All diese Umstände ändern freilich nichts daran, dass es der menschlichen Seele nicht entspricht, vom Leib getrennt zu sein. Und es ist auch an dieser Stelle wiederum lohnend, auf die Terminologie des Aquinaten

---

54 ScG II, 81. Vgl. auch: De veritate q.19, a. 1; sowie: In III Sent, d. 31, q. , a. 4.

55 STh I, q. 89, a. 1. Vgl. auch: De anima q. 15.

56 STh I, q. 89, a. 1 ad 3; De anima a. 10 ad 11.

zu achten. Während Thomas die nicht naturgemäße Seins- und Erkenntnisweise der anima separata als praeter naturam, d.h. als *außernatürlich*[57] qualifiziert, bezeichnet er es als contra naturam, also als *widernatürlich*[58], dass die Seele ohne Leib existiert. Da aber Widernatürliches nicht ewig Bestand haben kann, muss die Seele, wenn sie denn unvergänglich ist, also ewig Bestand hat, dereinst wieder mit dem Leib vereinigt werden. Und genau diese Widervereinigung ist es, was man Auferstehung nennt.

Thomas geht mit der gesamten christlichen Tradition davon aus, dass das göttliche Gericht in Phasen erfolgt: Die erste Phase bildet das individuelle Gericht über jede einzelne Seele unmittelbar nach ihrem Tod. Die zweite Phase vollzieht sich nach der Auferstehung als Endgericht über die gesamte Menschheit und die gesamte Schöpfung bei der Wiederkunft Christi am Ende der Tage.[59] Damit stellt sich die Frage nach dem Heilsstatus der anima separata. Thomas stellt fest, dass der Leib bezüglich der Erlangung der visio beatifica, also der beseligenden Anschauung Gottes, keine konstitutive Rolle spielt, weshalb davon ausgegangen werden kann, dass die anima separata (der Seligen) ihrer nach der ersten Phase des Gerichts bereits teilhaftig wird.[60] Gleichwohl führt die Wiedervereinigung der Seele mit dem Leib bei der Auferstehung zu einer Steigerung der Seligkeit. Denn auch wenn dieselbe nichts zum *Wesen* der Seligkeit (das in der visio beatifica besteht) beizutragen vermag, so ist sie dennoch notwendig für die endgültige perfectio des Menschen als eines We-

---

57 STh I, q. 89, a. 1
58 ScG II, 79. Vgl. ScG II, 56-69.
59 In IV Sent d. 47, q. 1, a. 1, qla. 3 ad 1. Bezüglich dieses Themenkomplexes verweise ich auf den in dem vorliegenden Band enthaltenen Beitrag von Michael Stickelbroeck.
60 STh III, q. 56; ScG IV, 79, 83; Super IV. Sent. dist.43.

sens, für das Verbindung von Leib und Seele durchaus konstitutiv ist.[61]

Fassen wir also zusammen: Die anima separata vermag als solche – trotz ihrer *Unvergänglichkeit* – die *Unsterblichkeit* des Menschen nicht sicherzustellen. Denn die Seele ist als forma corporis letztlich nur auf den *Leib* hin verstehbar und definierbar.[62] Durch ihre Trennung vom Leib verliert die Seele ihre Aktualität als forma, weil sie diese nur am Leib realisieren kann. Daher *endet* mit dem Tod tatsächlich das menschliche Leben. Gleichwohl wird der Mensch im Tod nicht vernichtet, denn der Fortbestand seiner unzerstörbaren Seele sichert den Fortbestand seiner Identität bis zur leiblichen Auferstehung der Toten. Die Auferstehung, in der die Seele wieder mit ihrem Leib vereint wird, erweckt die Seele erneut zu ihrer Aktivität als forma corporis. Diese Wiedererweckung des ganzen Menschen ist jedoch keine Neuschöpfung des Menschen, sondern die perfectio creaturae, die Vervollkommnung des Menschen, der nunmehr zur Unsterblichkeit und zum ewigen Leben erweckt ist.

Wie sich also zeigt, überwindet Thomas nicht ausschließlich den Platonismus, indem er auf Aristoteles zurückgreift, sondern er überwindet ebenso den reinen Aristotelismus in einem erneuten Rückgriff auf Platon und die neuplatonische Tradition. Aristoteles zufolge ist nämlich der Geist göttlich; er tritt von außen in den Menschen ein und bleibt dem Menschen äußerlich. Er konstituiert nicht den individuellen Menschen als dessen forma. Als forma corporis des individuellen Menschen fungiert hier

---

61 STh I-II, q. 4, a. 5. Zu der Frage, inwiefern es sich bei der angesprochenen Steigerung der Seligkeit um eine intensive oder eine lediglich extensive handelt, bzw. wie diese beiden Aspekte bei Thomas miteinander vermittelt sind, vgl. Tobias Kläden, Mit Leib und Seele, a.a.O., S. 163 f.

62 De spiritualibus creaturis, a. 9 ad 4.

lediglich die Sinnenseele, die mit dem Leib stirbt. Die göttliche Geistseele ist vom Menschen abtrennbar; sie ist dem Menschen gegenüber präexistent und postexistent.[63] Die Geistigkeit des Menschen ist bei Aristoteles eine zeitweilige Partizipation am ewigen Göttlichen, das dem vergänglichen, dem Ganztod verfallenen Menschen letztlich wesensfremd bleibt.

Auf diese Weise reproduziert Aristoteles den anthropologischen Dualismus Platons in gewandelter Form, indem er die Trennung von Seele und Leib in eine Trennung der Geistseele von der Sinnenseele transformiert. Diesen Dualismus überwindet Thomas, indem er die anima intellectualis als forma corporis des individuellen Menschen auffasst.[64] Bei seiner Korrektur des (zu seiner Zeit vor allem in der arabischen Literatur greifbaren) reinen Aristotelismus greift Thomas – wie seine Lehre von der anima separata deutlich zu erkennen gibt – auf platonisch-neuplatonische Modelle zurück, sodass die Seelenlehre des Aquinaten sich als eine Synthese aus aristotelischen und platonisch-neuplatonischen Elementen darstellt, bei der die jeweiligen Einseitigkeiten beider Paradigmen wechselseitig ausgeglichen werden.[65]

In seiner philosophischen Argumentation bezüglich des postmortalen Schicksals der Seele folgt Thomas einer theologischen, also letztlich in der göttlichen Offenbarung gründenden Vorgabe, nämlich der Verheißung der Auferstehung von den Toten. Nur im Hinblick auf die Auferstehung hat die Unzerstörbarkeit der anima separata

---

63 Vgl. Aristoteles, De anima B, 413 b 27.
64 Vgl. In De anima, lib. II, lect. 4, n. 262-278, sowie: De anima a. 9. Siehe dazu: R. Heinzmann, Anima unica forma corporis, a.a.O., S. 250-252.
65 Vgl. K. Kremer, Die neuplatonische Seinsphilosophie und ihre Wirkung auf Thomas von Aquin, Leiden 1966.

überhaupt einen Sinn.⁶⁶ Ohne eine Wiedervereinigung der unvergänglichen Seele mit dem Leib könnte die ewige Bestimmung des Menschen lediglich darin bestehen, ein ewiges Dasein zu fristen, dass dem der griechischen Vorstellung des Hades oder der altjüdischen Vorstellung der Scheol entspricht, ein Dasein also, auf das wohl niemand ernstlich seine Hoffnung zu richten vermag. Auch vor Platon und vor der göttlichen Offenbarung in Jesus Christus hatten die Alten offenbar eine Ahnung von der ewigen Unzerstörbarkeit der individuellen menschlichen Existenz, die sich auf dem Weg des Nachweises der incorruptibilitas der anima intellectiva durchaus philosophisch begründen lässt. Aber erst die auf göttliche Offenbarung gegründete Erwartung der Auferstehung von den Toten eröffnet eine eschatologische Perspektive, die jenen auf das postmortale Schicksal des Menschen gerichteten Hoffnungen gerecht wird, die eine die gesamte Menschheitsgeschichte begleitende Grundkonstante menschlicher Existenz zu bilden scheinen.

Mit dem letzten Schritt unserer Überlegungen sind wir allerdings unmerklich von der Philosophie auf das Feld der *Theologie* übergewechselt. Und in der Tat ist Thomas davon überzeugt, dass die eschatologische Hoffnung des Menschen auf das ewige Leben, die zu den Grundkonstanten menschlicher Existenz zu rechnen ist, letztlich nicht auf philosophische Deduktionen gegründet werden kann, sondern allein auf die göttliche Heilszusage der Offenbarung in Christus. Das allem organischen Leben eigene Streben nach Vollkommenheit vollendet sich daher für Thomas im Streben nach Heiligkeit. Die leibliche Auferstehung lässt sich nicht philosophisch herleiten. Und die menschliche Seele ist letztlich allein deshalb unzerstör-

---

66 In I ad Corinthos XV, lect. II, n. 924.

bar, weil dies dem Willen des Schöpfers entspricht.[67] Die Auferstehung ist daher Gegenstand des Glaubens an die göttliche Offenbarung. Wohl aber muss sie philosophisch rekonstruiert und verstehbar gemacht werden, um in verantwortbarer Weise geglaubt und verkündet werden zu können. Und genau diese philosophische Rekonstruktion und Deduktion ist es, was Thomas leistet.

Das Werk des Heiligen Thomas zeichnet sich dadurch aus, dass es – anders als die Werke stärker platonisierender Denker – nicht auf spekulative Theorien gegründet ist, sondern auf eine exakte Beobachtung der konkreten Wirklichkeit. Und gerade die Ausführungen des Aquinaten zum Phänomen der Seele sind nicht bloß von geistesgeschichtlichem Interesse, sondern sie weisen eine geradezu atemberaubende Modernität auf, sind sie doch in hohem Maße anschlussfähig an die Ergebnisse der modernen Anthropologie und theoretischen Biologie, wie auch an die moderne analytische Philosophie des Geistes[68], die in methodischer Hinsicht ohnehin eine wesentliche größere Nähe zur scholastischen Philosophie im Allgemeinen und zur Philosophie Thomas von Aquins im Besonderen aufweist, als zur Philosophie der klassischen Neuzeit (des 15. bis 19. Jahrhunderts).

Das Werk Thomas von Aquins gründet sich – wie gesagt – auf die Erfahrung und somit auf die konkrete Wirklichkeit. Zu dieser konkreten Wirklichkeit gehört allerdings auch die (historische) Wirklichkeit des Christentums, seine konkrete Verkörperung in der Kirche und deren Anspruch, in der Selbstoffenbarung Gottes zu gründen. Niemand kann sich Realist nennen, der vor dieser unbestreitbaren, weil historisch unvergleichlich ein-

---

67 ScG II, 55, n. 1310.
68 Vgl. T. Kläden, Mit Leib und Seele ...; a.a.O., S. 167-343.

flussreichen Wirklichkeit die Augen verschließt. Er wird die Antworten des Christentums auf zentrale Fragen der Menschheit zumindest prüfend ins Auge fassen müssen. Und dabei wird er womöglich die Überraschung erleben, dass die christlichen Antworten auf diese Fragen von einer schwer zu überbietenden Rationalität sind. An die Verlässlichkeit der Rationalität muss man freilich auch glauben. Christen tun dies.[69]

---

[69] Vgl. dazu meine Aufsätze: Das christliche Vertrauen in die Vernunft. Zur rationalitätsstabilisierenden Funktion des Christentums, in: Forum Katholische Theologie (21) 2005, S. 81-93, sowie: Glaube und Vernunft. Eine Relecture der Regensburger Vorlesung von Papst Benedikt XVI., in: J. Kreiml (Hg.), Christliche Antworten auf die Fragen der Gegenwart. Grundlinien der Theologie Papst Benedikts XVI., Regensburg 2010, S. 35-65.

P. Prof. Dr. Karl Wallner OCist., Heiligenkreuz

Reinkarnation aus christlicher Sicht

Grundsätzliches

Die Vorstellung, dass nach dem Tod ein geistiges Element, die Seele, in weitere irdische Zustände weiterwandert, bezeichnet man auf Griechisch als Metempsychosis oder Palingenese, auf Lateinisch als Reinkarnation, auf Deutsch als Seelenwanderung. Die christliche Eschatologie muss sich mit ihr auseinander setzen, da es sich um eine Grundvorstellung handelt: Die Idee, dass mit dem Tod nicht der ganze Mensch «ver-endet», sondern ein geistiges Element sukzessiv weitere Stadien weltlicher Existenz durchläuft, findet sich in den Vorstellungen vieler Kulturen und Religionen[70].

Der Glaube an die Seelenwanderung ist konstitutiv für die religiösen Traditionen Indiens, sowohl für die großen wie Buddhismus und Hinduismus als auch für die kleineren Religionsgemeinschaften, wie die Jainas oder die Sikhs. Von Indien aus hat sich diese Idee in den chinesischen und japanischen Kulturraum verbreitet. Sie

---

70 Diese Auseinandersetzung erfolgt auch in allen systematischen Darstellungen christlicher Eschatologie, vgl. z.B.: Bertram Stubenrauch, Was kommt danach? Himmel, Hölle, Nirwana oder gar nichts, München 2007; Joseph Ratzinger, Eschatologie – Tod und ewiges Leben, Regensburg 1977 (Neuausgabe 2007); Josef Finkenzeller, Eschatologie, in: Glaubenszugänge. Lehrbuch der katholischen Dogmatik, hrsg. v. Wolfgang Beinert, Band 3: Paderborn-München-Wien-Zürich 1995, 525-671 (Literatur!); Dieter Hattrup, Eschatologie, Paderborn 1992; Medard Kehl, Eschatologie, Würzburg 1986; Gerhard Sauter, Einführung in die Eschatologie, Darmstadt 1995.

ist *die* dominante eschatologische Vorstellung Asiens. Wir finden sie aber auch in verschiedenen Stammeskulturen Afrikas, Australiens und des alten Amerika, etwa bei den Eskimos. Der Glaube an die Seelenwanderung taucht aber ebenso in Europa auf, geschichtlich gesehen findet er sich in der griechischen Antike bei den Orphikern, Pythagoreern, wird dann prominent von Plato ausgestaltet und von den Neuplatonikern weitergetragen. Die Formen der Religiosität, die aus dem Judentum hervorgegangen sind, also auch die des Christentums und des Islam, haben ein lineares Geschichtsverständnis entwickelt, das mit dem Zyklusdenken der Seelenwanderung nicht vereinbar ist. Doch finden wir auch in den Randerscheinungen des Judentums, etwa in der Kabbala, aber auch des Christentums und des Islam immer wieder Reinkarnationsvorstellungen, die freilich als häretisch gelten: etwa die Gnosis und den Manichäismus; bei den islamischen Randgruppen sind es die Drusen und die Aleviten.

Man wird mit Recht sagen können, dass «der Glaube an die Reinkarnation zu den am weitest verbreiteten Vorstellungen der Menschheit über ein Leben nach dem Tod»[71] gehört. Entsprechend gut ist das Thema religionswissenschaftlich aufgearbeitet. Es gibt eine Fülle von Publikationen. Ich nenne hier an erster Stelle die 1996 im Matthias Grünewald Verlag erschienene Monographie von Renold J. Blank, Auferstehung oder Reinkarnation?[72], die die beste Diskussion christlicher Theologie mit der Seelenwanderungslehre darstellt. Hilfreich ist das 2007 erschienene Buch des Münchener Dogmatikers Bertram Stubenrauch, Was kommt danach? Himmel, Hölle,

---

71 Perry Schmidt-Leukel, Einführung, in: Perry Schmidt-Leukel (Hg.), Die Idee der Reinkarnation in Ost und West, München 1996, 7.

72 Renold J. Blank, Auferstehung oder Reinkarnation?, Mainz 1996.

Nirwana oder gar nichts[73], das einen ausgezeichneten Überblick über die außerchristlichen Jenseitsvorstellungen durch die Geschichte hindurch gibt und diese mit dem christlichen Glaubensverständnis konfrontiert. Immer noch lesenswert ist das Büchlein von Gerhard Adler, Seelenwanderung und Wiedergeburt[74]; es erschien 1977, also vor dem Aufschwappen der großen Esoterikwelle der New Age-Bewegung. Einen Überblick über die verschiedenen Reinkarnationsvorstellungen im Osten und im Westen geben verschiedene Autoren in den 1988 von Hans Waldenfels und 1996 von Perry Schmidt-Leukel veröffentlichten Sammelbänden[75]. Weitere Publikationen, etwa von Helmut Zander[76] und Helmut Obst[77], zeigen, dass das Thema religionswissenschaftlich intensiv erschlossen ist. Ich erinnere schließlich auch an die Aigner Sommerakademie von 1992, wo ebenfalls «Die letzten Dinge» thematisiert wurden und Professor P. Dr. Richard Schenk OP, mittlerweile Rektor der Universität Eichstätt, einen spekulativen Vortrag über «Auferstehung oder Reinkarnation» hielt[78], der immer noch lesenswert ist.

---

73 Bertram Stubenrauch, Was kommt danach? Himmel, Hölle, Nirwana oder gar nichts, München 2007.

74 Gerhard Adler, Seelenwanderung und Wiedergeburt. Leben wir nur einmal?, Freiburg-Basel-Wien 1977.

75 Hans Waldenfels (Hg.), Ein Leben nach dem Tod? Die Antwort der Religionen, Düsseldorf 1988; Perry Schmidt-Leukel (Hg.), Die Idee der Reinkarnation in Ost und West, München 1996.

76 Helmut Zander, Geschichte der Seelenwanderung in Europa, Darmstadt 1999; Norbert Bischofberger, Der Reinkarnationsgedanke in der europäischen Antike und Neuzeit, in: Die Idee der Reinkarnation in Ost und West, München 1996, 76-94.

77 Helmut Obst, Reinkarnation – Weltgeschichte einer Idee, München 2009.

78 Richard Schenk, Auferstehung oder Reinkarnation? Zum Wesen der christlichen Hoffnung, in: Franz Breid (Hg.), Die Letzten Dinge. Referate der «Internationalen Theologischen Sommerakademie 1992» des Linzer Priesterkreises, Steyr 1992, 189-220.

Meine Aufgabe kann es daher nicht sein, im Rahmen dieses zeitlich beschränkten Vortrags das Thema der Reinkarnation systematisch aufzuarbeiten, sondern es vom christlichen Glaubensverständnis her zu bewerten.

Und so ist es mir ein Anliegen, gleich eingangs festzuhalten, dass die Lehre von der Wiederverkörperung der Seele vollkommen unvereinbar ist mit dem christlichen Glauben. Sympathisierende Annäherungen, wie sie etwa Norbert Bischofberger in seiner bei Prof. Kurt Koch 1994 in Luzern verfassten Dissertation[79] unternommen hat, sind Einzelfälle, die dem Bemühen um religionswissenschaftliche Neutralität gegenüber religiösen Vorstellungen entspringen, wie sie sich unter den Vertretern des Religionspluralismus heute verbreitet haben. Man kann aber sagen, dass nicht nur das kirchliche Lehramt, sondern auch die akademische Theologie der Reinkarnationsvorstellung einmütig kritisch und ablehnend gegenübersteht. Der unverdächtige Karl Rahner schreibt: «Mit dem Tod tritt die Endgültigkeit der Grundentscheidung des Menschen ein, die seine Geschichte durchwaltet und in der er gegenüber Gott, vermittelt durch Welt und Geschichte, über sich selbst verfügt (DS 410, 839, 858, 926, 1002, 1306, 1488). Mit dieser kirchenamtlichen Lehre... ist die Lehre von der Seelenwanderung (Metempsychose, Reinkarnation) als mit dem christlichen Menschenverständnis und dem Ernst einer einmaligen Geschichte unvereinbar verworfen.»[80] Und der Katechismus der Weltkirche, der 1983 als Ausblüte des Zweiten Vatikanischen Konzils erschienen ist, formuliert die Ablehnung der Seelenwanderungsvorstellung absolut unmissverständlich: «Der Tod

---

79 Norbert Bischofberger, Werden wir wiederkommen? Der Reinkarnationsgedanke im Westen und die Sicht der christlichen Eschatologie, Mainz-Kampen 1995.
80 Karl Rahner, Mysterium Salutis V, 474.

ist das Ende der irdischen Pilgerschaft des Menschen, der Zeit der Gnade und des Erbarmens, die Gott ihm bietet, um sein Erdenleben nach dem Plane Gottes zu leben und über sein letztes Schicksal zu entscheiden. ‹Wenn unser einmaliger irdischer Lebenslauf erfüllt ist› (Lumen Gentium 48), kehren wir nicht mehr zurück, um noch weitere Male auf Erden zu leben. Es ist ‹dem Menschen bestimmt›, ‹ein einziges Mal zu sterben› (Hebr 9,27). Nach dem Tod gibt es keine Reinkarnation» (KKK 1013).

Es ist mir ein Anliegen, im Rahmen dieses Vortrages diese klare Abgrenzung in einzelnen Argumenten darzustellen. Vorweg muss festgehalten werden, dass es im Wesentlichen zwei Aspekte sind, die die Vorstellung von der Seelenwanderung in Widerspruch zu dem stellen, was Gott uns in Tod und Auferstehung Christi geoffenbart hat. Meines Erachtens macht das von einigen evangelischen Theologen gerne verwendete Wort «Wiedereinkörperung» oder «Wiederverkörperung» den Widerspruch am deutlichsten. Denn wenn unser Sein nach dem Tod darin besteht, dass unsere Seele vom Leib befreit ist, um in eine neue Daseinsform wiederverkörpert zu werden, dann setzt das ja voraus, dass die «Seele» das eigentlich und einzig entscheidende Element ist, das den Menschen zum Menschen macht. Der Körper ist dann nur zu einem Stadium degradiert, das von dieser geistigen Eigentlichkeit bewohnt wird. Um es plakativ zu sagen: Der Körper ist nur mehr das Verpackungsmaterial für eine Art Nachfüllseele. Der christliche Glaube hingegen schätzt den Leib; für ihn ist er nicht bloß «biologischer Körper», sondern «Leib», das heißt: einmaliger Ausdruck unserer Gottebenbildlichkeit, mit dem wir einst in Gottes Ewigkeit hineinverklärt werden. Zu dieser eklatanten Minderbewertung der Leiblichkeit gesellt sich ein zweiter Hauptaspekt. Die Reinkarnation setzt voraus, dass Geschichte als Zyklus verstanden wird, als beständiges Immer-Wieder. Der Osten, in dem die Reinkarnationslehre sowohl im Buddhismus wie auch im Hinduismus und Shintoismus fest beheimatet ist, hat daher auch den Slogan geprägt: «Der Weg ist das Ziel.» Christliches Geschichtsverständnis aber ist linear, ist zielgerichtet, mündet in einen eschatologischen Punkt Omega. Der christliche Tod mündet in einen endgültigen Verhältniszustand auf Gott hin – Himmel oder Hölle. Nicht «Der Weg ist das Ziel», sondern «Der Weg hat ein Ziel», ist die christliche Devise, die sich etwa volkstümlich im katholischen Wallfahrtswesen ausdrückt.

Die Situation

Wenn der christliche Glaube also einen so grundsätzlichen Widerspruch zum Reinkarnationsglauben darstellt, dann lade ich ein, einen kleinen Zwischenstopp zu machen und Gewissenserforschung zu halten. Konkret möchte ich die Frage stellen, wie es möglich ist, dass sich die Vorstellung von einem Weiterziehen der Seele in unserem christlich geprägten Westen so schnell verbreiten konnte.

Dazu zwei kleine Erlebnisse aus meiner Zeit als Landpfarrer: Schon wenige Wochen nach meiner Installation nahm mich eine fromme Frau, die ich – was im Wienerwald eine Seltenheit ist – oft in der Kirche antraf, beiseite, und erklärte mir verschwörerisch, dass sie genau wisse, dass sie in einem früheren Leben eine ägyptische Prinzessin gewesen sei. Und mit ebenfalls verschwörerischem Unterton hat mir später einmal ein 14-jähriger Firmling vor seiner Firmung ins Ohr geflüstert: «Ich muss Ihnen etwas sagen, Herr Pfarrer. Ich glaube wirklich an die Wiedergeburt.» Bei der Frau am Anfang meiner Pfarrtätigkeit hat mich das Geständnis anfangs schockiert. Bei dem Buben war ich dann schon besser gerüstet, denn mir war klar geworden, dass es sich hier nicht um bewusste heterodoxe, also häretische, Abweichung vom christlichen Glauben handelte. Der Firmling wollte mir durch sein Geständnis, er glaube an die Wiedergeburt, nicht sagen, dass er vom Glauben abweicht, sondern im Gegenteil: Er wollte mir etwas Gutes mitteilen, nämlich dass er – im Unterschied zu vielen seiner Kameraden – an ein Leben nach dem Tod glaubt.

Der Grund für die rasante Verbreitung esoterischer Vorstellungen liegt vor allem im Schweigen der christlichen Verkündigung. Im August 2012 machte in Österreich ein sogenannter «ESO-Bericht» Schlagzeilen: Ein steirisches Forschungsinstitut für «Esoterik, (sogenannte) Sekten und Okkultismus» vermeldete, dass aufgrund von aktuellen Umfragen nicht nur 40 Prozent der Befragten an die Prophezeiung des Weltunterganges anhand des ominösen Mayakalenders glauben, sondern sich auch eine breite Esoterikszene etabliert hat. Der Esoterikmarkt ist ja nach wie vor im Wachsen, es geht dort mittlerweile um Milliarden-Euro-Umsätze pro Jahr; alternative Medizin, pantheistische Spiritualität jeder Art, aber auch Schamanismus und Geistheilertum breiten sich aus. Als Christen glauben wir, dass Gott jedem Menschen die heilige Gabe der Vernunft geschenkt hat; sie bildet, zusammen mit dem Glauben, die Flügel, auf denen sich unser Geist zur Erkenntnis der Wahrheit emporschwingen kann. So die berühmte Eingangsformulierung der Enzyklika «Fides et Ratio», an der wohl der jetzige Inhaber des Petrusamtes in seiner damaligen Funktion als Präfekt der Glaubenskongregation bereits maßgeblich mitgearbeitet hat. Papst Benedikt XVI. betont immer wieder die Bedeutung des rationalen Denkens, der Vernunft. Es ist doch beachtenswert, dass eine Kirche, die man über Jahrhunderte im Namen dieser Vernunft – freilich auf Grundlage eines verkürzten Vernunftbegriffes – bekämpft, verfolgt und unterdrückt hat, dass eine solche Kirche gerade heute die Vernunft verteidigt und hochhält. Wo das Denken ausgeschaltet und disqualifiziert wird, da droht nicht nur Irrationalismus und Aberglaube, sondern auch Fanatismus und Demagogie. Im ESO-Bericht heißt es: «Unbemerkt hat sich die Republik Österreich von dem ihrer Demokratie zugrunde liegenden wissenschaftlich-rationalen, in der Aufklärung wurzelnden Weltbild teilweise verabschiedet.»[81] Und aufhorchen muss es uns auch lassen, wenn es dort heißt, dass die Esoterik-Szene zusehends auch die Mitglieder etablierter Kirchen beeinflusst.

Doch zurück zur Reinkarnation. Woher kommt es, dass ein erklecklicher Teil von Menschen, die auf den Tod und die Auferstehung Christi getauft sind, an ein Weiterwandern ihrer Seele glauben? Und hier sind wir bei der Gewissenserforschung, die uns Katholiken, vor allem aber jenen, die mit der Verkündigung des Glaubens beauftragt sind, dringend nottut:

Am Aschermittwoch 2011 veröffentlichte die Kleruskongregation eine Handreichung für Beichtväter[82]. Dort gibt es im Anhang auch eine Gewissenserforschung für Priester in 20 Punkten. Denn die Krise des Bußsakramentes hängt ja evident auch damit zusammen, dass viele Priester ungebeichtet und unbußfertig leben. Der letzte Punkt des Gewissensspiegels lädt den Priester ein, sein Gewissen zu erforschen: «Betrachte ich in meiner persönlichen Meditation, in der Katechese und in der normalen Predigttätigkeit die Lehre der Kirche über die

---

81 Siehe: http://religion.orf.at/stories/2547006/(25.98.2012)
82 Kongregation für den Klerus, Der Priester, Diener der göttlichen Barmherzigkeit. Arbeitshilfe für Beichtväter und geistliche Begleiter, vom 11. März 2011.

Letzten Dinge?» Wir stehen hier offensichtlich vor einer großen Not, denn faktisch ist unsere Verkündigung über das Jenseits verstummt. Schon Johannes Paul II. hat in seinem Buch «Die Schwelle der Hoffnung überschreiten» bedauert, dass die eschatologischen Themen in der Verkündigung so gut wie nicht vorkommen![83] Über jene Mysterien, die nach katholischem Glauben den Menschen nach dem Tod erwarten, wird im kirchlichen Raum betreten geschwiegen. Der Papst vertritt die Ansicht, dass das Stummsein der Prediger vielfach dem Trend der Säkularisation folgt, der bislang die Menschen gegenüber diesen Themen unempfänglich machte. Es ist ja Tatsache, dass der Mensch dort, wo es ihm im Heute gut geht, auf die Zukunft, gerade auf die ewige Zukunft, schnell vergisst. Unser heutiges Christentum ist im hohen Maße ewigkeitsvergessen. Sogar Johann Baptist Metz hat es laut beklagt, dass dem Christentum der «apokalyptische Stachel» fehle und wir, wie Metz es formulierte, «bürgerlich» geworden sind. Man könnte auch einfach das Sprichwort anwenden: *«Plenus venter non studet libenter!»* Warum soll sich ein voller Bauch Gedanken machen über das, was kommt?

Die Papstkritik scheint durchaus stichhaltig zu sein: Die Kirche kreist in ihrer Verkündigung mehr um die Bewältigung der Gegenwart als um die Ewigkeit bei Gott. Die urkirchliche Dynamik, die von der endzeitlichen Hoffnung lebte, ist uns auch deshalb völlig abhanden gekommen. Jede Religion ist wohl so kraftvoll wie ihre Hinordnung auf ein Ziel. Das frühe Christentum schöpfte seinen ganzen Schwung aus der Hoffnung auf die Wiederkunft des Herrn. In der frühchristlichen «Zwölfapostellehre», der Didache, heißt es etwa: «Es komme die

---

[83] Johannes Paul II., Die Schwelle der Hoffnung überschreiten, hrsg. v. V. Messori, Hamburg 11994, 204-212. Leider liegt der deutschen Erstauflage eine entsetzlich schlechte Übersetzung zugrunde.

Gnade und es vergehe diese Welt!»[84] Könnten wir das heute auch noch bejahen? Unserer schönen Welt ein freudiges «Vergehe» entgegenzurufen, ist wohl das, was uns säkularisierten Wohlstandsmenschen am fernsten von allem liegt! Der heutige Mensch würde wohl eher sagen: «Es bleibe die Welt und jeder Gedanke an das Danach sei weit weg von mir!»

Die Folge davon ist, dass der Einfluss des christlichen Glaubens auf die Jenseitsvorstellungen zurückgeht. Gewinner dieses Schwächelns des Christentums ist vor allem das atheistische und materialistische Dogma, wonach mit dem Tod «alles aus» ist. Zurück bleibt die Ideologie des Hedonismus, des «Carpe diem», des gierigen Lebensgenusses, weil das Leben auch mit seiner steigenden durchschnittlichen biologischen Lebenserwartung von mittlerweile über 80 Jahren doch als ein sehr kleines und enges Vergnügen erscheint, das man in jeder Hinsicht gierig und genussvoll auskosten muss. Der atheistisch-materialistische Nihilismus führt notwendig zur einer geradezu psychopathischen Verdrängung des Todes. Das wirkt sich praktisch bereits so aus, dass die für Österreich so typische «schöne Leich», die doch ein pittoreskes Charakteristikum einer jenseitsgläubigen Kultur ist, immer mehr zu einer unliebsamen Angelegenheit verkommt. Ich habe selbst Begräbnisse auf dem Zentralfriedhof erlebt, wo man das Gefühl hatte, dass es sich nur mehr um eine Art lästiger Entsorgung von Biomüll handelt.

Am Verstummen der kirchlichen Verkündigung über das Jenseits trägt auch die Theologie selbst Schuld, da sie in früheren Zeiten viel zu wissenssicher über das gesprochen hat, was nach dem Tode kommt, so als hätte Chris-

---

84 Didache 10,6 – Es handelt sich dabei um einen Ruf, der offensichtlich bei der Eucharistie regelmäßig verwendet wurde.

tus uns einen detaillierten Fahrplan mit Ankunfts- und Abfahrtszeiten für das Leben nach dem Tod hinterlassen: für den einen das Fegefeuer für soundso viele Jahre, für den anderen die Hölle, für den wieder den Himmel usw. Hier war die Theologie vormals zu unvorsichtig. Das Jenseits ist ja ein doppeltes Geheimnis: Geheimnis, weil es in der zeitlichen Zukunft unseres Lebens liegt, Geheimnis, weil es in der Hand Gottes liegt, der das Geheimnis aller Geheimnisse ist. Die moderne Theologie hat den Geheimnischarakter zwar betont, sich jedoch in eine unübersichtliche Fülle von Neuansätzen zersplittert. Balthasar hat wohl Recht, wenn er schreibt, dass die Eschatologie «der Wetterwinkel» in der Theologie ist: «Von ihr steigen jene Gewitter auf, die das ganze Land der Theologie fruchtbar bedrohen: verhageln oder erfrischen.»[85]

Man kann sagen: Einiges wurde erfrischt, aber ebenso einiges ordentlich verhagelt. Auch das Lehramt hat 1979 durch die Glaubenskongregation zu den Fragen nach den Letzten Dingen Stellung nehmen müssen[86]. Bedenklich scheint mir vor allem die Unvorsichtigkeit, mit der man mit der Frage nach dem endzeitlichen Heil umgeht. Gibt es nicht heute den Triumphalismus eines allgemeinen Himmels und einer automatischen Seligkeit aller? Wo über das Leben nach dem Tod gepredigt wird, wird fast immer nur der Himmel verkündigt. Begräbnisgottesdienste werden gleich als Auferstehungsmessen gefeiert. Natürlich ist der Himmel die große Hoffnung, die uns vorwärts ziehen soll, aber dürfen wir das Jenseits

---

[85] Hans Urs von Balthasar, Verbum Caro, 276. Balthasar hat Aufsätze zur Eschatologie verfasst, die Geschichte gemacht haben: «Umrisse der Eschatologie» in Verbum Caro 276-299; «Eschatologie im Umriss» in: Pneuma und Institution 410-455.

[86] Schreiben der Glaubenskongregation an alle Bischöfe «Recentiores episcoporum Synodi» vom 17. Mai 1979: DH 4650-4659.

so verkünden, als wäre es das rosarote «Sugarcandy-Land» aus der Animal Farm von George Orwell oder der Refrain des Heurigenliedes «Wir kommen alle, alle, alle in den Himmel»? Suggeriert man so nicht einen Heilsoptimismus, der durch nichts zu begründen ist, wobei man die Ernsthaftigkeit dessen vergisst, was uns nach dem Tod erwartet: das Gericht, die Läuterung, ja die ewige Gottferne der Hölle? Gott liebt uns und will, dass alle Menschen gerettet werden (vgl. 1 Tim 2,4), das ist wahr. Aber erlaubt uns die Offenbarung, dass wir uns deshalb ein laues und harmloses Bild von ihm machen, so als ob er unsere Freiheit *irgendwie nicht ernst nehmen wollte*, da er ja letztendlich doch alle gleichmacht, egal wie einer sich entscheidet?

Die christliche Verkündigung über das Jenseits ist auch deshalb so stumm geworden, weil sie dumm geworden ist. Dazu zähle ich etwa die systematische Ausrottung des Begriffs «Seele» aus unserer Liturgie und aus unserem Denken. 1979 musste sogar die Glaubenskongregation mit einer Instruktion über die Eschata eingreifen. In «Recentiores episcoporum Synodi» heißt es: «Die Kirche behauptet die Fortdauer und das Fortbestehen eines geistigen Elementes nach dem Tod, das mit Bewusstsein und Willen begabt ist, so dass das ‹menschliche Ich› selbst, in der Zwischenzeit jedoch ohne die Ergänzung seines Leibes, fortbesteht (subsistat)» (DH 4653). Aus Angst vor «Platonismus» und in einem einseitigen Biblizismus hat man das Wort «Seele» aus dem theologischen Vokabular gestrichen und verfügt nun plötzlich über keinen Begriff mehr, woran man die postmortale Identität festmachen kann. Auch in anderen Bereichen stößt man auf dieses Problem, etwa bei den heiligen Engeln. Bei den aufgeklärten Liberalen galt es plötzlich als ausgemacht, dass Engel ein Produkt der religiösen Phantasie seien, ein Rest antiker

Mythologie, von dem sich ein modernisiertes Christentum endlich verabschieden müsse. Die Folge war, dass in der Kirche in den letzten Jahren verschämt über dieses vermeintliche Randstück naiver Religiosität geschwiegen wurde, zumindest waren die Engel kein großes Thema für Theologie und Verkündigung. Und eben darum ist es wohl so gekommen, wie es kommen musste: Wo die Kirche verstummt, reden andere umso lauter! Wo der Offenbarungsglaube bei der Tür hinausgewiesen wird, springt der Aberglaube beim Fenster herein: Je mehr die Engel in der kirchlichen Verkündigung ignoriert wurden, desto mehr hat sich die außerchristliche Religiosität ihrer bemächtigt. So populär wie in der heutigen Postmoderne waren die Engel wohl selten zuvor! Machen Sie doch die Probe aufs Exempel und geben Sie in einem Bücherservice im Internet den Begriff «Engel» ein. Sie werden auf Hunderte Buchtitel stoßen, die meisten freilich aus dem Milieu von New Age und Esoterik. Die irrationale Neugierde der Postmoderne an allem Jenseitigen und Mysteriösen und Geistigen ist ebenso unbegrenzt, wie das rationale Desinteresse der Moderne betonklötzig und begrenzt war!

Und dasselbe Fred Feuerstein-Phänomen haben wir auch beim Begriff der Seele: Je mehr wir das Christliche vom vermeintlichen «Platonismus» befreien, desto mehr kommt der echte Platonismus in Gestalt der New Age-Esoterik als Mainstream zurück!

Jedenfalls kämpft das kirchliche Lehramt – leider vielfach ungehört – für eine Kultur der Begriffe, zu der auch die «Seele» gehört. So beispielsweise Papst Benedikt XVI. in seiner Gründonnerstagspredigt 2012, wo er die sogenannte Pfarrerinitiative adressiert. Am Schluss ermutigt er die Priester zum «Seeleneifer» und gibt dabei folgenden Exkurs: «Das Wort Seele gilt in manchen

Kreisen geradezu als verbotenes Wort, weil es angeblich einen Dualismus zwischen Leib und Seele ausdrücke, den Menschen zu Unrecht zerteile. Natürlich ist der Mensch nur einer, mit Leib und Seele zur Ewigkeit bestimmt. Aber das kann doch nicht bedeuten, dass wir nun keine Seele mehr hätten, kein konstitutives Prinzip, das die Einheit des Menschen in seinem Leben und über seinen irdischen Tod hinaus gewährleistet.»[87]

Und wieder zurück zur Eschatologie: Je beharrlicher wir in der Kirche das Leben nach dem Tod verschweigen, desto intensiver entdeckt unsere nichtchristliche Umwelt das «Jenseits». Längst hat sich eine neue Religiosität gebildet, die ein neugieriges Interesse für das «Danach» entwickelt hat. Das gilt ebenso im Einzelnen für die vielen Sekten wie auch im Allgemeinen für die postmoderne Esoterik insgesamt. Man wird Perry Schmidt-Leukel Recht geben müssen, wenn er sagt: Der Glaube an die Seelenwanderung «präsentiert sich dabei sozusagen als eine dritte Alternative zwischen dem jüdisch-christlich-islamischen Auferstehungslauben einerseits und dem atheistisch-materialistischen Nihilismus andererseits – als eine Alternative, die sich allein schon durch ihre lange menschheitsgeschichtliche Tradition zu empfehlen scheint.»[88]

Wir Christen stehen heute mit unserer Eschatologie, ob wir wollen oder nicht, in einem religiösen Konkurrenzkampf mit anderen Auffassungen über das Jenseits. Meines Erachtens sind es vor allem zwei Modelle, die den christlichen Glauben «auf dem Markt» der religiösen

---

[87] Benedikt XVI., Schluss der Gründonnerstagspredigt vom 5. April 2012, die er in der ersten Hälfte ausdrücklich an die österreichische Pfarrerinitiative adressiert hatte.

[88] Perry Schmidt-Leukel, Einführung, in: ders., Die Idee der Reinkarnation in Ost und West, 8.

Ideen herausfordern und konkurrenzieren: Das eine ist die Endzeitlehre des Islam, der aus der jüdisch-christlichen Offenbarung das lineare Zeitschema übernommen hat, die Jenseitsvorstellungen aber entmessianisiert und entdivinisiert. Die Eschatologie des Islam ist eine plakative Simplifizierung der Hoffnung auf ewiges Glück. Das andere Modell ist die Seelenwanderungslehre, die sich mit dem Verblassen des christlichen Glaubens und dem faktischen Ausfall der Verkündigung der geoffenbarten Jenseitshoffnungen wachsender Beliebtheit erfreut.

Fünf Gründe für die Unvereinbarkeit

Die Vorstellung, dass ein geistiges Element das eigentliche Ich des Menschen sei, das durch verschiedene körperliche Stadien die irdische Erdenzeit durchwandert, ist mit dem christlichen Glauben unvereinbar. Ich bringe fünf Gründe für die Unvereinbarkeit, die durch viele weitere zu ergänzen wären[89].

1. Grund: Wunschdenken statt Offenbarungsglaube

Der Mensch ist von Natur aus religiös. Er ist kraft seiner naturhaften, also von Gott von der Schöpfung aus ihm eingestifteten Geistigkeit hingeordnet auf die Suche nach dem Ewigen. Menschliche Existenz ist «desiderium naturale videndi deum», naturhafte Sehnsucht nach Gottesschau und Gottesfülle, wie der heilige Thomas von Aquin sagt. Der heilige Augustinus beginnt seine Confessiones gleich im ersten Abschnitt mit dem Aufschrei hin zu Gott: «quia fecisti nos ad te et inquietum est cor nostrum donec

---

89 Vgl. die umfangreiche Darstellung der christlichen Kritik bei Renold J. Blank, Auferstehung oder Reinkarnation?, Mainz 1996, 57-108.

requiescat in te» (Augustinus, Confessiones 1,1,1). Der Mensch ist eine Art Vakuumwesen, das nur dann rund und ganz ist, wenn es seine Erfüllung in Gott gefunden hat. In Bezug auf die Jenseitsvorstellung hat das Zweite Vatikanische Konzil großartige Worte gefunden, wo es beschreibt, dass der Mensch «im Instinkt seines Herzens richtig urteilt, wenn er die völlige Zerstörung seiner Person mit Entsetzen ablehnt». Nach «Gaudium et Spes» gibt es im Menschen von Natur aus ein Gespür dafür, dass er den Keim der Ewigkeit in sich trägt[90].

Kein Wunder also, dass es in allen Religionen Jenseitsvorstellungen gibt. Diesem naturhaften Hindenken und Hinsehen auf ein letztes Ziel, dieser Bewegung von unten nach oben, kommt nach katholischem Verständnis frei und gnadenhaft und ungeschuldet eine andere Bewegung entgegen. Dem natürlichen «Hin-auf-Gott» des Menschen läuft das übernatürliche «Hin-auf-den-Menschen» Gottes entgegen. Der springende Punkt des christlichen Glaubens ist die Überzeugung von einer Selbstoffenbarung Gottes in die Geschichte hinein. Gott eröffnet nicht nur im Staunen über die Schöpfung den Horizont der Sehnsucht auf seine unendliche Fülle, sondern er bricht mit dieser Unendlichkeit selbst in den geschichtlichen

---

90 GS 18 (= DH 4318): «Angesichts des Todes wird das Rätsel des menschlichen Daseins am größten. Der Mensch wird nicht nur von Schmerz und fortschreitender Auflösung des Leibes gequält, sondern auch, ja noch mehr, von der Furcht vor immerwährendem Verlöschen. Er urteilt aber im Instinkt seines Herzens richtig, wenn er die völlige Zerstörung seiner Person mit Entsetzen ablehnt (recte autem instinctu cordis sui iudicat). Da sich der Keim der Ewigkeit (semen aeternitatis), den er in sich trägt, nicht auf bloße Materie zurückführen lässt, lehnt er sich gegen den Tod auf. Alle Anstrengungen der Technik, so nützlich sie sein mögen, können die Angst des Menschen nicht beschwichtigen: Die Verlängerung der biologischen Lebensdauer kann nämlich jenem Verlangen nach einem weiteren Leben nicht genügen, das unüberwindlich in seinem Herzen lebt.»

Raum des Menschen ein. Die konkrete Geschichte wird zum Ort der Selbstoffenbarung Gottes.

Deshalb ist das Alte Testament zu zwei Dritteln voll mit Erzählungen über die Geschichtsmacht Gottes. Und deshalb nennen wir den Letztverantwortlichen für den Tod Christi Pontius Pilatus in unseren heiligen Symbola, weil die Grundlage unseres Glaubens nicht ein religiöser Mythos, eine schöne Weisheitslehre oder eine fromme Lehre ist, sondern eine konkrete geschichtliche Person. Nimm vom Buddhismus, vom Shintoismus und auch vom Islam die Stiftergestalten weg, so bliebe immer noch eine fromme Lehre, die man auch weitervertreten könnte, wenn es diese Ursprungspersonen gar nicht als solche gegeben hätte. Aber nimm vom Christentum die geschichtliche Person Jesu Christi weg, also jenen konkreten Jesus, der zu einer konkreten Zeit an einem konkreten Ort konkrete Worte gesprochen und konkrete Taten gesetzt hat, so bleibt absolut nichts übrig. Die christliche Offenbarung gründet in der geschichtlichen Selbstoffenbarung Gottes. Sie gründet im Faktum der Existenz Jesu Christi und sie gründet auch im Faktum des leeren Grabes. «Verbum caro factum est.» Die Scholastiker sagten über die menschliche Erkenntnis: Nihil est in intellectu, quod non antea fuerat in sensibus! – Nichts ist im Verstand, das nicht über die Sinne hineingekommen ist. Das kann man auch vom katholischen Glauben sagen: «Wir glauben nichts, das nicht in der geschichtlich erfahrenen Selbstoffenbarung Gottes in Jesus Christus gründet.»

Wenn wir Christen an ein Leben nach dem Tod glauben, so nehmen wir es dankbar zur Kenntnis, dass auch andere philosophische Überlegungen und religiöse Vorstellungen eine postmortale Existenz postulieren oder zumindest erhoffen. Es ist aber einzig und allein das österliche Zeugnis der Jünger, die Begegnung mit dem Auferstandenen, auch die Erfahrung des leeren Grabes, das den christlichen Glauben begründet. Der Reinkarnationsglaube kann sich auf keinerlei empirische Fakten stützen, er gründet nicht in der Autorität eines sich offenbarenden Gottes. Hier trifft der Vorwurf Feuerbachs, wonach religiöse Ideen anthropologische Wunschvorstellungen sind, die ins Unendliche projiziert werden, um diesen dann nachzujagen.

Die Esoterik des Westens hat den Seelenwanderungsglauben mit wesentlichen Veränderungen aus dem östlichen Denken importiert: Im Hinduismus und Buddhismus ist es eine Strafe, wiedergeboren zu werden. Es ist das oberste Ziel ethischen Verhaltens, dem Kreislauf des Immer-Wieder, dem Samsara, zu entkommen. Die Wiedergeburt ist eine Art Strafe, die dann eintritt, wenn man noch nicht ausreichend geläutert ist; sie kann auch – entsprechend der Qualität des Karma – auf einer niedrigeren Seinsstufe erfolgen, etwa in Gestalt eines Tieres. Mit diesem Strafcharakter können die westlichen Anhänger der Wiederverkörperung natürlich nichts anfangen; in unserer Wohlstandsgesellschaft flüchtet man sich ja deshalb zu solchen Vorstellungen, weil man es ganz offensichtlich schade findet, nur einmal leben zu können. Die Idee einer Seelenwanderung braucht man, um sich über die Kürze einer einzelnen irdischen Existenz hinwegzutrösten. Bei uns im Westen ist die Reinkarnation Ausdruck eines Wunschdenkens nach mehrmaligem süßen Lebensgenuss.

2. Grund: Geschichte verläuft nicht zyklisch, sondern linear

Ein zweiter Grund liegt darin, dass sich das jüdisch-christliche Geschichtsverständnis von dem der heidnischen Philosophie fundamental unterscheidet. Es ist nahe liegend, dass der Mensch sein Zeit- und Geschichtsbild aus der Beobachtung der Natur gewinnt. Und hier begegnet ihm eine Fülle von Zyklen: Der Zyklus von Tag und Nacht, der Zyklus des Mondes, der Zyklus der Jahreszeiten und des Jahres, der Zyklus der Gestirne. Wir befinden uns eben, wie wir erst seit 300 Jahren wissen, auf dem dritten von acht Planeten, die um einen Stern namens Sonne im Zeitrahmen von 365 ¼ Tagen kreisen; wir beobachten das Immer-Wiederkehren des Zu- und Abnehmen des Mondes; und nicht nur agrarische Kulturen richten sich nach dem Rhythmus des scheinbar stets gleichbleibenden Werdens und Vergehens. Und diesen Zyklus des Geborenwerdens, Alterns und Sterbens beobachtet der Mensch schließlich auch an sich selbst.

Kein Wunder, dass man in Analogie zu den Phänomenen der Natur auch philosophische und religiöse Deutungen des Phänomens der Zeit entwickelt hat, die zyklisch sind. Tag, Woche, Monat, Jahr... sind so prägende Naturgegebenheiten, dass sie die suchende Phantasie ja geradezu drängen, für den Menschen, der in seiner Individualität ganz offensichtlich dem Vergehen unterworfen ist, ein bleibendes Element zu postulieren: eine Seele, die jenseits des irdischen Phänomens des Kreisens alle Zustände übersteht, indem es von einer Seinsform in die nächste weiterwandert.

Hans Urs von Balthasar meint in seinem Büchlein «Theologie der Geschichte», dass heidnische Religiosität in gewisser Weise immer «geschichtslos» sein muss. Sie muss immer durch Meditation und religiöse Praktiken das Zeitlich-Konkrete hinter sich lassen, sie muss Hinausmeditieren, Durchschauen, Aussteigen, sich dem ewigen Kreislauf einfügen.

In diesem Kreislauf von Werden und Vergehen liegt ein gewisses Trostpotenzial, das freilich unlogisch ist. Ich habe selbst einen Leichenredner, der beim Begräbnis eines Ausgetretenen angeheuert worden war, in pathetischem Ton davon sprechen hören, dass es mit dem Toten dasselbe sei wie mit dem Lauf der Sonne: die nur untergeht, um wieder aufzugehen. Solch frommer Pathos ist vertröstendes Wunschdenken, weil der Mensch in seiner Individualität nichts mit der rotierenden Erde gemein hat. Aus naturwissenschaftlicher Sicht wird man außerdem sagen müssen, dass das zyklische Schema, das unserer planetaren Befindlichkeit abgelesen ist, zudem langfristig nicht stimmt. Tatsächlich ist das Universum ein sich kontinuierlich Ausdehnendes, die Sonne ein Stern mit Ablaufdatum – wenn sie sich auch erst in 4 Milliarden Jahren zu einem Roten Riesen aufblähen wird. Anders gesagt: Es gibt nirgendwo in der physischen Schöpfung ein absolutes Immer-Wieder!

Dieses zyklische Zeitbild wird jedenfalls durch Gottes Offenbarung kräftig aufgebrochen und zwar schon im Alten Testament. Gott, der Ewige und Heilige, bricht in den vermeintlichen Zyklus der Geschichte ein, konkret und punktuell. Es entsteht, so Hans Urs von Balthasar, erstmals wertvolle Geschichte, die das Immer-wieder-Dasselbe durchbricht. Wie? Indem Gott in die Welt einbricht. Das Alte Testament besteht zu zwei Dritteln aus Geschichtserzählungen: Der Jude hat die Geschichte als den Ort gesehen, in dem Gott wertvoll und heilschaffend handelt. So, dass man es immer wieder memorieren muss, erzählen muss, weitergeben muss. Jahwe Elohim greift gleichsam in die Speichen des zyklischen Kreisels ein: Er bremst das sich stetig drehende Rad des Immer-selben-Rotierens aus, sodass es sich zu einer neuen Gestalt ausformt: zu einer Linie. Das Geschichtsverständnis der Bibel ist nicht zyklisch, sondern linear. Plötzlich erscheinen die drei Zeitdimensionen in einer neuen Wertigkeit: Vergangenheit, Gegenwart und Zukunft. Der Israelit memoriert die Vergangenheit – also die Ereignisse, in denen Gott in der Geschichte gehandelt hat. Und eben daraus schöpft er Kraft für die Gegenwart und richtet seinen Blick in die Zukunft.

Israel wird das Volk der Hoffnung, die Religion, die auf Zukunft hin ausgerichtet ist. «Der Messias wird kommen!», ist die Devise Israels. Es ist das Volk der Erwartung. Israel streckt sich von der Erinnerung an die gottgewirkte Vergangenheit her in die Hoffnung auf eine gottgewirkte Zukunft aus. Wir Christen spielen ja im Advent diese futurische Sehnsuchtshaltung Israels gleichsam nach und versetzen uns in die vorerlöste Zeit zurück. Unsere christliche Adventssehnsucht ist nicht zufällig so wohlig und harmonisch und romantisch, denn wir hoffen ja innig auf etwas, das schon eingetreten ist: «Tauet, Himmel, den Gerechten, Wolken regnet ihn herab.»

Im Johannesprolog heißt es: «Und das Wort ist Fleisch geworden und hat unter uns gewohnt.» – Gott hat in der Menschwerdung seines Sohnes einen Pflock in die Geschichte geschlagen. Wir rechnen daher sogar mit Recht unsere Zeit nach diesem Ereignis. Jedes Jahr nach der Geburt Christi ist ein «Annus Domini», ein Heilsjahr, ein «Jahr des Herrn». Freilich wird uns auch bei jeder Heiligen Messe vor Augen gestellt, dass nicht die Geburt Christi der Knotenpunkt des Heiles war, sondern erst der Anfang: Das eigentliche Ereignis, das in der Zeit das eschatologische Heil eröffnet, ist der Tod und die Auferstehung Christi. Wiederum: Kein zeitloser Märchenmythos wie etwa der Tod des Mithras bei den Heiden, wie die geschichtslosen Weisheitserzählungen eines Buddha, eines Lao-Tse oder die religiösen Forderungen eines Mohammed.

Und nochmals muss ich daran erinnern: Um die Historizität zu betonen, hat sich die junge Kirche nicht gescheut, den eigentlichen Mörder Christi in den heiligen Text des Glaubensbekenntnisses aufzunehmen: «Gekreuzigt unter Pontius Pilatus.»

Während der fromme Buddhist hofft und danach strebt, dem schrecklichen Samsara der Wiedergeburten zu entrinnen, um ins Nirwana einzugehen, vertröstet sich der hedonistische Esoteriker mit dem Gedanken daran, dass er doch vielleicht noch ein paar Mal ein fröhliches Wohlstandsleben genießen könnte. Beides ist uns ferne. Unser Leben ist einmalig; es beginnt in der Zeit und führt über die Grenze des Todes in ein definitives Verhältnis mit Gott, mit der Fülle des Lebens, die wir ablehnen (Hölle) oder annehmen können (Himmel). Die Reinkarnationsvorstellung impliziert daher einen Widerspruch zur christlichen Hoffnung auf eine einmalige und endgültige Gemeinschaft mit Gott. Sie verhindert daher die große Freude auf eine endgültige Zukunft hin. Wiederverkörperungslehren atmen eine Stimmung der Apathie und des Fatalismus. Ein Satz, wie Paulus ihn in seinem Brief an die Philipper formuliert, ist undenkbar: «Freut euch im Herrn zu jeder Zeit! Noch einmal sage ich: Freut euch! Eure Güte werde allen Menschen bekannt. Der Herr ist nahe!» (Phil 4,4)

3. Grund: Der Mensch ist Leib und Seele in einem

Ein dritter Grund für die Unvereinbarkeit ist die Abwertung der Leiblichkeit des Menschen. Die Reinkarnationslehre setzt die Dis-Identität zwischen Leib und Seele voraus, zerstört also die für die biblische Lehre vom Menschen so fundamentale Einheit von Leib und Seele. Reinkarnation ist zutiefst platonisch und entwürdigt den menschlichen Leib, denn die Seele muss ja schon vor dem Leib präexistieren. Der Leib wird jeweils als ein akzidentelles Instrumentarium angenommen. Wie sehr diese Vorstellungen unserem christlichen Ethos widersprechen, sieht man auch darin, dass das östliche Seelenwanderungskonzept ja keine Schwierigkeiten hat, die Seele nicht nur durch verschiedene Menschenkörper wandern zu lassen, sondern sogar durch Tierkörper.

Die Bibel kennt keine Präexistenz der Seele, sondern nur die Einmaligkeit und Einzigartigkeit des Menschen vor Gott. Leib und Seele sind eine Einheit, die von Gott her bestimmt ist. So haucht Gott nach Gen 2 dem Leib des Menschen, den er selbst formt und modelliert, den Lebensatem ein, worin die Kirchenväter die Beseelung gesehen haben. Der Leib ist nicht ein lästiges Werkzeug für das Eigentliche des Menschen, das allein die Seele ist, sondern deren Ausdrucksform. Und die Bibel kennt eine eschatologische Hochschätzung der Individualität. Hans Urs von Balthasar hat immer wieder darauf verwiesen, dass der Auferstandene seine Wundmale an sich trägt, freilich ins Strahlende verklärt. Aber es sind seine Wundmale, das heißt: sein Lebensschicksal; das, was ihm individuell und besonders zugestoßen ist, ist in die Sphäre der endgültigen Gottesgemeinschaft hineingerettet und hineinverwandelt.

Es genügt, hier nochmals klar und deutlich festzuhalten: Wir sind keine Platoniker, für uns ist der Leib nicht das Grab der Seele. Auch wenn sich nach unserem Glauben im Tod unsere unsterbliche Seele vom Leibe löst und sogar schon, sollten wir heilig sterben, zur vollkommenen Anschauung Gottes gelangen kann, so sind wir doch erst in unserer endgültigen Bestimmung, wenn wir mit unserem verklärten Leib nach der Parusie des Herrn die ewige Gemeinschaft mit Gott genießen. Dies ist derzeit erst der Gottesmutter und Jungfrau Maria zuteil geworden.

4. Grund: Personale Erlösung durch einen personalen Gott

Ein wesentliches Charakteristikum der jüdisch-christlichen Offenbarung ist, dass Gott sich personal erschließt. Gott ist nicht eine wabernde neutrische Substanz, ein todloser Zustand des Erlöschens, wie man sich etwa das Nirwana vorstellen kann. Gott tritt vielmehr als Partner und auf eigene Initiative in ein Bundesverhältnis mit dem Menschen.

Im Hintergrund der Renaissance der Reinkarnationsphantasie bei uns im Westen, stecken die Geheimlehren der Theosophie und der Anthroposophie, die im 19. Jahrhundert durch östlichen Einfluss entstanden sind. In den Grundsätzen der Geheimlehre von Helena Balvatsky von 1888 heißt es etwa: «1. Es gibt eine absolute Realität, ein allgegenwärtiges, ewiges, grenzenloses und unveränderliches Prinzip. 2. Die Ewigkeit des Weltalls äußert sich zyklisch; es gilt das Gesetz der Periodizität, nach dem die Welten erscheinen und verschwinden, vergleichbar mit dem Wechsel von Tag und Nacht, Leben und Tod oder Schlafen und Wachen. 3. Die Seelen tragen einen Funken des Absoluten, der universellen Oberseele in sich.»[91]

In den Reinkarnationsvorstellungen hat ein personales Gottesbild keinen Platz. Das gilt für Plato, der nur eine göttliche Nous-Substanz kennt, ebenso wie für die östlichen Weltvorstellungen. Im Hinduismus gibt es einen mythologischen Götterhimmel, der selbst einem übergeordneten Schicksal unterworfen ist, ähnlich wie bei den Griechen. Das eigentliche Oberprinzip all dieser Formen apersonaler Religiosität ist ein unentrinnbares Schicksal, der Kreislauf selbst. Im Osten wird diese Verflochtenheit in das Schicksal «Karma» genannt, eine mechanische

---

[91] Norbert Bischofberger, Werden wir wiederkommen?, 60f.

Gesetzmäßigkeit: Jede Tat hat ihre Konsequenzen in diesem oder in einem anderen Leben. Man beachte: Wir Christen glauben an einen personalen Richter, der sein Urteil über uns Sünder so vollzieht, dass er selbst sich für unsere Sünden richten ließ. Sünde ist daher nie etwas Amorphes, sondern immer etwas Konkretes.

Die Notwendigkeit der Einzelbeichte ergibt sich unmittelbar aus dem Charakter der Sünde, die nicht bloß «Schuld» gegenüber einem abstrakten Irgendetwas ist, sondern persönliche Verletzung. Wie sehr wir Gott, unseren Bundespartner, verletzen, hat er uns am Kreuz drastisch vor Augen geführt, wo freilich sein Sich-verletzlich-Machen zugleich schon sein Vergeben ist. Wir müssen fragen: Wer richtet eigentlich im Reinkarnationsmilieu? Niemand Personaler, sondern das apersonale Karma entscheidet über alles.

Der christliche Glaube lehrt eine einmalige Erlösung durch Christus. Diese Erlösung kommt dem Menschen durch das Handeln Gottes selbst zu, ist also ganz «von oben». Es ist aktive Tat Gottes, die dieser «eph´hapax» (Hebr 1,1) gesetzt hat, indem er seinen Sohn am Kreuz für uns in den Sühnetod gab. Von ihrem Wesen her ist das Christentum zutiefst Widerspruch gegen alle Versuche des Menschen zur Selbsterlösung: Nicht wir, Er befreit uns. Die Struktur der Reinkarnationslehre ist nun aber gerade nicht Erlösung durch Gott, sondern eine Art von Selbsterlösung: Durch Wohlverhalten kann ich mein Karma beeinflussen und so in der Spirale des Samsara immer höher steigen. Die Läuterung, die hier durch die Kette der Geburten erfolgt, ist im Letzten Werk des Menschen selbst. Es handelt sich nach Josef Auer «um eine Selbsterlösung des Menschen in der Abfolge der Reinkarnationen, während im christlichen Weltbild

Gott allein Sünden vergeben, erlösen, Erfüllung und Vollendung schenken kann.»[92]

Man hat hier von Seiten einiger Theologen, die der Seelenwanderung Gutes abgewinnen wollten, eingewendet, dass die Reinkarnation nichts anderes sei als die Transposition des Läuterungsgedankens, wie er in der Lehre vom Fegefeuer zum Ausdruck kommt. Hierauf ist zu entgegnen: Das Fegefeuer ist ein einmaliger Zwischenzustand, der durch eine lineare Kontinuität charakterisiert ist. Das Fegefeuer ist kein Zyklus. Es hat auch nur eine Option, nämlich die positive: Es mündet in die vollkommene Läuterung. Eine Depotenzierung in einen schlechteren Zustand, wie es im zyklischen Samsara möglich ist, gibt es nicht. Zweitens ist das Fegefeuer nicht das Verurteilt-Sein zu einem «Immer-Wieder», sondern eine personale Gottesbegegnung im Gericht. Und schließlich ist das Fegefeuer drittens nicht ein aktives Sich-Läutern, sondern ein passives Geläutert-Werden. Es ist, wie die klassische Dogmatik sagt, nicht eine Satisfactio, sondern eine Satispassio. Das ist auch der Grund, warum wir die Seelen der Verstorbenen mit Recht «arm» nennen. Weil sie ihres Leibes beraubt sind und damit auch ihrer Geschichtsmächtigkeit – sowohl zum Bösen wie auch zum Guten. Sie bedürfen der Gnadensolidarität innerhalb des Mystischen Leibes der Kirche, das heißt des Gebetes, der opferbereiten Sühne und der Fürbitte durch die noch Lebenden.

Das Wesen des christlichen Glaubens ist der Glaube an eine von Gott in der Geschichte gesetzte Erlösung, dass Gott es ist, der den Menschen gerecht macht und nicht er selbst. Das ist auch der fundamentalste gemeinsame

---

92 Johann Auer, «Siehe, ich mache alles neu.» Der Glaube an die Vollendung der Welt, Regensburg 1984, 60.

Nenner der Ökumene mit den Brüdern und Schwestern der Reformation. Mich wundert es daher, wenn man auf evangelischen oder katholischen Kirchentagen einem Dalai Lama zujubelt, dessen religiöse Vorstellungen ja gerade diesem fundamentalsten Bereich unseres christlichen Glaubens diametral gegenüberstehen.

5. Grund: Diesseitsethos statt fatalistische Passivität gegenüber dem Karma

Religiöse Vorstellungen haben ihre konkreten Auswirkungen auf Kultur und Gesellschaft. Es ist nicht egal, was der Mensch glaubt, sondern es wirkt sich auf seine Einstellung zum Leben, zum Umgang miteinander aus. Religiöse Vorstellungen wirken sich sozial und ökonomisch aus. Sie verleihen einer Kultur und Gesellschaft gleichsam eine atmosphärische Färbung und geben ihr psychologische Prägungen. Eine wesentliche Kritik der Wiedergeburtslehre muss nun lauten, dass sie einerseits den menschlichen Tod zu einem harmlosen Zwischenspiel macht, andererseits auch den Menschen damit belastet, dass er mit der Schuld vergangener Existenzen durch die Geschichte zieht, von denen er selbst nicht die geringste Ahnung hat und auf deren Abarbeitung er so gut wie keinen Einfluss hat.

Der Christ sieht sein Leben als ein einmaliges Geschenk, das er so zu verantworten hat, dass er dadurch das ewige Leben erreicht, zu dem ihn Christus erlöst und befreit hat. Der Christ weiß um den Ernst seines Lebens im Hinblick auf das Ziel, das er zu erreichen sucht. Gerade weil er sich nicht selbst erlösen muss, sondern im Glauben ein Erlöstsein vorfinden muss, das ihn zu sittlicher Tat und moralischer Verantwortung herausfordert, weiß er um die Notwendigkeit seines Engagements. Paulus, ausgerechnet der große Polemiker gegen Gesetzes- und Werkfrömmigkeit, formuliert den Satz: «Wirkt euer Heil mit Furcht und Zittern!» (Phil 2,12) Der erlöste Christ weiß sich in seiner Freiheit verpflichtet zur innerweltlichen Tat der Liebe, zum sozialen Engagement, zu Nächstenliebe und Caritas. Das hat die westlichen christlichen Gesellschaften bis in die Wurzeln hinein geprägt.

Bei den Wiederverkörperungslehren hingegen entscheidet das Karma über das Heil des Menschen. Das Karma ist jene unpersönliche Vergeltungskausalität, der man sich nicht entziehen kann. Es klebt gleichsam an der Seele und begleitet sie über alle Individualleben hinweg, um auch jeweils die Qualität des nächsten Lebens zu begründen. Jede ethisch positive oder negative Tat beinhaltet von selbst den Keim der Vergeltung. Ist eine Tat gut, wird sie belohnt, ist sie böse, wird sie bestraft. Man wird fragen müssen, ob nicht gerade diese Vorstellung eine fatalistische Lebenseinstellung begünstigt: Jeder ist an seinem Schicksal selbst schuld und jeder muss selbst für die Klärung seines Karmas sorgen. Ist es ein Zufall, dass sich in den von Reinkarnationsvorstellungen geprägten Kulturen bis zum heutigen Tag soziale Kastenordnungen halten? Ist es Zufall, dass die Schwestern der Mutter Teresa in den Slums von Kalkutta die Sterbenden und Verlassenen aufsammeln mussten, die sie oft neben den Pagoden und Tempeln vorfanden?

Schluss

Die Verbreitung von heterodoxen und abergläubischen religiösen Phantasievorstellungen muss uns zutiefst alarmieren. Wo christlicher Glaube sich verschämt verschweigt und christliche Glaubensverkündigung sich durch kircheninterne Streitigkeiten blockieren lässt, verbreiten sich mit rasanter Geschwindigkeit andere religiöse Vorstellungen, die weit unterhalb und jenseits des Vernunftbezuges der christlichen Offenbarung liegen.

Die Verbreitung der Seelenwanderung ist ein Zeichen dafür, dass die Menschen nach wie vor sensibel sind für die Fragen nach dem eigentlichen Ziel des Lebens. Im Osten ist die Seelenwanderung eine dunkle Angstvorstellung, die dazu führt, dass sich viele dem Christentum zuwenden. Die Kirche in Asien boomt (Vietnam). Bei uns im Westen taucht die Reinkarnation als Ausdruck der Sehnsucht nach einem mehrfachen Genuss des irdischen Lebens auf.

Die Flucht vieler getaufter Mitmenschen in solche irrationalen Vertröstungsvorstellungen ist letztlich ein Hilfeschrei, der uns Gläubige zutiefst im Herzen alarmieren und motivieren sollte, doch wieder deutlicher und klarer den Glauben zu verkünden, der uns durch Gottes Offenbarung geschenkt ist. Den Glauben an ein Leben, das nicht ein ewiges unentrinnbares Kreiseln ist, sondern darin mündet, dass wir Gott schauen werden von Angesicht zu Angesicht. Wir brauchen eine Erneuerung des sühnenden Totenkultes der Kirche, des Fürbittgebetes für die Verstorbenen. Und wir müssen dringend jene Freude ausstrahlen, die immer das Zeichen von echtem christlichem Glauben war: die Freude, die aus der Hoffnung kommt nach dem, was kein Auge geschaut, kein Ohr gesehen, was in keines Menschen Herz gedrungen ist, was Gott aber denen bereitet hat, die ihn lieben.

Prof. Dr. Manfred Hauke, Lugano

Das zweite Kommen Christi

«Wir predigen nicht bloß eine Ankunft Christi, wir verkünden auch noch eine zweite ... Bei der ersten Ankunft war er in einer Krippe in Windeln eingewickelt, bei der zweiten umkleidet er sich mit Licht. Bei der ersten Ankunft trug er, der Schmach nicht achtend, das Kreuz; bei der zweiten wird er in Begleitung eines Heeres von Engeln in Herrlichkeit kommen»[93].

Mit diesen Worten beginnt Cyrill von Jerusalem im 4. Jahrhundert seine Katechese über den Glaubensartikel «und der kommen wird in Herrlichkeit, zu richten die Lebendigen und die Toten, dessen Reich kein Ende haben wird». In der Überschrift wird sofort eines der Vorzeichen für die Wiederkunft Christi hinzugefügt: «Über den Antichrist». Damit ist ein Thema angegeben, das auch heute besonderes Interesse weckt.

Mit der Wiederkunft Christi am Ende der Zeiten sind eine ganze Reihe von Themen verbunden, die eine aufmerksame Behandlung verdienen[94]. Dazu gehören auf jeden Fall die Auferstehung der Toten und das Letzte Gericht, die auf unserer Tagung mit eigenen Vorträgen untersucht werden. Der jetzige Vortrag soll zunächst einmal die Bedeutung der Parusie skizzieren. Der Haupt-

---

93 Cyrill von Jerusalem, Catecheses 15,1 (PG 33, 870; dt. BKV2 41, München – Kempten 1922, 260).

94 Eine gute theologische Übersicht zum Thema der «Parusie» findet sich bei Pozo, Candido, Teologia dell'aldilà, Cinisello Balsamo 51990, 101-165; Ziegenaus, Anton, Die Zukunft der Schöpfung in Gott. Eschatologie (Katholische Dogmatik VIII), Aachen 1996, 216-237; O'Callaghan, Paul, Christ Our Hope. An Introduction to Eschatology, Washington, D.C. 2011, 39-73.

akzent der Darlegung liegt dann auf den Vorzeichen für das zweite Kommen Jesu.

1. Die Bedeutung der Parusie im Neuen Testament

Die Botschaft Jesu konzentriert sich auf das Kommen des Reiches Gottes. Das Reich Gottes meint ein zukünftiges Ereignis, um das wir beispielsweise im «Vater unser» beten: «Dein Reich komme». Auf der anderen Seite ist das Reich Gottes schon gegenwärtig, wie Jesus betont: «Das Reich Gottes ist mitten unter euch» (Lk 17,21). Die Verbindung zwischen Gegenwart und Zukunft des Reiches Gottes gründet in Jesus selbst, der nach einem bekannten Wort des Origenes als *autobasileía* bezeichnet werden kann, als «Reich Gottes in Person»[95]. Die Kräfte der zukünftigen Welt, in der Gott vollkommen herrschen wird, sind bereits jetzt wirksam im auferstandenen Christus und seinem mystischen Leib, der Kirche[96].

Wenn wir vom zweiten Kommen Jesu sprechen, dann geht es also um die Vollendung einer Wirklichkeit, die schon jetzt unter uns wirksam ist. Die Wiederkunft Jesu ist andererseits kein «apokalyptisches Stilmittel», das auf bildhafte Weise unsere existenzielle Gegenwart beschreibt[97], sondern ein zukünftiges Ereignis, das in Pa-

---

95 Vgl. Origenes, In Matth. XIV,7 (zu Mt 18,23) (ed. Lommatzsch III 283; GCS 40); deutsche Übersetzung: Origenes, Der Kommentar zum Evangelium nach Mattäus II (Bibliothek der griechischen Literatur 30), Stuttgart 1990, 41. Zur Botschaft Jesu vom Reiche Gottes vgl. Schmidt, K.L., Basileia, in ThWNT I (1933) 579-595; Gnilka, Joachim, Jesus von Nazaret. Botschaft und Geschichte, Freiburg i.Br. 21990, 87-165; Ratzinger, Joseph, Eschatologie – Tod und ewiges Leben (Kleine Katholische Dogmatik IX), Regensburg 61990, 33-49; Ratzinger, Joseph / Benedikt XVI., Jesus von Nazareth I, Freiburg i.Br. 2007, 76-92.

96 Vgl. Lumen gentium 5.

97 In diese von Rudolf Bultmann vorgezeichnete Richtung geht beispiels-

rallele steht zum ersten Kommen Jesu und verglichen werden kann mit dem sichtbaren Abschluss seiner irdischen Wirksamkeit auf dem Ölberg. In der Apostelgeschichte heißt es anlässlich der Himmelfahrt Jesu: «Dieser Jesus, der von euch ging und in den Himmel aufgenommen wurde, wird ebenso wiederkommen, wie ihr ihn habt zum Himmel hingehen sehen» (Apg 1,11). Die Himmelfahrt Jesu und seine glorreiche Wiederkunft sind demnach gleichsam der lichte Rahmen, in dem sich die Geschichte der Kirche bewegt mit unserer je persönlichen Prüfungszeit auf Erden.

Der Fachbegriff für die «Ankunft Christi in messianischer Herrlichkeit» im Neuen Testament ist das griechische Wort *parousía*[98]. Dessen Verbalform *páreimi* findet sich bereits im Munde Jesu, der vor dem Hohen Rat die Weissagung des Buches Daniel über die Endzeit auf sich bezieht; er bejaht, der Messias zu sein, und betont dann: «Ihr werdet den Menschensohn zur Rechten der Macht sitzen und mit den Wolken des Himmels *kommen* sehen» (Mk 14,62; vgl. Mt 26,64; Lk 22,69). Bei dem griechischen Wort *parousía* ist der Sprachgebrauch der hellenistischen Welt mitzudenken: Mit diesem Begriff bezeichnet sie den glanzvollen Besuch wichtiger Würdenträger in der Provinz, vor allem von Kaisern und Königen[99]. Zwei weitere sinnverwandte Wörter sind *apokálypsis*, «Offenbarung», und *epipháneia*, «Erscheinung». Das Johannesevangelium spricht vom «Letzten Tag» (*he escháte heméra*, Vg. *novissimus dies*)[100].

---

weise Vögtle, Anton, Das Neue Testament und die Zukunft des Kosmos, Düsseldorf 1970, 232f; dagegen Ratzinger (1990) 138f.

98 Oepke, Albrecht, Parousía, páreimi, in ThWNT V (1954) 856-869 (863). Vgl. etwa Mt 24,3; 1 Kor 15,23; 2 Thess 2,8; 2 Petr 1,16.

99 Vgl. Oepke (1954) 857f; Pozo (1990) 102.

100 Joh 6,39f.44.54; 11,24. Vgl. Pozo (1990) 102-111; Ziegenaus (1996)

Das Kommen Christi in Herrlichkeit entspricht dabei der alttestamentlichen Erwartung vom «Tag des Herrn»[101]. Dieser Ausdruck, der sich zum ersten Mal beim Propheten Amos findet[102], bezeichnet das Kommen Gottes zum Gericht über sein Volk und die ganze Welt. Das zukünftige machtvolle Einwirken Gottes wird erwartet aufgrund der bereits erfolgten Befreiung aus der Sklaverei Ägyptens; in der Befreiung aus dem babylonischen Exil sehen die Propheten ein Vorspiel der endzeitlichen Vollendung der Schöpfung, worin das verlorene Paradies neu zugänglich wird. Der Höhepunkt der endzeitlichen Erwartung des Alten Bundes zeigt sich in der Weissagung Daniels, wonach am Himmel jemand «wie ein Menschensohn» erscheinen wird, dem der «Hochbetagte» eine ewige Herrlichkeit verleihen wird, ein Reich, das niemals untergeht (vgl. Dan 7,13f).

2. Systematische Perspektiven[103]

Aus systematischer Sicht ist die Parusie zunächst einmal ein christologisches Ereignis: die Herrschaft Christi über die ganze Schöpfung wird für alle geistigen Geschöpfe offenkundig. Christus, der Weltenrichter, scheidet die Auserwählten von den Verdammten.

Gleichzeitig ist die Wiederkunft Christi aber auch ein Vorgang, der die Kirche betrifft: Die Gemeinschaft der Erlösten nimmt teil am Sieg Christi über die Mächte des Bösen. In der Eucharistie ist der verklärte Herr bereits

---

216-221 («Die Parusie im biblischen Kontext»).
101 Vgl. 1 Kor 1,8 mit 1 Kor 15,23; Pozo (1990) 115f.
102 Vgl. Am 5,18-20.
103 Vgl. besonders Bordoni, Marcello – Ciola, Nicola, Gesù nostra speranza. Saggio di escatologia (Corso di teologia sistematica 10), Bologna 1988, 223-250.

leibhaft gegenwärtig. Ihm, dem wiederkommenden Christus, gehen wir entgegen, wenn wir die Heilige Messe feiern.

Die anthropologische Dimension der Parusie hingegen zeigt sich vor allem in der Auferstehung von den Toten als gemeinschaftlicher Vorgang. Die Verklärung des Leibes am Ende der Tage hingegen ist innig verknüpft mit der Wiederkunft Christi in ihrer Bedeutung für den ganzen Kosmos, wie Leo Scheffczyk betont: «Erst wenn auch die materielle Welt als das Feld der menschlichen Selbstverwirklichung von der Erlösungsgnade vollständig ergriffen und verwandelt ist, sind alle Dimensionen der menschlichen Wirklichkeit in die Vollendung aufgenommen und das Menschenwesen vollendet.»[104]

3. Zur Frage der «Naherwartung» des Weltendes

Von seiner künftigen Parusie spricht Jesus vor allem in seiner Endzeitrede[105] und in dem bereits erwähnten Messiasbekenntnis vor dem Hohen Rat.

«Ich komme bald», heißt es von der künftigen Ankunft Jesu in der Offenbarung des Johannes (Offb 3,11). Diese Hoffnung auf die baldige Wiederkunft weckt eine intensive Haltung der Erwartung, die angesichts des langen Wartens zur Enttäuschung führen kann. Schon der zweite Petrusbrief muss sich mit Leuten auseinander setzen, denen die Hoffnung auf die Parusie verloren gegangen ist, und in der modernen Exegese, ausgehend von Albert Schweitzer und Johannes Weiß, finden wir mitunter die

---

104 Scheffczyk, Leo, «Die Wiederkunft Christi in ihrer kosmologischen Bedeutung»: Ders., Glaube als Lebensinspiration, Einsiedeln 1980, 287-310 (308).
105 Mk 13; Mt 24; Lk 21.

Meinung, Jesus habe sich bezüglich der baldigen Wiederkunft geirrt[106].

Die exegetische Diskussion, die wir hier nur andeuten können[107], dreht sich vor allem um drei Texte: «Wenn man euch in der einen Stadt verfolgt, so flieht in eine andere. Amen, ich sage euch: Ihr werdet nicht zu Ende kommen mit den Städten Israels, bis der Menschensohn kommt» (Mt 10,23). – «Amen, ich sage euch: Von denen, die hier stehen, werden einige den Tod nicht erleiden, bis sie gesehen haben, dass das Reich Gottes in (seiner ganzen) Macht gekommen ist» (Mk 9,1; vgl. Mt 16,28; Lk 9,27). – «Amen, ich sage euch: Diese Generation wird nicht vergehen, bis das alles eintrifft» (Mk 13,30; vgl. Mt 24,34; Lk 21,32; in der Endzeitrede).

Angesichts der Worte von der «Nähe» der Gottesreiches in Macht ist freilich die Aussage Jesu zu berücksichtigen, wonach niemand weiß, wann das Ende kommen wird: «Jenen Tag und jene Stunde kennt niemand, auch nicht die Engel im Himmel, nicht einmal der Sohn, sondern nur der Vater» (Mk 13,32; vgl. Mt 24,36). Schon aus diesem Grunde ist es abwegig, hier von einem «Irrtum» Jesu zu sprechen. Während Jesus hier von seinem «Unwissen» spricht, betont er am Beginn der Apostelgeschichte auf eine entsprechende Frage seiner Jünger: «Euch steht es nicht zu, Zeichen und Fristen zu erfahren, die der Vater in seiner Macht festgesetzt hat» (Apg 1,7). Das «Unwissen» kann demnach bedeuten, dass der Sohn nicht

---

106 Zur «konsequenten Eschatologie» Albert Schweitzers vgl. Escribano-Alberca, Ignacio, Eschatologie. Von der Aufklärung bis zur Gegenwart (HDG IV/7 d), Freiburg i.Br. 1987, 147f.

107 Vgl. Lang, Albert, Fundamentaltheologie II, München 41968, 46-50; Klug, Heinrich, Das Evangelium als Geschichtsquelle und Glaubensverkündigung. Zugang zum historischen Jesus und zur göttlichen Offenbarung, Buxheim (Allgäu) 1976, 245-258; Jaros, Karl, Wann kommt Christus wieder? Apokalypse und christlicher Glaube, Augsburg 2008, 65-95.

den Auftrag hat, den Zeitpunkt des Endes zu offenbaren, auch wenn er in seiner menschlichen Natur aufgrund der Gottesschau seiner Seele in alle Geheimnisse der Zukunft eingeweiht ist[108].

Zu berücksichtigen sind auch die Gleichnisse Jesu über die Wiederkunft, die von einer langen Zeit sprechen. Im Gleichnis von den zehn Jungfrauen heißt es, dass der «Bräutigam» lange auf sich warten ließ (vgl. Mt 25,5). Ähnlich betont das Gleichnis von den Talenten: «Nach langer Zeit kehrte der Herr zurück, um von den Dienern Rechenschaft zu verlangen» (Mt 25,19).

Eine längere Zeit setzt auch die Aussage voraus, wonach «vor dem Ende» allen Völkern das Evangelium verkündet werden muss (Mk 13,10)[109]. Andere Hinweise Jesu, die normalerweise als «ipsissima vox» des Herrn betrachtet werden (als originaler Wortlaut), sprechen von einer Zwischenzeit zwischen seinem Tod und seiner künftigen Wiederkunft: «Es werden … Tage gekommen, da wird ihnen der Bräutigam genommen sein; an jenem Tag werden sie fasten» (Mk 2,20). – «Amen, ich sage euch: Ich werde nicht mehr von der Frucht des Weinstocks trinken bis zu dem Tag, an dem ich von neuem davon trinke im Reich Gottes» (Mk 14,25).

Ernst zu nehmen ist eine typische Eigenschaft der Prophetie, die wir bereits im Alten Testament finden: Die Propheten schauen unterschiedliche Ereignisse gleichsam im gleichen Blickwinkel. Der zweite Teil des Buches Jesaja

---

108 Vgl. KKK 474: «Weil Christus in der Person des menschgewordenen Wortes mit der göttlichen Weisheit vereint war, wusste seine menschliche Erkenntnis voll und ganz um die ewigen Ratschlüsse, die zu enthüllen er gekommen war [Vgl. Mk 8,31; 9,31; 10,33-34; 14,18-20.26-30]. Von dem, was er in dieser Hinsicht nicht zu wissen gesteht [Vgl. Mk 13,32], erklärt er an anderer Stelle, er sei nicht beauftragt, es zu enthüllen [Vgl. Apg 1,7]».

109 Der Einfachheit halber konzentrieren wir uns hier auf das Markusevangelium.

beispielsweise verheißt die Befreiung des Volkes Israel aus der babylonischen Gefangenschaft in einer Linie mit dem endgültigen Heil für die gesamte Menschheit (Jes 40,1-5 u.a.). Diese Zusammenschau können wir in etwa mit einem Phänomen der Astronomie vergleichen: Wenn wir aus einem bestimmten Blickwinkel auf zwei Sterne schauen, dann präsentiert sich das Licht auf eine Weise, als ob es sich um einen einzigen Stern handele. Nahe und entferntere Ereignisse erscheinen dann in der gleichen Perspektive. Bei seiner Endzeitrede, vor allem im Markusevangelium, beschreibt Jesus die Zerstörung Jerusalems und das Ende der Welt gleichsam im gleichen Blickwinkel: Bei der Zerstörung Jerusalems zeigt sich bereits in gewisser Weise, was beim Endgericht mit der ganzen Welt geschehen wird (Mk 13).

Eine zeitgeschichtliche und eine endgeschichtliche Deutung der Worte Jesu sind darum miteinander vereinbar.

Zu bedenken ist auch die Tatsache, dass in Jesus Christus das Reich Gottes schon gegenwärtig ist. Die Worte über die Ankunft des Reiches können darum nicht im strikten Sinne auf die Parusie am Ende der Welt begrenzt werden. Vor allem die Auferstehung Jesu offenbart auf machtvolle Weise die Herrschaft Gottes, und die verklärte Leiblichkeit der Auferstehung wiederum wird bereits ansichtig bei der Verklärung Jesu auf dem Berge. Die Ankündigung, wonach einige der Anwesenden das Reich Gottes in Macht kommen sehen werden (Mk 9,1), lässt sich auf die Verklärung Jesu vor Petrus, Jakobus und Johannes beziehen, die wenige Verse später beschrieben wird[110].

---

110 Vgl. Gnilka, Joachim, Das Evangelium nach Markus II, Zürich u.a. 1979, 26f.29. Andere Interpreten denken an Ostern oder Pfingsten: vgl. ibidem, 29; Künzi, Martin, Das Naherwartungslogion Mk 9,1 par. Geschichte seiner

Der Hinweis, wonach die Jünger bis zur Parusie noch nicht in allen Städte Israels die Frohe Botschaft verkündet haben werden (Mt 10,23), beschränkt sich nicht unbedingt auf das Heilige Land vor 2000 Jahren, sondern kann sich auch in einem allgemeinen Sinne auf die Sendung zu den Juden beziehen, die erst mit der Wiederkunft des Herrn ihre Vollendung findet.

Die «Generation», die bis zur Wiederkunft Jesu nicht vergehen wird (Mk 13,30), lässt sich auf verschiedene Weise deuten: Es handelt sich um die Zeitgenossen Jesu, was aber dem folgenden Hinweis widersprechen würde, wonach das Datum der Parusie unbekannt ist (Mk 13,32); weitere Deutungen sind die, wonach es sich um das jüdische Volk im Allgemeinen handelt oder um die Zeitgenossen Jesu, die noch die Zerstörung Jerusalems erleben, in denen sich das Ende der Welt bereits andeutet[111].

Ein letzter Punkt, der gegen eine zu eng geführte «Naherwartung» spricht, sind die kirchenstiftenden Handlungen Jesu. Dazu gehören die Berufung der zwölf Apostel, die besondere bleibende Vollmacht des Petrusdienstes sowie die Einsetzung der Eucharistie und der Taufe. Von der Sache her ist die «Naherwartung» der Wiederkunft Jesu eine «Stetserwartung». Wir sollten immer bereit sein, dem wiederkommenden Herrn entgegen zu gehen.

Damit wird nicht in Frage gestellt, dass die frühen Christen gehofft haben, dass Christus noch zu ihren Lebzeiten wiederkommen wird. Vor allem Paulus äußert diese Hoffnung, aber er stellt sie nicht als eine Glaubenslehre vor[112]. Der zweite Thessalonicherbrief ermahnt zur Ge-

---

Auslegung. Mit einem Nachwort zur Auslegungsgeschichte von Mk 13,30 par (Beiträge zur Geschichte der Exegese 21), Tübingen 1977.

111 Letzteres scheint die wahrscheinlichste Deutung.

112 Vgl. 1 Thess 4,15: «Dies sagen wir euch nach einem Wort des Herrn: Wir, die Lebenden, die noch übrig sind, wenn der Herr kommt, werden den

duld (2 Thess 2,1-12). Gegenüber denen, die sich über das Ausbleiben der Parusie lustig machten, betont der zweite Petrusbrief die Relativität des irdischen Zeitmaßes: Vor Gott sind ein Tag wie tausend Jahre und tausend Jahre wie ein Tag (vgl. 2 Petr 3,8).

4. Die Vorzeichen der Wiederkunft Jesu

Ein Datum der Parusie können wir nicht angeben. Gleichwohl finden wir im Neuen Testament einige Hinweise auf die Kennzeichen des nahen Endes. Genannt werden hier insbesondere (1) die Verkündigung des Evangeliums auf der ganzen Welt, (2) die Bekehrung der Juden, (3) die Bedrängnisse der Kirche und der große Abfall vom Glauben, (4) das Auftreten des Antichrist, (5) große Katastrophen in der Menschheit und in der Natur, (6) das «Zeichen des Menschensohnes», das am Himmel erscheint[113].

Entscheidend ist dabei die Konzentration auf die machtvolle Offenbarung Jesu Christi, wie sie etwa Thomas von Aquin herausstellt: «Christus wird bei der Ankunft zum Gericht in verklärter Gestalt erscheinen um der Amtsgewalt willen, die dem Richter gebührt. Nun gehört es zur Würde der richterlichen Gewalt, über irgendwelche Zeichen zu verfügen, die zur Ehrfurcht und Unterwerfung führen. Und darum werden der Ankunft Christi zum

---

Verstorbenen nichts voraushaben.» Siehe dazu bereits die Entscheidung der Päpstlichen Bibelkommission 1915 (DH 3628-30): Paulus «behauptet» nicht, dass er auf jeden Fall die Wiederkunft Jesu zu seinen Lebzeiten erfahren wird.

113 Vgl. hierzu besonders Schmaus, Michael, Von den Letzten Dingen (Katholische Dogmatik VI/2), München 1959, 165-195; Mussner, Franz, «Kennzeichen des nahen Endes nach dem Neuen Testament»: W. Baier u.a. (Hrsg.), Weisheit Gottes – Weisheit der Welt II. Festschrift für Joseph Kardinal Ratzinger zum 60. Geburtstag, St. Ottilien 1987, 1295-1308.

Gericht viele Zeichen vorausgehen, damit die Herzen der Menschen zur Unterwerfung unter den kommenden Richter gebracht werden und – ermahnt durch solche Zeichen – auf das Gericht vorbereitet werden.»[114]

Die Wiederkunft Christi und die Vollendung der Welt sind Ereignisse, die unser Vorstellungsvermögen überschreiten. Die von der apokalyptischen Sprache verwandten Bilder sind nicht ohne Weiteres als protokollartige Beschreibung zu sehen. Es wäre von daher nicht angemessen, sich beispielsweise zu fragen, ob denn die Posaunen des Jüngsten Gerichtes[115] in Dur oder in Moll ertönen werden. Eine klare Unterscheidung zwischen «Bild» und «Wirklichkeit» ist freilich schwierig. Falsch wäre es auf jeden Fall, die Wiederkunft Christi, das Weltgericht, die Auferstehung des Fleisches und die Verklärung des Kosmos als «apokalyptische Stilmittel» zu betrachten für rein geistige Geschehnisse, etwa im Sinne des Existentialismus von Rudolf Bultmann. Die Wiederkunft Christi ist ebenso realistisch zu verstehen wie die Auferstehung und Himmelfahrt des Herrn: Der Leib Jesu im Grabe ist wirklich verwandelt worden, verklärt in eine neue Existenz, welche die leibliche Identität mit dem irdischen Leben bewahrt, aber gleichzeitig befreit wird von den Beschränkungen des vom Tode gezeichneten Daseins. In analoger Weise ist auch die Wiederkunft Christi als Ereignis zu erwarten, das den jetzigen Kosmos verwandelt.

Mit dieser Verwandlung ist das Ende der jetzt vorhandenen Welt verbunden. Eindeutige Vorzeichen für das Kommen Jesu sind freilich nur die von Jesus in seiner Endzeitrede erwähnten kosmischen Katastrophen,

---

114 STh, Suppl. q. 73 a. 1 resp.
115 Vgl. Mt 24,31; 1 Kor 15,52; 1 Thess 4,16. Zum alttestamentlichen Hintergrund vgl. Luz, Ulrich, Das Evangelium nach Matthäus (Mt 18-25) (EKK I/3), Zürich u.a. 1997, 435f.

wenn die «Sterne vom Himmel fallen» und die «Kräfte des Himmels erschüttert werden» (vgl. Mt 24,29; Mk 13,24f; Lk 21,25f). Das Gleiche gilt für das bei Matthäus genannte «Zeichen des Menschensohnes» (Mt 24,30), das verbunden sein wird mit dem machtvollen Erscheinen des «Menschensohnes» in «Kraft und Herrlichkeit» «auf den Wolken des Himmels». Die älteste Deutung dieses Zeichens beginnt bereits mit der Didache und denkt an die Erscheinung eines Kreuzes am Himmel[116], während Hieronymus eine Siegesstandarte *(vexillum victoriae)* als alternative Deutung vorschlägt[117.] Die heute am meisten vertretene Auslegung, die ebenfalls bereits in der alten Kirche einsetzt (6. Jh.)[118], setzt das «Zeichen des Menschensohnes» mit dessen Erscheinen gleich[119].

Alle anderen Zeichen, je für sich allein gesehen, finden sich im Grunde in verschiedener Ausformung im Laufe der gesamten Kirchengeschichte. Dies entspricht auch der Notwendigkeit einer «Stetserwartung», damit die Erwartung der Wiederkunft Christi nicht erlischt. Bei der Vollendung der Welt ist freilich mit einer Häufung der Vorzeichen zu rechnen.

Jesus selbst spricht von der weltweiten Verkündigung der Frohen Botschaft: «Vor dem Ende aber muss allen Völkern das Evangelium verkündet werden» (Mk 13,10; vgl. Mt 24,14). Diese Ankündigung ist in enger Verbindung zu sehen mit dem Missionsbefehl Jesu (Mt 28,19f). Das bedeutet freilich noch nicht,

---

116 Vgl. Didache 16,6 (Fontes christiani 1, 138); Schöllgen, Georg, «Einleitung zur Didache»: Fontes christiani 1, Freiburg i. Br. 1991, 25-94 (79); Luz (1997) 434.

117 Vgl. Hieronymus, Commentariorum in Matthaeum (CChr.SL 77, 230); Luz, ibidem.

118 Vgl. Pseudo-Chrysostomus, Diatriba ad opus imperfectum in Matthaeum, 39 (PL 56, 919); Luz, ibidem.

119 Vgl. Luz, a.a.O., 434f.

dass alle Völker das Evangelium auch annehmen werden[120].

Paulus offenbart im Römerbrief ein «Geheimnis»: «Verstockung liegt auf einem Teil Israels, bis die Heiden in voller Zahl das Heil erlangt haben; dann wird ganz Israel gerettet werden ...» (Röm 11,25f). Der Apostel beruft sich dafür auf die prophetischen Verheißungen, die eine vollständige Reinigung Israels als eine Folge des Kommens des Messias ankündigen[121]. Die prophetische Aussage, wonach sich das Judenvolk in seiner Gesamtheit Christus zuwenden wird, gründet bereits in Worten Jesu selbst. Wenn er wiederkommt auf den Wolken des Himmels, werden die Juden ihm entgegenrufen: «Gesegnet sei er, der kommt im Namen des Herrn» (Mt 23,39). Auf die Bekehrung der Juden können wir auch das Herrenwort beziehen, wonach «dieses Geschlecht» nicht vergehen wird, «bis das alles geschieht» (Mk 13,30), «nämlich ... das endzeitliche Geschehen einschließlich der Parusie des Menschensohnes». Franz Mussner kann von daher sagen: «So scheint das neue Hervortreten der Juden in unserer Zeit mit zu den Kennzeichen des nahen Endes zu gehören»[122].

Eine weitere Gruppe von Vorzeichen, nach der weltweiten Verkündigung des Evangeliums und der Bekehrung der Juden, besteht in der Bedrängnis der Kirche und im Abfall vieler Menschen vom wahren Glauben durch das Wirken falscher Propheten (vgl. Mk 13,9-13.21f; Mt 24,4f.10-12.23f; Lk 21,12-19; 2 Tim 3,1-5 u.a.)[123]. Es

---

120 Vgl. Mussner (1987) 1295-97.
121 In Röm 11,26f zitiert der Apostel Jes 59,20f sowie 27,9.
122 Mussner (1987) 1308.
123 Vgl. Mussner (1987) 1297-1300, der drei verschiedene Punkte unterscheidet: «Das Auftreten falscher Messiasse und falscher Propheten». – «Überhandnehmende Gesetzlosigkeit und Erkalten der Liebe». – «Die große

wird Verfolgungen geben; Christen werden um ihres Glaubens willen sterben und um Christi Namen «von allen gehasst werden» (Mk 13,13). Falsche Messiasse und falsche Propheten werden sogar mit (teuflischen) Zeichen und Wundern prunken (Mk 13,22). «Und weil die Gesetzlosigkeit *(anomia)* überhand nimmt, wird die Liebe bei vielen erkalten» (Mt 24,12). Vom «Abfall» *(apostasia)*, in Verbindung mit dem Wirken des Antichrist, spricht ausdrücklich der Zweite Brief an die Thessalonicher (2 Thess 2,3).

Die Endzeitrede Jesu weist sodann auf große Katastrophen in der Menschheit und in der Natur: Es gibt Kriege, Erdbeben und Hungersnöte als «Anfang der Wehen» (Mk 13,8; Mt 24,4), aber auch Seuchen, «schreckliche Dinge» und «gewaltige Zeichen am Himmel» (Lk 21,11), die mit der bereits erwähnten Erschütterung des Kosmos zu verbinden sind.

5. Das Auftreten des Antichrist[124]

5.1 Der «Antichrist» im johanneischen Zeugnis

Unter den Vorzeichen der Wiederkunft Jesu sei das Auftreten des Antichrist besonders beleuchtet. Das Wort «Antichrist» (auf Griechisch *antíchristos*) findet sich erst-

---

Apostasie».

124 Vgl. hierzu ausführlicher Hauke, Manfred, «Die biblische Lehre vom Antichrist in ihrer Bedeutung für eine christliche Theologie der Geschichte»: Dörner, Reinhard (Hrsg.), «In den letzten Tagen werden schlimme Zeiten hereinbrechen» (nach 2 Tim 3,1). Der Antichrist und die Welt von heute, Kardinal-von-Galen-Kreis: (Stadtlohn) 2008, 29-60. Einige Passagen werden in der Folge wörtlich daraus übernommen. Weitere bibliographische Angaben bei Delgado, Mariano – Leppin, Volker (Hrsg.), Der Antichrist. Historische und systematische Zugänge, Fribourg – Stuttgart 2011.

mals im Neuen Testament in den Johannesbriefen. Die griechische Präposition «antí» hat die Grundbedeutung «gegenüber», wird aber hier in einem übertragenen Sinn verwandt: «anstatt, anstelle von»[125]. Der «Antichristus» meint dann eine Gestalt, die sich an die Stelle Christi setzt und ihm feindlich gegenübersteht. Eine wörtliche Übersetzung wäre «Gegen-Gesalbter»[126]. «Gesalbt» ist der Antichrist natürlich nicht vom Heiligen Geist, sondern von den Kräften Satans. Wie Christus als König, Priester und Prophet erscheint, so sind auch für den Gegen-Christus ähnliche Funktionen zu erwarten, die auf trügerische Weise das Wirken des echten Gesalbten nachäffen.

Das Wort «Antichrist» selbst kommt in den biblischen Schriften nur im Ersten und Zweiten Johannesbrief vor (1 Joh 2,18-22; 4,1-3; 2 Joh 7). Der Apostel Johannes spricht vom Antichrist, der kommen wird, aber auch vom «Geist des Antichrist», der bereits in der Welt anwesend ist. Er zeigt sich in vielen «Antichristen» und falschen Propheten, deren Verführung manche Christen zum Abfall gebracht hat. Der Geist des Antichrist lehnt Vater und Sohn ab (also den wahren Gottesglauben) sowie gleichzeitig damit das Geheimnis der Inkarnation. Die Verführer «bekennen nicht, dass Jesus Christus im Fleisch gekommen ist. Das ist der Verführer und der Antichrist» (2 Joh 7).

Johannes nimmt bereits Bezug auf die vorausgehende Überlieferung: «Ihr habt gehört, dass der Antichrist kommt ...» (1 Joh 2,18). Diese Tradition wurzelt, wie wir

---

[125] Vgl. Büchsel, Friedrich, antí, in Theologisches Wörterbuch zum Neuen Testament I (1933) 373; Bauer, Walter, Wörterbuch zum Neuen Testament, Berlin – New York 51963 (Nachdruck 1971), 145f.

[126] Vgl. Böcher, Otto, «Antichrist II. Neues Testament»: TRE 3 (1978) 21-24 (21).

gleich in der Analyse der Endzeitrede Jesu sehen können, in den Worten Jesu Christi selbst[127].

Beachtenswert ist auch das philologische Detail, dass das Substantiv «Antichrist» im griechischen Urtext ohne Artikel gebraucht wird: Es geht also nicht um einen Allgemeinbegriff, sondern um einen Eigennamen[128]. Johannes spricht dann zwar von vielen «Antichristen», die schon gekommen sind, aber diese Ausdehnung des Eigennamens auf viele Personen darf nicht als Gegensatz genommen werden zur Erwartung des Antichrist in der Zukunft. Der «Geist des Antichrist» ist schon gegenwärtig, auch wenn die Ankunft des letzten Widersachers Christi noch aussteht[129].

Nach einer Reihe von Kirchenvätern spricht auch das Johannesevangelium vom Antichrist: «Ich bin im Namen meines Vaters gekommen, und doch lehnt ihr mich ab. Wenn aber ein anderer in seinem eigenen Namen kommt, dann werdet ihr ihn anerkennen» (Joh 5,43)[130]. Cyrill von Jerusalem schreibt dazu: «Die Juden … verwerfen den, der erschienen ist; sie warten auf den, der zu ihrem Unglück kommen wird. Den wahren Christus wiesen sie

---

127 Vgl. Schnackenburg, Rudolf, Die Johannesbriefe (HThK XIII/3, Freiburg i.Br. u.a. 51975, 148; Brown, R.E., The Epistles of John (The Anchor Bible 30), New York 1982, 332 («when here the author says, ‹As you heard›, he means a teaching about the Antichrist that came from or through Jesus»); Smalley, S.S., 1,2,3 John (World Biblical Commentary 51), Waco, Texas 1984, 98; Vogler, Werner, Die Briefe des Johannes, Leipzig 1993, 93.

128 Vgl. Smalley, a.a.O. 70. 91. 98.

129 Vgl. Smalley, a.a.O. 43. 100. 224f. Fragwürdig ist darum die Deutung, wonach «die gegenwärtigen christologischen Irrlehrer als ‹der Antichrist› bezeichnet» würden: so aber Ratzinger, Joseph, Eschatologie, Tod und ewiges Leben (Kleine Katholische Dogmatik 9), Regensburg 61990, 162.

130 Vgl. Irenäus, Adv. haer. V,25,4 (dt. BKV Irenäus II, 1912, 219). Ebenso u.a. Hieronymus, Ep. 121,11 (PL 22, 1036)

zurück, den Betrug aber nehmen sie, die Betrogenen, auf.»[131]

Neben dem Zeugnis der Johannesbriefe und dem zumindest möglichen Hinweis des Evangeliums wird nach der altkirchlichen Überlieferung auch die Geheime Offenbarung auf den Apostel Johannes zurückgeführt[132]. Darin finden sich (neben dem Zweiten Thessalonicherbrief) die wirkungskräftigsten Quellen zur Gestalt des Antichrist, auch wenn das Wort «Antichrist» selbst dort nicht vorkommt. Für das Verständnis der apokalyptischen Sprache des Sehers sind vor allem drei Punkte zu beachten:

1. Die Offenbarung des Johannes richtet sich höchstwahrscheinlich an die verfolgten Christen zur Zeit des römischen Kaisers Domitian am Ende des ersten Jahrhunderts[133]. Damit verbunden sind eine Fülle von Anspielungen auf die damalige geschichtliche Situation, von denen uns manche Elemente nicht mehr verständlich sind oder sich nur noch hypothetisch erschließen lassen.

---

131 Cyrill von Jerusalem, Catecheses XII,2 (dt. BKV 41, 1922, 179).

132 Zur Überlieferung der alten Kirche vgl. Wikenhauser, Alfred / Schmid, Johannes, Einleitung in das Neue Testament, Freiburg i.Br. u.a. 61973, 643-653, zusammen zu sehen mit der Widerlegung der tendenziösen Darstellung des Eusebius bei Schulz, H.-J., Die apostolische Herkunft der Evangelien (QD 145), Freiburg i.Br. u.a. 1993, 41-47. Eusebius führt die Apokalypse wegen des vermeintlichen Chiliasmus (Lehre vom tausendjährigen Reich vor der Wiederkunft Christi am Ende der Zeiten) auf den Presbyter Johannes zurück, den er vom Apostel unterscheidet. Diese These ist durch ihre Rezeption im Johannes-Kommentar von Schnackenburg besonders im deutschen Sprachraum gang und gäbe, widerspricht aber den ältesten und zuverlässigsten Zeugnissen der kirchlichen Überlieferung.

133 Vgl. u.a. Giesen, Heinz, Die Offenbarung des Johannes (RNT), Regensburg 1997, 25-30. Ein Ansatz zur Zeit des Kaisers Nero (54-68) würde eine sehr frühe Abfassung der Apokalypse voraussetzen, die den Angaben der frühesten Tradition widerspricht, wonach Johannes sein Werk gegen Ende der Regierungszeit des Kaisers Domitian (81-96) verfasst hat: Irenäus, Adv. haer. V,30,3 (dazu Wikenhauser / Schmid, a.a.O. 653f).

2. Die Bildsprache des Sehers ist nicht mit einem geschichtlichen Protokoll zu verwechseln, sondern bietet viele Aussagen in einem symbolhaften Gewand. Diese Symbolsprache nimmt Elemente auf, die wir bereits in den apokalyptischen Texten des Alten Testamentes finden, vor allem im Buche Daniel. Das Wort «Apokalypse» (auf deutsch «Offenbarung») meint die Enthüllung der Geschehnisse der Endzeit in der Sprache der Vision.

3. Mit visionären Bildern, die auf die damalige geschichtliche Situation Bezug nehmen, werden Ereignisse geschildert, die für die gesamte Endzeit (in der wir jetzt leben) charakteristisch sind, aber vor der Wiederkunft Christi ihre letzte Zuspitzung erfahren[134].

Im dreizehnten Kapitel beschreibt Johannes eine Vision, wonach der «Drache» seine Macht einem «Tier» übergibt, das aus dem Meer emporsteigt, «mit zehn Hörnern und sieben Köpfen» (Offb 13,1-2). Die «sieben Köpfe» werden später auf die sieben Berge gedeutet, auf denen die Hure Babylon sitzt; es ist eine Anspielung auf die Stadt Rom mit ihren sieben Hügeln (vgl. Offb 17,9)[135]. Das Tier gleicht einem Panther mit den Tatzen eines Bären und dem Maul eines Löwen (Offb 13,2). Diese Beschreibung erinnert an eine Vision des Buches Daniel, wonach aus dem Meer der Reihe nach vier große Tiere heraufsteigen: Die ersten drei gleichen einem Löwen, einem Bären und einem Panther (Dan 7,1-6).

---

[134] Zur Deutung des Offenbarung des Johannes vgl. Wikenhauser, Alfred, Die Offenbarung des Johannes, Regensburg 31959, 18-22 (Verbindung von endgeschichtlicher, zeitgeschichtlicher und traditionsgeschichtlicher Auslegung). Siehe auch den Überblick zur Forschungsgeschichte bei Böcher, Otto, Die Johannesapokalypse, Darmstadt 41998, 1-25.

[135] Vgl. Giesen, Heinz, Die Offenbarung des Johannes, Regensburg 1997, 377f.

In der Folge beschreibt der Seher, wie das «Tier» das Ostergeheimnis von Tod und Auferstehung Christi nachäfft (Offb 12,5-8). Auch in diesem Absatz finden sich manche Anspielungen auf die Vision im siebten Kapitel des Danielbuches. Besonders kennzeichnend ist der Hinweis auf das Lästermaul (Dan 7,8.11), das Bezug nimmt auf die Redegewandtheit und die blasphemische Vermessenheit des syrischen Königs Antiochus IV. Epiphanes. Dessen gotteslästerliches Wirken wird im Ersten Buch der Makkabäer beschrieben. Antiochus wollte das Judenvolk auf grausame Weise zwingen, die überlieferte Religion aufzugeben und stattdessen die damals als hochmodern geltende hellenistische Kultur anzunehmen. Der Höhepunkt dieser hellenistischen «Globalisierung», aber auch der Beginn von dessen Ende, war die Entweihung des Tempels von Jerusalem: Im Dezember des Jahres 167 v. Chr. ließ Antiochus einen Altar des Baal Schanem, auch olympischer Zeus genannt, auf dem großen Brandopferaltar errichten. An die Stelle der Anbetung des einzigen wahren Gottes wurde also der Götzendienst eingeführt. Die Einführung des Götzenbildes im Jerusalemer Tempel wird im Ersten Makkabäerbuch, aber auch bei Daniel, als «Greuel der Verwüstung» bezeichnet (1 Makk 1,54; Dan 9,27; 11,31).

Der Anspruch auf göttliche Verehrung, den das «Tier» aus dem Meere erhebt, erinnert an die gotteslästerlichen Zumutungen des Antiochus und bezieht sich in der Situation des Sehers von Patmos auf die göttliche Verehrung, die der römische Kaiser Domitian für sich verlangte. Dieser götzendienerische Anspruch ist kennzeichnend für den Antichrist, der für sich die Verehrung beansprucht, die Gott allein zusteht und seinem Mensch gewordenen Sohn Jesus Christus.

In der Offenbarung des Johannes wird das Wirken des ersten «Tieres» unterstützt durch ein anderes Tier, das aus der Erde heraufsteigt. Es ist der Lügenprophet, der aussieht wie ein Lamm, aber redet wie ein Drache (vgl. Offb 13,11). Der falsche Prophet bringt die Menschen dazu, das Tier aus dem Meere anzubeten und wirkt in dessen Auftrag große Wunderzeichen. Er zwingt die Menschen, auf ihrer Stirne oder ihrer rechten Hand ein Kennzeichen anzubringen mit dem Namen des Tieres. Dessen Zahlenwert ist 666 (oder nach einer anderen Lesart 616) (Offb 13,12-18). Diese Zahl erklärt sich durch den Zahlenwert, den jeder Buchstabe des hebräischen und griechischen Alphabetes hatte. Nach der plausibelsten Deutung geht es um die mit hebräischen Buchstaben geschriebene Quersumme des Namens «Kaiser Nero»[136].

Mit der Berechnung des Zahlenwertes 666 zielt der Seher «wahrscheinlich auf den dämonisierten Nero redivivus, den er im gegenwärtigen Kaiser [Domitian] inkarniert sieht»[137]. Bezug genommen wird jedenfalls auf den totalitären Anspruch des Staates, wobei die Erfahrungen der Makkabäerzeit und der ersten römischen Christenverfolgungen (unter Nero und Domitian) das Bildmaterial liefern. Die apokalyptischen Ankündigungen übersteigen freilich die Zeitgeschichte am Ende des ersten Jahrhunderts: Es geht um einen «endzeitlichen Weltherrscher», der alle Bewohner der Erde seiner Tyrannei unterwirft[138]. Dieser Ausblick auf die Endzeit ist offenkundig, wenn Johannes die Vernichtung des «Tieres» und des Lügenpropheten schildert: Sie werden «in den See von brennendem Schwefel geworfen» (Offb 19,20).

---

136 Vgl. Giesen, a.a.O. 315.
137 Giesen, a.a.O. 318.
138 Vgl. Mußner, a.a.O. 1307. Ebenso Giesen, a.a.O. 305.

5.2 Die Hinweise des Zweiten Briefes an die Thessalonicher

Die wichtigste biblische Stelle zum Thema des «Antichrist» findet sich im Zweiten Brief an die Thessalonicher[139]. In seinem ersten Brief an die Gemeinde von Thessalonich hatte Paulus nachdrücklich über die Wiederkunft Christi gesprochen und dabei die Hoffnung ausgedrückt, vielleicht noch während seines Erdenlebens dieses Ereignis zu erfahren (1 Thess 4,17). Der Zweite Thessalonicherbrief wendet sich gegen die Behauptung, «der Tag des Herrn sei schon da» (2 Thess 2,2). Paulus macht deutlich, dass die Ankunft Christi nicht unmittelbar bevorsteht und dass ihr erkennbare Zeichen vorausgehen. Diese Zeichen sind der Abfall von Gott und der «Widersacher», der den Abfall von Gott fördert, aber am Ende von Christus vernichtet wird (2 Thess 2,3-12).

Paulus spricht hier von einem bestimmten Menschen, der die «Kraft des Satans» hat, ohne dabei mit dem Teufel identisch zu sein. Er wird nicht – wie bei Johannes – als «Antichrist» benannt, sondern bekommt verschiedene Namen. Er wird bezeichnet als «Mensch der Gesetzwidrigkeit», «Sohn des Verderbens» und «Widersacher». Das Eindringen in den Tempel erinnert an Antiochus

---

139 In der exegetischen Forschung ist umstritten, ob der Zweite Brief von Paulus geschrieben wurde oder von einem späteren Autor, der sich als Apostel vorstellt. Meines Erachtens handelt es sich um einen authentischen Paulusbrief, auch wenn diese Wertung für die Bedeutung des Inhaltes nicht entscheidend ist (es geht auf jeden Fall um einen Teil der Heiligen Schrift). Zur Frage der Authentizität vgl. u.a. Ghini, Emanuela, Lettere di Paolo ai Tessalonicesi. Commento pastorale, Bologna 1980, 47-54; Stuhlmacher, Peter, Theologie des Neuen Testaments II, Göttingen 1999, 54-59 (zugunsten der Echtheit); Trilling, Wolfgang, «Literarische Paulus-Imitation im 2. Thessalonicherbrief»: Kertelge, Karl (Hrsg.), Paulus-Rezeption im Neuen Testament (Quaestiones disputatae 84), Freiburg i.Br. 1980, 146-156; Ders., Der zweite Brief an die Thessalonicher (EKK 14), Leipzig 1986, 22-28 (deuteropaulinischer Ursprung).

IV. Epiphanes, der sich auf zeitgenössischen Münzen als «Erscheinung Gottes» (*theou epifanes*) abbilden ließ[140]. Den Hinweis auf einen göttlichen Anspruch durch das «Tier» aus dem Meere bietet auch die Offenbarung des Johannes. Dem Zeugnis der Apokalypse entspricht außerdem die Erwähnung der trügerischen Wunder, die Johannes freilich dem Lügenpropheten zuschreibt. Der Widersacher ist eine Gestalt der Zukunft, aber gleichzeitig betont der Apostel, dass «die geheime Macht der Gesetzwidrigkeit», die sich in dem «Sohn des Verderbens» offenbart, «schon am Werk» ist (2 Thess 2,7). Die gleiche Spannung zwischen Zukunftsankündigung und Gegenwartsbezug zeigt sich auch in den Johannesbriefen, die den Antichristen als konkrete Person der Zukunft von «den Antichristen» der Gegenwart unterscheiden.

Als Kennzeichen für den Antichrist wird genannt, er werde sich in den Tempel Gottes setzen. Damit kann der Tempel von Jerusalem gemeint sein, aber auch die Gemeinschaft der Kirche.

Umstritten ist ebenfalls die Bedeutung des Grundes, der das Kommen des Antichrists noch aufhält. Der aufhaltende Faktor wird gleichzeitig als Sache und als Person dargestellt: «ihr wisst ..., was ihn noch zurückhält ... nur muss erst *der* beseitigt werden», der die Macht der Gesetzwidrigkeit noch zurückhält (2 Thess 2,6-7). Unter den zahlreichen Hypothesen, die schon im Altertum über dieses Hindernis entwickelt wurden, sei besonders der Hinweis auf das römische Reich erwähnt, den beispielsweise Joachim Gnilka für die plausibelste Lösung hält: «Vielleicht ... der römische Staat. Als ordnungsstiftender Faktor verhindert er das Außer-Kontrolle-Geraten des

---

140 Vgl. Van den Born, A., «Antiochus»: Haag, Herbert (Hrsg.), Bibel-Lexikon, Einsiedeln u.a. 1968, 77-79.

Bösen.»[141] Auch die gegenwärtige Staatengemeinschaft könnte in gewisser Weise als Nachfolgerin des römischen Reiches gesehen werden, wenn die Bedeutung der lateinischen Sprache, Kultur und Rechtsordnung veranschlagt wird[142].

Der Philosoph und Märtyrer Justin bringt die paulinischen Aussagen auf den Punkt, in dem er den Antichrist als «Mensch des Abfalls» bezeichnet[143]. Sein Wirken ist begrenzt durch die freie Souveränität Gottes: Jesus Christus wird bei seiner Wiederkunft den «Widersacher» «vernichten».

5.3 Die Endzeitrede Jesu

In den Aussagen des Zweiten Thessalonicherbriefes über den Antichristen finden sich einige Elemente, die auch in der Rede Jesu über die Endzeit vorkommen. Bemerkenswert ist dabei eine Anspielung auf das Danielbuch, das die Schändung des Tempels mit dem Ausdruck «Greuel der Verwüstung» beschreibt[144]: «Wenn ihr ... den ‹unheilvollen Greuel› an dem Ort seht, wo er nicht stehen darf – der Leser begreife –, dann sollen die Bewohner von Judäa in die Berge fliehen» (Mk 13,14).

---

141 Gnilka, Joachim, Theologie des Neuen Testaments, Freiburg i.Br. 1994, 395. Im gleichen Sinne Wanamaker, C.A., The Epistles to the Thessalonians, Grand Rapids, Michigan-Carlisle 1990, 256f; Metzger, Paul, Katechon. II Thess. 2,1-12 im Horizont apokalyptischen Denkens, Berlin u.a. 2005. Zu den verschiedenen Deutungen vgl. auch Ernst, Josef, Die eschatologischen Gegenspieler in den Schriften des Neuen Testaments, Regensburg 1967, 48-57; in aller Kürze Ghini, a.a.O. 306-309, wobei die Autorin die weltweite Predigt des Evangeliums hervorhebt; nach Mussner, a.a.O. 1306 ist Gott selbst derjenige, der den Antichrist «aufhält».

142 Vgl. Bürgener, Karsten, Der Antichrist, Bremen 2005, 56-61.
143 Justin, Dialogus cum Tryphone 110,2 (dt. BKV 33, 1917, S. 177).
144 Vgl. Dan 9,27; 11,1; 12,11; 1 Makk 1,54.

Die Erwähnung der zeitgenössischen Leser des Markusevangeliums weist auf ein Ereignis der damaligen Situation hin, nämlich auf die (bevorstehende) Zerstörung des Tempels im Jahre 70 n. Chr. Jesus warnt seine Jünger davor, in der befestigten Stadt Jerusalem Zuflucht zu suchen und mahnt sie zur Flucht. Nach dem geschichtlichen Bericht des Eusebius von Cäsarea sind die Christen in der Tat frühzeitig aus Jerusalem geflohen, um sich in Pella jenseits des Jordans niederzulassen (im heutigen Jordanien)[145]. Manche Interpreten beziehen den «Greuel der Verwüstung» auf die Bluttaten der Zeloten im Tempel während der Belagerung, auf die Aufstellung römischer Standarten im Heiligtum[146] oder auf die bereits erfolgte Zerstörung des Tempels. Ein zeitgeschichtlicher Bezug ist sicher anzunehmen.

Auffallend ist allerdings, dass der griechische Text den «Greuel» (ein grammatisch neutrales Substantiv, *tò bdélugma*) mit einem maskulinen Partizip verbindet (*hestekóta*, «stehend»): Der «Greuel» ist also keine Sache, sondern eine Person: «Das zur Person gewordene Scheusal, das sich an einem bewusst rätselhaft umschriebenen heiligen Ort unmissverständlich zu erkennen geben wird, ist der Antichrist»[147]. Zeitgeschichtliche Bezüge schließen dabei eine endzeitliche Erfüllung nicht aus: Der Antichrist tritt am Ende der Zeiten auf, aber die von Satan gewirkte Kraft des Bösen wirkt bereits bei der Entweihung des Tempels in Jerusalem[148].

---

145 Vgl. Eusebius, Hist. Eccl. III,5,3 (dt. Eusebius, Kirchengeschichte, München 21981, 154).
146 Vgl. Josephus Flavius, De bello judaico 6,316: Gnilka, Joachim, Das Evangelium nach Markus II, Zürich u.a. 1979, 195, Anm. 102.
147 Gnilka, Das Evangelium nach Markus 195.
148 Vgl. Mußner, a.a.O. 1304f.

Die verschiedenen Fäden im Neuen Testament, die nach allgemeiner Auffassung vom Antichristen handeln (nämlich die Johannesbriefe, die Offenbarung des Johannes und der Zweite Thessalonicherbrief) sind also offensichtlich Zeugnisse, die im Kern auf einen gemeinsamen Ursprung zurückgehen: auf die Endzeitverkündigung Jesu Christi[149].

5.4 Der Antichrist – eine Person?

Es gibt keine Entscheidung der Kirche darüber, ob der Antichrist eine Person darstellt oder ein Kollektiv von Kräften und Personen, die sich gegen Christus richten. Allerdings sprechen die Zeugnisse des Neuen Testamentes – vor allem die Endzeitrede bei Markus und der Zweite Thessalonicherbrief – mit meines Erachtens hinreichender Deutlichkeit von einer konkreten Person. Nur ein individueller Gegenspieler Christi kann im strikten Sinne ein Vorzeichen der Parusie sein[150]. Als konkrete Person wurde der Antichrist auch allgemein innerhalb der Überlieferung der Kirche gesehen[151]. Die kollektivistische

---

149 Die auf den jesuanischen Ursprung weisenden Zeugnisse werden leider völlig übersehen bei McGinn, Bernard, «Die Zeitalter des Antichrist»: Delgado-Leppin (2011) 13-33, der von einer «apokalyptischen Legende» spricht (ibidem, 14, Anm. 94), und bei Kowalski, Beate, «Der Antichrist im Neuen Testament»: Delgado-Leppin (2011) 65-99. Für den traditionsgeschichtlichen Hintergrund weist sie zurecht auf das Buch Daniel, beachtet aber nicht dessen Rezeption durch die Verkündigung Jesu gerade bezüglich des letzten eschatologischen Gegenspielers.

150 Vgl. Ernst, a.a.O. 58. 63 (im Blick auf 2 Thess, obgleich der Autor den Johannesbriefen eine «Auflösung des einen Gegenspielers in die vielen Antichristen» zuschreibt: a.a.O. 174. Dahinter steht die ungenügende Auswertung der Endzeitrede Jesu, worin nur «unter Umständen ein personales Verständnis nahegelegt» sei, a.a.O. 3); Oberkofler, Friedrich, Der Antichrist. Der Mythos des Abschieds vom Teufel, Aachen 2009, 46-51.

151 Zur Lehre vom Antichrist bei den Kirchenvätern vgl. Bousset, Wilhelm, Der Antichrist in der Überlieferung des Judentums, des Neuen Testaments

Deutung des Antichrist geht hingegen auf die Reformatoren des 16. Jahrhunderts zurück, die das Papsttum als Gegenspieler Christi deuteten[152].
Einer traditionellen Perspektive entspricht hingegen die Rede von «Vorläufern» des Antichrist. So bezeichnete

---

und der alten Kirche. Ein Beitrag zur Auslegung der Apocalypse, Göttingen 1895; Nachdruck Hildesheim 1983, 88-101; Daley, Brian, Eschatologie. In der Schrift und Patristik (HDG IV/7a), Freiburg i.Br. 1986, passim; Durst, Michael, Die Eschatologie des Hilarius von Poitiers, Bonn 1987, 212-217; Heid, Stefan, Chiliasmus und Antichrist-Mythos: eine frühchristliche Kontroverse um das Heilige Land, Bonn 1993; Badilita, Cristian, Métamorphoses de l'Antichrist chez les Pères de l'église (Théologie historique 116), Paris 2005 (dort ein hilfreiches Verzeichnis der wichtigsten altkirchlichen Quellen: 521-532); Potestà, G.L. – Rizzi, Marco (Hrsg.), L'Anticristo I. Il nemico dei tempi finali. Testi dal II al IV secolo, Milano 2005; Trevirano, R., «Anticristo»: Di Berardino, Angelo (Hrsg.), Nuovo dizionario patristico e di antichità cristiane I, Genova-Milano 2006, 334-336; Wallraff, Martin, "Antichrist und tausendjähriges Reich in der Antike": Delgado-Leppin (2011) 113-123.

Zum Mittelalter vgl. Rauh (1979); Ott, Ludwig, Eschatologie. In der Scholastik (HDG IV/7b), Freiburg i.Br. 1990, 29-32. 110f; Gerwing, Manfred, Vom Ende der Zeit. Der Traktat des Arnald von Villanova über die Ankunft des Antichrist in der akademischen Auseinandersetzung zu Beginn des 14. Jahrhunderts, Münster 1996; Trojahn, Dominicus, Der Antichrist. Legende oder Wirklichkeit? Augsburg 2010, 90-97 (deutsche Übersetzung von Adson, *Littera de Ortu et Tempore Antichristi*); Leppin, Volker, «Der Antichrist bei Adso von Montieren-Der»: Delgado-Leppin (2011) 125-136; Schmidt, Hans-Joachim, «Sinngebung von Vergangenheit und Zukunft – Vorstellungen zum Antichrist im Hohen Mittelalter»: Delgado-Leppin (2011) 137-171.

Ratzinger, Eschatologie 164 meint, unter Berufung auf Beinert, Wolfgang, Die Kirche – Gottes Heil in der Welt, Münster 1973, 347, dass Gerhoh von Reichersberg (12. Jh.) «richtig gesehen» habe, «wenn er den Antichrist als eine Art kirchengeschichtliches Prinzip ansieht, das nicht in einer, sondern in vielen Gestalten konkretisiert ist …»». Gegen die platonisierende Auslegung Gerhohs wendet sich die umfangreiche mediävistische Arbeit von Rauh, H.D., Das Bild des Antichrist im Mittelalter: Von Tyconius zum Deutschen Symbolismus, Münster ²1979, 448: «Trotz aller Spiritualisierung das Antichrist-Bildes hat der Reichersberger niemals daran gezweifelt, dass der bei Paulus beschriebene Vorläufer der Parusie, das Haupt des Corpus Antichristi, noch zu erwarten sei …».

152 Vgl. Simar, «Antichrist»: Wetzer und Welte's Kirchenlexikon I (1882) 917-926 (919f); Richardsen, Ingvild, «Die protestantische und die römische Idee des Antichristen in der Konfessionspolitik»: Delgado-Leppin (2011) 269-313 (269-279).

beispielsweise der griechische Kirchenlehrer Johannes von Damaskus den Islam als «Vorläufer des Antichrist»[153], während Papst Hadrian VI. den «Ehrentitel» «Bote des Antichrist» an Martin Luther verlieh[154].

Die ordentliche Lehrverkündigung der Kirche setzt ein personales Verständnis des Antichrist voraus, wie es etwa der Römische Katechismus bezeugt[155]. Die Aussagen des «Katechismus der Katholischen Kirche» hingegen sind weniger deutlich: «Der schlimmste Betrug», heißt es da, «ist der des Antichrist, das heißt eines falschen Messianismus, worin der Mensch sich selbst verherrlicht, statt Gott und seinen im Fleisch gekommenen Messias.»[156]

5.5 Der Sieg Jesu Christi als Ziel der christlichen Hoffnung

Die biblische Lehre vom Antichrist und deren authentische Aufnahme durch die Kirche ist eine heilsame Warnung, sich vor allen Verführungen in Acht zu nehmen, die sich gegen den Glauben richten. «Wer stehe, sehe zu, dass er nicht falle» (1 Kor 10,12). Die Wachsamkeit ist in der heutigen Situation besonders geboten. Schon Michael Schmaus schreibt im Jahre 1959:

«Je mehr die ganze Welt zu einem einheitlichen Machtgebilde zusammengefasst und durchorganisiert wird, umso wahrscheinlicher ist es, dass der sie beherrschende Staatsmann die Funktion des Widerchrist vollbringt.

---

153 Vgl. Johannes von Damaskus, De haeresibus 100 (ed. Kotter IV 60-67).
154 Hadrian VI., Brief «Satis et plus» (1522): dt. Reuter, Amand (Hrsg.), Summa pontificia I, Abensberg 1978, 316. Vgl. auch Richardsen (2011) 286; 288-292.
155 Catechismus Romanus I,2,7 (dt. Übersetzung: Katechismus nach dem Beschlusse des Konzils von Trient für die Pfarrer, Kirchen/Sieg 1970, 65).
156 KKK 675.

Wenn auch die Konzentration der Macht nicht in sich böse ist, sondern auch im Guten verwendet werden kann, so bietet sie dennoch eine große Chance, Weltherrschaft im widerchristlichen Sinne auszuüben.»[157]

Ganz ähnlich äußert sich Josef Pieper: «Im gleichen Augenblick, in welchem Weltherrschaft im vollen Sinn möglich geworden ist, ist auch der Antichrist real möglich geworden.»[158]

Wachsamkeit bedeutet auch, die Boten und Vorläufer des Antichrist in der Gegenwart zu brandmarken und sich ihnen zu widersetzen. In diesem Sinne meinte selbst Karl Rahner: Die Lehre vom Antichrist als konkrete Einzelperson ist kein «Mythologem», aber bereits die ihm vorausgehenden widergöttlichen Geschichtsmächte werden von Johannes unter dem Namen des Antichrist zusammengefasst und sind stets von aktueller Bedeutung für das christliche Dasein. «Diese Lehre», so Rahner, «gibt den Christen immer das Recht, nicht nur in abstracto widerchristliche Mächte und Ideen zu bekämpfen, sondern konkrete Menschen und Mächte als deren Vertreter zu kennzeichnen und zu fliehen.»[159]

Die Hinweis auf den Antichrist sind in der Heiligen Schrift, vom Buche Daniel bis hin zur Offenbarung des Johannes, immer eingeordnet in eine christologische Perspektive: Die Macht des Antichrist, so furchtbar sie ist und so schlimm bereits ihre Vorläufer sich gegen uns austoben – ist begrenzt; der Mensch gewordene Sohn Gottes behält das Zepter in der Hand und wird am Ende die Mächte des Bösen in den ewigen Abgrund stoßen.

---

157 Schmaus, a.a.O. 187.
158 Pieper, Josef, Über das Ende der Zeit. Eine geschichtsphilosophische Betrachtung, München 31980, 122.
159 Rahner, Karl, «Antichrist II. Dogmatisch»: LThK2 1 (1957) 635f(636).

Die Warnung und die Botschaft des Trostes sind also miteinander zu verbinden. Beide Elemente sind sehr eindringlich zusammengeführt in einem der ältesten Zeugnisse der altchristlichen Literatur, der Didache. Diese Schrift stammt wahrscheinlich bereits aus dem ersten Jahrhundert und bietet viele Berührungspunkte mit dem Matthäusevangelium. Dazu gehört auch die eschatologische Verkündigung. In der Didache lesen wir Folgendes:

«Wacht über euer Leben! Eure Lampen sollen nicht ausgehen und eure Lenden nicht schlaff werden, sondern seid bereit! Denn ihr kennt nicht die Stunde, in der unser Herr kommt. Versammelt euch zahlreich, ... denn die ganze Zeit eures Glaubens wird euch nichts nützen, wenn ihr im letzten Augenblick nicht vollkommen seid.

Denn in den letzten Tagen werden die Pseudopropheten und die Verführer an Zahl zunehmen, und die Schafe werden sich in Wölfe verwandeln, und die Liebe wird sich in Hass verkehren. ... Und dann wird der Weltverführer erscheinen als Gottes Sohn, und er wird Zeichen und Wunder tun, und die Erde wird in seine Hände gegeben werden, und er wird Freveltaten begehen, wie sie seit Anbeginn niemals geschehen sind. Dann wird das Menschengeschlecht in das Feuer der Prüfung kommen, und viele werden verführt werden und verloren gehen. Die aber in ihrem Glauben ausharren, werden ... gerettet werden. Und dann werden die Zeichen der Wahrheit erscheinen ... Dann wird die Welt den Herrn auf den Wolken des Himmels kommen sehen ...»[160]

---

160 Didache 16,1-8 (dt. Fontes christiani 1, 135-139).

Prof. Dr. Regina Willi, Heiligenkreuz

Die Botschaft vom Gericht als Warnung und Frohbotschaft

Einleitung

Wer von Chur her über den Flüela- und den Ofenpass Richtung Meran-Bozen fährt, kommt in einem der letzten Schweizer Dörfer vor der italienischen Grenze an der Benediktinerinnen-Abtei St. Johann in Müstair vorbei. An der West-Wand dieser Abteikirche findet sich das erste vollständige Gerichtsbild, es stammt aus der Zeit um 800 n. Chr. Papst Benedikt XVI. schreibt in seiner Enzyklika *Spe salvi*: «In der Gestaltung der christlichen Kirchenbauten, die die geschichtliche und kosmische Weite des Christus-Glaubens sichtbar machen wollten, wurde es üblich, an der Ostseite den königlich wiederkommenden Herrn – das Bild der Hoffnung – darzustellen, an der Westseite aber das Weltgericht als Bild der Verantwortung unseres Lebens, das die Gläubigen gerade auf ihrem Weg in den Alltag hinaus anblickte und begleitete.»[161]

Es kann erstaunen, dass «etwa ein Drittel aller synoptischen Jesuslogien Gerichtworte»[162] sind. Das Evangelium, die gute Nachricht, umfasst *auch* das Gericht. Nach dem

---

161 Benedikt XVI., Enzyklika Spe salvi an die Bischöfe, an die gottgeweihten Personen, und an alle Christgläubigen über die christliche Hoffnung, Vatikanstadt 2007, § 41. Ein weiteres Beispiel bietet die Kathedrale Saint-Lazare in Autun (F), eines der wichtigsten romanischen Bauwerke im Burgund. (vgl. B. Brenk, Art. Weltgericht, in: Lexikon der christlichen Ikonographie, Band 4, Rom-Freiburg-Basel-Wien 1990, Sp. 513-523, hier Sp. 519f.)

162 Söding Thomas, Die Verkündigung Jesu – Ereignis und Erinnerung, Freiburg-Basel-Wien 2011, 221.

Zeugnis der Heiligen Schrift widersprechen sich also die Rede von der Liebe Gottes und jener des Gerichts nicht. Thomas Söding meint: «Die Frage *[nach dem Gericht]* kann neu gestellt werden, nachdem die pädagogisch motivierte Moralisierung des Jüngsten Tages von der Bildfläche verschwunden ist und eher die Gefahr einer freundlichen Banalisierung des Evangeliums droht.»[163] Man will die Gerechtigkeit Gottes nivellieren zugunsten seiner Barmherzigkeit. Doch dies wird dem Zeugnis der Heiligen Schrift nicht gerecht und noch weniger dem Wesen Gottes.

1. Das Gericht nach dem Alten Testament

1.1 Das semantische Feld «Gericht, richten» im Alten Testament

Die häufigste und wichtigste hebräische Wurzel für «richten» ist sicher *šâfāt* (Richter *šôfēt*, Gericht *miš|pāt*). Ihre zweifache Bedeutung von «herrschen» und «richten» lässt sich nicht kategorisch trennen. Als Schöpfer der ganzen Erde regiert und richtet der Herr diese. Er ist der Richter der ganzen Erde (Gen 18,25), der die grundlegende schöpfungsgemäße Ordnung immer wieder herstellt. So bricht die Schöpfung in Jubel aus, wenn der Herr kommt zu seinem Gericht (Ps 96,11-13; 98,7-9).

šâfāt meint nicht primär das Strafgericht, sondern viel eher, den Bedrängten «zum Recht verhelfen» und bzw. oder den Bedränger zur «Rechenschaft ziehen». Ein idealer König verhilft den Schwachen und Armen zum Recht. «Dieses Ideal des schiedsrichterlich tätigen, dem

---

163 Söding, Die Verkündigung Jesu, 221.

Unschuldigen und Rechtsschwachen zu seinem Recht verhelfenden König (1 Kön 3) [wurde] mit dem in Israel aufkommenden Königtum um die Jahrtausendwende vor Christus auch für das Gottesbild bestimmend (vgl. 1 Sam 24,13.16; Ex 5,21; Ps 82,2ff; Jes 11,3f; 16,5)»[164]. So regiert und richtet JHWH die Erde nicht nur als ihr Schöpfer, sondern auch in der Funktion ihres höchsten Königs: *«Plötzlich ist meine Gerechtigkeit da, und von mir kommt die Hilfe. Mein Arm verschafft den Völkern ihr Recht; auf mich hoffen die Inseln, sie warten auf meinen Arm»* (Jes 51,5). Der Herr verhilft den Völkern zum Recht; Gottes Gericht ist Heil und Hilfe bringend. Gäbe es kein Gericht, gäbe es auch keine Hoffnung für den um sein Recht gebrachten Armen und Ausgebeuteten. So vertraut das Volk auf das Gerechtigkeit bringende Gericht:

Herr, auf das Kommen deines Gerichts vertrauen wir. Deinen Namen anzurufen und an dich zu denken ist unser Verlangen. Meine Seele sehnt sich nach dir in der Nacht, auch mein Geist ist voll Sehnsucht nach dir. Denn dein Gericht ist ein Licht für die Welt, die Bewohner der Erde lernen deine Gerechtigkeit kennen (Jes 26,8f).

šâfāt «meint auch die *Unterscheidung zwischen Gut und Böse*, jedoch nicht abstrakt, sondern immer mit dem Ziel, die Unschuldigen ins Recht zu setzen und die Schuldigen zu bestrafen.»[165] Das Gericht Gottes ist ein Ausdruck seiner Gerechtigkeit, welches das Unrecht entlarvt und «die ambivalente Wirklichkeit zur Ordnungsstrukur der Gerechtigkeit»[166] zurückführt. Das wird besonders deutlich in Ex 22,20-26:

---

164 Seybold Klaus, Art. Gericht Gottes I, in: TRE Band XII, Berlin-New York 1984, 459-466, hier 461.

165 Stettler, Das letzte Gericht, 36.

166 Janowski Bernhard, Art. Gericht Gottes II, in: RGG4 Band III, Tübingen 2000, 733f., hier 734.

Einen Fremden sollst du nicht ausnützen oder ausbeuten, denn ihr selbst seid in Ägypten Fremde gewesen. Ihr sollt keine Witwe oder Waise ausnützen. Wenn du sie ausnützt und sie zu mir schreit, werde ich auf ihren Klageschrei hören. Mein Zorn wird entbrennen, und ich werde euch mit dem Schwert umbringen, so dass eure Frauen zu Witwen und eure Söhne zu Waisen werden. … Nimmst du von einem Mitbürger den Mantel zum Pfand, dann sollst du ihn bis Sonnenuntergang zurückgeben; denn es ist seine einzige Decke, der Mantel, mit dem er seinen bloßen Leib bedeckt. Worin soll er sonst schlafen? Wenn er zu mir schreit, höre ich es, denn ich habe Mitleid.

Wie schon deutlich wurde, ist das Wortfeld von «richten» und «Gericht» eng verbunden mit jenem von «Recht» und «Gerechtigkeit». Die Gerechtigkeit Gottes hat grundsätzlich heilbringenden Charakter. Die strafende Seite der göttlichen Gerechtigkeit ist zwar nicht der Ausgangspunkt oder ihr vorrangiges Ziel, wohl aber eine unverhinderbare Konsequenz, wenn Gewalt und Unrecht vorherrschen[167]. Dabei sind «die meisten Belege für eine strafende Gerechtigkeit Gottes […] in ‹Gerichtsdoxologien› zu finden. In ihnen bekennen die, welche von JHWH bestraft worden sind, nach erfolgtem Gericht: ‹JHWH ist gerecht› (z.B. Ex 9,27; Klgl 1,18; 2 Chr 12,1-6; 9,33; Dan 9,7). Dies unterstreicht, dass ‹Gerechtigkeit› auch einen punitiven bzw. distributiven Aspekt tragen kann.»[168]

Auch der mit der Wurzel des Richtens oft verbundene Ausdruck von «rächen, vergelten» wird nur selten negativ gebraucht, vielmehr ist «Rache» positiv ausgerichtet als legitimen, rechtmäßigen, ja sogar notwendigen Einsatz von Gerechtigkeit durch eine legitime Autorität, d.h. durch Gott oder die rechtmäßige Obrigkeit. «Deshalb kann von Freude über Gottes Vergeltung die Rede sein – als

---

167 Vgl. Scharbert Josef, Art. Gerechtigkeit, in: TRE XII, Berlin-New York 1984, 404-411, hier 409.

168 Stettler, Das letzte Gericht, 39.

gerechter Freude, nicht Schadenfreude (z.B. Dtn 32,43; Jes 35,4.10; 61,1-3.10f; Ps 58,11f; 79,10-13; 149).»[169] Rache im theologischen Sinne ist nicht gleichbedeutend mit einer unkontrollierten, emotionalen Vergeltung, sondern das Durchsetzen von Recht und Gerechtigkeit zugunsten der Ausgebeuteten und der um ihr Recht Gebrachten durch Gott oder den König in seiner Autorität und Verantwortung für das Wohl und die Gerechtigkeit für alle.

1.2 Grundlinien der Gerichtsverkündigung der alttestamentlichen Propheten

Israel hat seine Geschichte nie als eine Serie von ausschließlich machtpolitisch bedingten Vorgängen verstanden, sondern gleichzeitig in metaphysischem Zusammenhang interpretiert. «Wegführung von Teilen des Volkes in die Fremde, in die Länder der siegreichen Feinde, wurde als göttliche Strafe für die Verfehlungen einzelner und der Gemeinschaft gedeutet.»[170]

Gott hatte mit seinem Volk am Sinai einen Bund geschlossen – aus reiner Liebe, ohne Vorbedingungen. Zugleich verpflichtete er Israel auf ein Leben nach seinen Weisungen, um die geschenkte Freiheit zu schützen und zu bewahren. Doch immer wieder hat sich das Volk von Gott abgewandt und die Konsequenzen waren erneut Gewalt und Unterdrückung, Leid und Ungerechtigkeit – Zustände wie damals in Ägypten. In seiner Barmherzigkeit berief der Herr dann Propheten, durch die er sein Volk in den Bund zurückholen wollte, heraus aus

---

169 Stettler, Das letzte Gericht, 41.
170 Talmon Shemaryahu, «Exil und Rückkehr» in der Ideenwelt des Alten Testaments in: Mosis R. (Hrsg.), Exil – Diaspora – Rückkehr. Zum theologischen Gespräch zwischen Juden und Christen, Düsseldorf 1978, 31-54, hier 32.

der Verstrickung in die Sünde. Sie sollten das Volk zur Umkehr führen und ihm deshalb sein sündhaftes Tun vor Augen führen. Doch wenn Israel sich verhärtete und nicht bereit war zu hören, wurde die Ankündigung von Gottes Gericht unausweichlich. «Der *Maßstab* der prophetischen Gerichtsbotschaft liegt [dabei] in dem, was Israel ‹gesagt ist› (Mi 6,8), nämlich in der ‹Tora JHWHs› (Hos 4,6 usw.), d.h. der zur Zeit des jeweiligen Propheten faktisch einklagbaren Toraüberlieferung Israels.»[171]

Die prophetische Verkündigung des Jeremia z.B. ist ohne Zweifel sehr hart. Jeremia zögert nicht, die falschen Sicherheiten zu entlarven, die das Volk in den Traditionen – und seien sie auch religiöser Natur – findet und die es für unumstößlich hält und die ihm dazu dienen, das korrumpierte Verhalten zu rechtfertigen oder zu kaschieren[172]. Wenn das Volk nicht bereit war, dem Ruf des Herrn zur Umkehr Folge zu leisten und von seinem bösen Tun zu lassen, musste der Prophet konsequenterweise das göttliche Gericht ankündigen, sozusagen als letzte Mahnung zur Umkehr. Denn Gott *will nicht den Tod des Sünders, sondern dass er umkehre und lebe* (Ez 33,11). Die Gerichtsankündigung der Propheten ist dabei immer *bedingt*, d.h. die Ankündigung des Gerichtes impliziert immer auch die Umkehrmöglichkeit. Das kommt in eindrücklicher Weise zum Ausdruck im Buch Jona: Kaum legen sich die Niniviten in Sack und Asche – vom Größten bis zum Kleinsten –, fasten und beginnen Buße zu tun, ist Gott bereit, auf den angekündigten Strafvollzug zu verzichten. Die Umkehr und Buße des Volkes kann dazu führen, dass Gott von seiner Erstintention ablässt. Gott bleibt frei über das gesprochene Wort hinaus.

---

171 Stettler, Das letzte Gericht, 78.
172 Vgl. Jer 7,3-4.11. Dazu die Ausführungen in: Fischer Georg, Jeremia 1-25, HThKAT, Freiburg-Basel-Wien 2005, 287-327.

Als Gericht kündigten die Propheten das «Ende»[173], den «Tag des Herrn»[174], die Zerstörung und das Exil, kosmische Erschütterungen wie Erdbeben und Sonnenfinsternis, Naturkatastrophen, Hunger, Krankheit, Trauer und Krieg an.

Das Buch Jeremia gibt Zeugnis von diesem tiefen und zähen Ringen zwischen Leben und Tod anlässlich der Zerstörung der Stadt Jerusalem samt dem Tempel und der Deportation ins Exil, der Verschleppung fort aus dem verheißenen Land. Aber weil das Volk sich weigert umzukehren, kommt der Moment, wo es Heil nur noch *durch das Gericht hindurch* gibt. Sogar das Gericht selbst hat noch das Ziel, Israel zur Umkehr zu führen.[175] Das Gericht dient der Durchsetzung der gerechten Heilsordnung und impliziert *deshalb* notwendig auch die Ausmerzung des Bösen.

Dabei begrenzt sich Gottes Gericht nicht auf Israel. Es betrifft alle Völker. Die Propheten verkünden ausführlich göttliches Gericht auch über die Nachbarvölker Israels in den sogenannten Fremdvölkersprüchen[176]. Nach dem Buch Joel wird der Herr die Völker in einer Endschlacht im Tal Joschafat – übersetzt «Gott richtet» – in einer Gerichtsverhandlung richten (Joel 4,1-12), unter Erschütterung des ganzen Kosmos. Für diejenigen, die den Herrn anrufen werden, gibt es Rettung auf dem Zion, wo nach dem Gericht paradiesische Zustände herrschen werden und der Geist Gottes auf alles Fleisch ausgegossen wird. *Joel* kennt, wie auch andere Propheten[177] also die Erwar-

---

173 Am 8, ,2; Ez 7; 26,18-21.
174 Jes 13,6.9; Joel 1,15; 2,1.11; 3,4; 4,14; Am 5,18.20; Ob 1,7; Zef 1,7.14.
175 Vgl. Stettler, Das letzte Gericht , 79.
176 Vgl. Jer 46-51; Ez 25-32; Am 1-2; usw.
177 Jer 31; Ez36.

tung einer endzeitlichen Veränderung der menschlichen Herzen durch das Eingreifen Gottes.[178]

Die Psalmen besingen Gott als Richter der ganzen Welt.[179] Das Weltgericht dient dabei nicht nur zur Freude der Menschen, sondern auch der Natur: *Es jauchze die Flur und was auf ihr wächst. Jubeln sollen alle Bäume des Waldes vor dem Herrn, wenn er kommt, wenn er kommt, um die Erde zu richten. Er richtet den Erdkreis gerecht und die Nationen nach seiner Treue* (Ps 96,12f, vgl. Ps 98,9). «Im Angesicht der zahllosen Ungerechtigkeiten in der Geschichte von Kriegen, Abhängigkeiten und Unterdrückungen, aber auch der komplexen Entwicklungen, die einfache Schuldzuschreibungen problematisch machen, wird der Gedanke an Gott als Richter der Welt zur Hoffnung. Das göttliche Gericht ist im Sinn des Alten Testaments [...] für eine hoffnungslos verstrickte Welt eine letzte Hoffnung auf wahre Gerechtigkeit.»[180]

In der spätalttestamentlichen und frühjüdischen Apokalyptik dann konzentriert sich der Blick auf das *Endgericht* Gottes. «Da [...] die Gegenwart – innerhalb und außerhalb Israels – in apokalyptischen Augen so hoffnungslos in den Bannkreis des Bösen geraten ist, bleibt nur noch der Untergang der gegenwärtigen Weltgeschichte und eine vollkommene Neuschöpfung.»[181] Die Apokalyptik greift die prophetische Gerichtsverkündigung auf und weitet sie ins *Universale*: «Gericht wie Gottesherrschaft gelten nun allen Völkern und der ganzen Schöpfung.»[182] Zugleich

---

178 Auch der Prophet Sacharia (Sach 14) und das Buch Jesaja (z.B. Jes 24-27) kennen einen Endkampf und ein universales Endgericht der Erde und der Himmelsheere mit kosmischen Dimensionen.

179 Vgl. Ps 9,9; 67,5

180 Markl Dominik, Gottes Gerechtigkeit und Gericht im Alten Testament, in: http://www.dominik-markl.at/docs/Gericht.pdf, 18. Juli 2012.

181 Söding, Die Verkündigung Jesu, 225.

182 Stettler, Das letzte Gericht, 109.

zeichnet sich eine Entwicklung zur *Individualisierung* ab: Nicht mehr die nationale und ethnische Zugehörigkeit zum erwählten Volk Gottes entscheiden über das Schicksal im Gericht, sondern persönlicher Gehorsam und Vertrauen gegenüber dem Herrn. «Diese individuelle Verantwortung findet sich schon in den Paränesen des Deuteronomiums, und sie wird erstmals bei Ezechiel grundsätzlich reflektiert. Sie entspricht dem weisheitlichen Weltordnungsdenken: Wer gerecht – d.h. in Übereinstimmung mit der Weltordnung bzw. JHWHs Tora – handelt, erfährt Segen; wer ungerecht handelt, erfährt Fluch.»[183]

1.3 Folgerung

Es ist im Gesamt gesehen nicht möglich, von *der* oder *einer* Eschatologie des Alten Testaments zu sprechen; es werden jeweils diverse Aspekte erwähnt und vorgestellt. Mit dem Gericht ist in den weitaus meisten der alttestamentlichen Stellen nicht das Jüngste Gericht am Ende der Zeit gemeint, sondern ein Ereignis in dieser Zeit, z.B. eine bestimmte Strafaktion, wie sie Israel am härtesten im Babylonischen Exil erfahren hat[184]. In der Vielzahl, Breite und Tiefe der Zeugnisse kann sogar der Eindruck entstehen, das Gericht sei nicht nur ein einmaliger Vorgang, auch nicht nur eine lockere Folge spektakulärer Eingriffe Gottes in den Gang der Geschichte, sondern ein permanenter Prozess, in dem die Unterscheidung der Geister geschieht, die Entlarvung und Verurteilung der Sünde, aber auch die Aufrichtung des Rechts (Ps 7,12).

So zieht der Bochumer Neutestamentler Thomas Söding die Schlussfolgerung: «So groß die Gefahr des

---

[183] Stettler, Das letzte Gericht, 109.
[184] Vgl. Ps 78.

Missbrauches menschlicher Rede vom Gericht Gottes ist, so deutlich erweist sie sich als Kehrseite einer unendlich größeren Chance, von der Erschaffung unendlichen Heiles aus einer unheilen Welt heraus zu sprechen, ohne die Leidens- und Sündengeschichte der Menschheit zu relativieren und ohne die Möglichkeiten Gottes zu beschneiden, seine Gnade ins Recht zu setzen.»[185]

2. Johannes der Täufer: Gerichtserwartung und Bußpredigt

Johannes der Täufer steht an der Schwelle zwischen dem Alten und dem Neuen Testament. Er wird sogar «der Gerichtsprediger des Neuen Testaments schlechthin»[186] genannt, ja, das Gericht sei das «einzige Thema» seiner Verkündigung. Johannes erwartete das nahe Endgericht: *«Schon ist die Axt den Bäumen an die Wurzel gelegt»* (Mt 3,10 par). Die Taufe des Johannes ist eine *«Taufe der Umkehr zur Vergebung der Sünden»* (Mk 1,4 par). Das Gericht beendet die unheilvolle Situation der Menschen, Frucht ihrer Sünde. Das Feuer symbolisiert den Untergang des Bösen[187]. Es steht für den brennenden Eifer und die leidenschaftliche Gerechtigkeit Gottes. Dieses Gericht bedeutet aber auch «den (der) Auftakt des vollendeten Reiches Gottes und die Rettung für alle, die der Botschaft des Täufers Glauben schenken. Gottes Zorn zeigt sich nicht in maßloser Vernichtung, sondern darin, dass er die Spreu vom Weizen trennt (Lk

---

185 Söding Thomas, Die Verkündigung Jesu, 227.
186 Merklein Helmut, Gericht und Heil. Zur heilsamen Funktion des Gerichts bei Johannes dem Täufer, Jesus und Paulus, in: Id., Studien zu Jesus und Paulus, Wunt 105, Tübingen 19982, 60-81, hier 61.
187 Vgl. Jes 66,15f; Zef 1,18; 3,8.

3,17 par. Mt 3,12) und die Bäume, die keine Früchte bringen, umhaut (Lk 3,9 par. Mt 3,9).»[188]

Angesichts des nahen Gerichts war die Buße der einzige Weg zur Rettung. Johannes verlangte von den Menschen, die zu ihm kamen, das Bekenntnis der Sünden. Dadurch anerkannten sie ihr Angewiesensein auf die göttliche Vergebung. Ihre Zugehörigkeit zum auserwählten Volk bedeutete keine Heilsgarantie. Die Bußgesinnung fand ihren Ausdruck in der Taufe im Jordan, welche einmalig (nicht ständig zu wiederholen) war. Wenn diese Buße echt und aufrichtig war, musste sie auch Früchte hervorbringen. Die Ethik des Täufers «verpflichtete zu guten Werken der Barmherzigkeit (Lk 3,11), zu Gerechtigkeit (Lk 3,12) und Menschlichkeit (Lk 3,13). An ihnen zeigt sich die Echtheit der Umkehr.»[189]

Das Gericht steht für Johannes den Täufer unmittelbar bevor. Niemand kann dem kommenden Zorn Gottes entrinnen. Diese zeitliche Nähe zeigt die Dringlichkeit des Aufrufs zur Umkehr. Die Sündenvergebung in der Wassertaufe des Johannes antizipiert die Rettung im Endgericht, die dann durch die Feuer- und Geisttaufe des Messias geschieht.

Johannes kündigte nämlich einen «Stärkeren» an, einen messianischen Richter[190], der nach ihm kommen wird. Dieser kommende Messias wird mit Geist und Feuer taufen (Lk 3,16 par. Mt 3,11). Johannes erkennt in Jesus diesen gekommenen «Stärkeren», fährt aber einstweilen mit seiner Tätigkeit fort. Dabei war diese Sündenvergebung keineswegs nur zeichenhaft oder symbolisch; viel-

---

188 Söding, Die Verkündigung Jesu, 228f.
189 Söding, Die Verkündigung Jesu, 229.
190 Vgl. Stettler, Das letzte Gericht, 197; Söding, Die Verkündigung Jesu, 229.

mehr war die Zusage der Vergebung an die Wassertaufe gebunden.[191]

«Das Gericht ist bei Johannes dem Täufer die Zukunft und auch das eschatologische Heil ist nur jenseits des Gerichts zu erhoffen; diesseits gibt es Zuversicht auf Rettung und echten Eifer für Gerechtigkeit, aber keinen Vorgeschmack des ewigen Lebens.»[192]

3. Jesus von Nazareth

3.1 Die Reich-Gottes-Verkündigung Jesu angesichts der Sünde im Volk

a) Die Sünder im Licht der Reich-Gottes-Verkündigung

Die Forderung der Umkehr ist bei Jesus ebenso stark wie bei Johannes (Mk 1,15 par. Mt; Mk 10,13-16 par.). In der Analyse der religiös-ethischen Situation Israels (und der Völker) ist Jesus nicht weniger scharf als der Täufer. Auch er sieht die Unheilsmacht der Sünde in ihrer verheerenden Wirkung für das Zusammenleben der Menschen in Israel. «Für beide konnte es keine Gottesherrschaft ohne vorhergehendes Endgericht und kein Endgericht ohne sich anschließende Gottesherrschaft geben. [...] Das Heil *[setzt]* die Ausschaltung alles Bösen voraus, ebenso wie das Gericht sinnlos bleibt, wenn es

---

191 Vgl. Schlatter Adolf, Johannes der Täufer, hrsg. von Wilhelm Michaelis, mit einem Geleitwort von Theodor Schlatter, Basel 1956, 144. Zitiert aus Stettler, Das letzte Gericht, 187.

192 Söding, Die Verkündigung Jesu, 230.

nicht die Aufrichtung der Gottesherrschaft zum Ziel hat. Hier liegt also kein grundsätzlicher Unterschied zwischen Jesus und dem Täufer.»[193]

Jesus trat aber nicht in eklatanter Weise als der mit Feuer Richtende auf, sondern kündigte das nahe gekommene Gottesreich an, heilte Kranke und trieb Dämonen aus. Jesus kannte die Herzen der Menschen und was in ihnen war und wusste um die offenen und verborgenen Formen der Sünde, und zwar auch jener, die im Gewande der Rechtschaffenheit daherkamen[194]. Freilich sah er nie nur die Sünden der Menschen als ihre persönliche Schuld, sondern immer zugleich als deren innerste Not. Deshalb redet er die Sünder nie als «Schlangenbrut» an, sondern als «verlorene Schafe»[195], nach denen der Hirt auf die Suche geht, um sie zu finden[196]. Die Sünder sind verantwortlich für ihr Tun[197]. Aber zugleich sind sie Schutzbefohlene und Hilfsbedürftige, weil sie sich nicht selber aus der Verstrickung der Sünde befreien können. «Nicht die Gesunden bedürfen des Arztes, sondern die Kranken» (Mk 2,17), ist ein programmatisches Wort Jesu.

b) Die Vergebung der Sünden durch die Liebe Jesu

Jesu Umgang mit Sündern gibt Zeugnis davon, dass Gott auch die Frevler von seiner Liebe nicht ausnimmt und auf die Sünde nicht mit Hass und Verachtung antwortet. Gott hat Jesus gesandt, damit er auf Erden bereits Sünden vergibt[198]. «Diese Sündenvergebung geschieht im

---

193 Stettler, Das letzte Gericht, 201.
194 Vgl. Lk 18,9-14.
195 Mt 10,4; 15,24; Mk 6,34 par.
196 Lk 15,3-7 par.
197 Vgl. Gleichnis vom verlorenen Schaf – Lk 15,11-32.
198 Mk 2,5ff par.; vgl. Lk 7,36-50.

Vorgriff auf die eschatologische Vollendung und vermittelt bereits gegenwärtig die Erfahrung eschatologischen Heiles.»[199] Die Vergebung der Sünden kann aber «nicht die Versetzung in den *status quo ante* bedeuten, sondern nur als *creatio nova* vorgestellt werden, die durch das Nahekommen und die eschatologische Vollendung der Gottesherrschaft geschieht».[200]

Die Umkehr umfasst durchaus das Bekenntnis der eigenen Sündenschuld, es fordert auch den Vorsatz der Besserung und erweist sich als echt, wenn ihm Taten der Gottes- und Nächstenliebe folgen. «Aber entscheidend ist, dass die Umkehr, die Jesus fordert, in den ‹Glauben an das Evangelium› einmündet.»[201]

Damit ist einerseits das Bekenntnis zu Jesus und seiner Botschaft gemeint, das im Endgericht von ausschlaggebender Bedeutung sein wird[202], andererseits das Vertrauen, dass Gott tatsächlich rein aus Gnade und Barmherzigkeit die Schuld vergibt. Als Vorbilder erscheinen die Kinder, denen das Reich Gottes geöffnet ist.[203] «Das ‹Reich Gottes zu empfangen wie ein Kind› (Mk 10,16 par.), bedeutet, es nicht als Lohn für Leistung, nicht als ethisches Ideal, nicht als Utopie zu erwarten, sondern als reines Geschenk, das aber aus ganzem Herzen und voller Freude, ohne Vorbehalte und schlechtes Gewissen, angenommen wird.»[204]

Die Heilszusage Gottes für die Sünder zeigt sich in der Zuwendung Jesu. Jesus sucht die Begegnung mit den «verlorenen Schafen des Hauses Israel», nähert

---

199 Söding, Die Verkündigung Jesu, 232.
200 Söding, Die Verkündigung Jesu, 232.
201 Söding, Die Verkündigung Jesu, 232.
202 Lk 12,8f; vgl. Mk 8,38 par.
203 Mk 10,13-16 par
204 Söding, Die Verkündigung Jesu, 233.

sich den Aussätzigen[205], Besessenen[206], Unreinen[207] und notorischen Sündern[208]. Durch die Aufmerksamkeit und Zuwendung Jesu öffnen sich die Herzen der Sünder und sie sind bereit zur Umkehr. «Jesus geht nicht nur auf die Sünde ein, die er in Israel vorfindet, er nimmt sie auf sich und verwindet sie in seiner Feindesliebe, die auch die Verfolger (Lk 6,28 par. Mt 5,44) und nach Lukas selbst seine Mörder nicht ausschließt (Lk 23,34). Dieses Ertragen und Durchtragen der Sünde, das auf ihre Verwandlung in Liebe zielt, gipfelt in seinem Leiden und Sterben, das nach der Abendmahlstradition ‹für die Vielen› geschieht (Mk 14,24 par.): ihretwegen (weil sie Sünder sind), an ihrer Stelle (weil sie selbst sich nicht retten können) und ihnen zugute (weil sie Anteil am Leben Gottes erhalten sollen).»[209] Er überantwortet sich selbst «in die Hände der Sünder» (Mk 14,41 par.), um durch seinen stellvertretenden Sühnetod (vgl. Mk 10,45 par. Mt) den Sündern das Leben zu erlangen.

3.2 Das Gericht im Zuge der Heilsvermittlung

Dass Jesus vom Gericht Gottes spricht, lässt sich nur im Rahmen seiner Reich-Gottes-Predigt verstehen, die im Ganzen Heilsverkündigung ist. Dieser Kontext bestimmt den Verlauf, den Stellenwert und die Funktion des Gerichtes in der Reich Gottes-Predigt Jesu. Ja, Herrschaft Gottes und Endgericht gehörten für Jesus untrennbar zusammen, weil die Aufrichtung der Gottesherrschaft

---

205 Mk 1,40-45 par.
206 Mk 9,14-29 par.
207 Mk 5,25-34 par.
208 Mk 21,3-18 par.
209 Söding, Die Verkündigung Jesu, 233.

die Vernichtung alles Bösen und die Durchsetzung der göttlichen Wohlordnung, das Endgericht, voraussetzt.[210]

a) Die Funktion der Gerichtsworte

Jesus Reden vom göttlichen Gericht haben vor allem drei wichtige Funktionen:

Erstens: Die Rede vom Gericht dient Jesus dazu, Israel aufzurütteln, zu kritisieren, zur Umkehr zu mahnen und davor zu warnen, den Kairos des Evangeliums[211] zu verpassen. Jesus will nicht, dass es zum Äußersten kommt. «Die Weherufe gegen die Reichen (Lk 6,24ff), gegen die unbußfertigen Städte Israels (Lk 10,13 par. Mt 11,21) und gegen die hartherzigen Pharisäer (Lk 11,42-52 par. Mt 23,13-29) dienen – gattungskonform – nicht dazu, ihnen die ewige Verdammnis auf den Hals zu wünschen, sondern ihnen mit bitterstem Ernst die Augen, Ohren und Herzen für die Gnade der von Jesus verkündeten Gottesherrschaft zu öffnen.»[212]

Zweitens: Die Rede vom Gericht dient dazu, die alles überragende, nämlich heilsentscheidende Bedeutung der Umkehr und des Glaubens, der Liebe und der Gerechtigkeit zu unterstreichen. «Das ‹Gleichnis› vom Weltgericht, das Matthäus als Resümee an das Ende der öffentlichen Verkündigung Jesu stellt (25,31-46), gibt keine prophetische Prognose über den Ablauf des Jüngsten Tages, sondern prägt die (allegorisierte) Metapher eines königlichen Gerichts, bei dem über Leben und Tod entschieden wird, um herauszuarbeiten, was in den Augen Gottes über

---

210 Vgl. Stettler, Das letzte Gericht, 204.
211 Mk 1,15.
212 Söding, Die Verkündigung Jesu, 234.

gelingendes oder gescheitertes, sündiges oder gerechtes Leben entscheidet.»[213]

Drittens: Die Rede vom Gericht dient dazu, die eschatologische Heilsmittlerschaft Jesu aufzuzeigen. So wie das Gleichnis vom Weltgericht die Werke der Liebe deshalb als heilsentscheidend betrachtet, weil sich in ihnen die Bejahung Jesu ereignet, der sich «mit dem Geringsten seiner Brüder» identifiziert (bis zur stellvertretenden Hingabe seines Lebens), so heben die Gerichtsworte Jesu andererseits hervor, dass sich das Schicksal im Endgericht am Bekenntnis zu Jesus entscheidet. *Wer sich zu mir vor den Menschen bekennt, zu dem wird sich auch der Menschensohn vor den Engeln Gottes bekennen; wer mich aber vor den Menschen verleugnet, der wird vor den Engeln Gottes verleugnet werden* (Lk 12,8f; vgl. Mk 8,38 par.). Das Bekenntnis zu Jesus ist ein Ausdruck des Glaubens. Letztlich ist es der – tatkräftige – Glaube, die Entscheidung für Jesus Christus, der die Hörer seines Wortes im Gericht retten wird.

b) Der Ablauf des Endgerichts

An keiner Stelle des Evangeliums findet sich eine Beschreibung, die den Ablauf des Endgerichtes darstellt, wie man einen innergeschichtlichen Vorgang protokollieren oder prognostizieren könnte. Das ist angemessen, weil das Gericht nicht ein Ereignis in Raum und Zeit, sondern das Ende des geschichtlichen Zeitraumes ist. Die Beschreibung des Endgerichts in Mt 25,31-46 ist «eine Metapher, die entdecken lässt, dass und wie ein jeder Mensch nach seinen Werken beurteilt wird. Die archetypischen Bilder von Feuer (Mk 9,43 par.) und Flut (Lk 6,47ff par Mt 7,24-27; Mt 24,38f) vermitteln, dass im Gericht Sünde

---

213 Söding, Die Verkündigung Jesu, 234.

und Tod vernichtet werden, sodass Neues entsteht. Mit dem Katastrophenszenario der synoptischen Endzeitrede, derzufolge Sonne und Mond sich verfinstern, die Sterne vom Himmel fallen und die Himmelsmächte in Panik geraten (Mk 13,24-27 par.), wird unter Verwendung apokalyptischer Bilder deutlich gemacht, dass es sich beim Endgericht nicht bloß um einen innerseelischen, sondern um einen universalgeschichtlichen und kosmischen Vorgang handelt. Jesus wahrt das Geheimnis in Bezug auf das Gericht und lässt die Hörer seiner Botschaft doch nicht im Ungewissen, was auf sie zukommt.

Der Zeitpunkt des Gerichtes wird einzig und allein Gott anheim gestellt (vgl. Mk 13,32 par. Mt); auch wenn Jesus davon spricht, dass Gottes Gericht wie Gottes Herrschaft ‹nahe› gekommen ist (Mk 1,15 par.; vgl. Mk 9,1 par.), so lässt er doch offen, wie und wo sich diese Nähe ereignet.»[214] Das Gericht gehört zum Prozess, in dem das schon anbrechende Reich Gottes vollendet wird.

c) Der Richter

Das Endgericht bleibt in der Verkündigung Jesu das Privileg Gottes. Der zum Weltgericht kommende Menschensohn ist kein anderer als derjenige, der auf Erden vollmächtig zur Vergebung der Sünden gewirkt hat[215] und nach Gottes Heilswillen den Tod am Kreuz gestorben ist[216]. Nach den synoptischen Evangelien ist das Gericht dem (Menschen-)Sohn übergeben. Dass es Aussagen gibt, wo Jesus Christus sich zuweilen als Zeuge oder Anwalt beim Vater schildert (Mt 10,32f), ändert

---

214 Söding, Die Verkündigung Jesu, 237f.
215 Mk 2,10 par.
216 Mk 8,31 par.

nichts daran, dass er selbst den Entscheidungsspruch fällen wird.[217]

Im Johannesevangelium ist die Sachlage schwieriger zu verstehen. Jesus sagt ausdrücklich, er sei nicht gesandt, *die Welt zu richten, sondern sie zu retten* (3,17; 12,47), aber mit ebenso klarer Entschiedenheit: *Zum Gericht bin ich in diese Welt gekommen* (9,39); oder an anderer Stelle heißt es: *Ich richte niemanden. Aber wenn ich richte, dann ist mein Gericht wahr* (8,15-16). Wie ist dieses Paradox zu verstehen?[218]

Nach Rudolf Schnackenburg gehört es «zur johanneischen Dialektik, auf eine kategorische Verneinung dann doch eine positive Aussage folgen zu lassen (vgl. 1,10f mit 12; 3,32 mit 33)».[219] Jesu Reden und Wirken ist zutiefst Heilsoffenbarung. Für den aber, der nicht glaubt, wird es zum Gericht.[220] Und dieses Gericht ist ein gerechtes (5,30) und ein «wahres» Gericht, weil Jesus so urteilt, wie er es vom Vater hört, und weil der ihn Sendende, der Vater, durch ihn spricht (8,16). Jesus weiß um seine Einheit mit dem Vater, er braucht sich nicht Recht zu verschaffen (8,15b). «Was schon hinter Jesu Selbstbezeugung und seiner Behauptung, dieses Zeugnis genüge, stand, wird hier offen ausgesprochen: Der ihn Sendende ist mit ihm verbunden und gibt seinem Reden und Urteilen Gültigkeit und Kraft.»[221] Wenn Jesus richtet, dann richtet er, wie er es vom Vater hört, in tiefer Einheit mit ihm. So kann Jesus zuweilen den Vater als Richter nennen, zuweilen sich selbst als Richtenden vorstellen.

---

217 Von Balthasar Hans Urs, Theodramatik Band IV: Das Endspiel, Einsiedeln 1983, 174-182, hier 177.
218 Vgl. von Balthasar, Das Endspiel 179.
219 Schnackenburg Rudolf, Das Johannesevangelium II. Teil, Freiburg-Basel-Wien 1985⁴, 245.
220 Vgl. Joh 3,17f; 5,21.27a.
221 Schnackenburg, Das Johannesevangelium II. Teil, 246.

d) Ein sich schon gegenwärtig realisierendes Gericht nebst dem Endgericht?

Das *Endgericht* dient und ist verbunden mit der *endgültigen zukünftigen Aufrichtung* des Reiches Gottes. Das Reich Gottes bricht zwar durch das Kommen Jesu Christi jetzt schon an; es ist nahe gekommen, aber die Vollendung steht noch aus[222]. Entspricht nun dem *gegenwärtigen Anbrechen* des Reiches Gottes auch ein sich schon *gegenwärtig* vollziehendes Gericht? Im Johannesevangelium findet sich in der Tat eine zweifache Gerichtserwartung. Zwei Stellen belegen dies. In Joh 5,28f ist das Endgericht nach der allgemeinen Auferstehung der Toten im Blick. Jesus hatte unmittelbar zuvor am Sabbat einen Kranken in der Säulenhalle geheilt, der schon 38 Jahre darnieder lag. Die Juden wollen Jesus deshalb töten, auch weil er Gott seinen Vater nannte und sich so Gott gleichstellte (5,18). Jesus bezeugt in seiner Reaktion einmal mehr die tiefe Einheit zwischen ihm und dem himmlischen Vater – auch im Gericht.

«*Wundert euch nicht darüber! Die Stunde kommt, in der alle, die in den Gräbern sind, seine [des Sohnes Gottes] Stimme hören und herauskommen werden: Die das Gute getan haben, werden zum Leben auferstehen, die das Böse getan haben, zum Gericht*» (Joh 5,28).

Hier spricht Jesus deutlich vom Endgericht. Auch nach Joh 12,48b findet das Gericht «am letzten Tag» statt: «*Das Wort, das ich gesprochen habe, wird ihn richten am Letzten Tag.*»

Demgegenüber weist Jesus aber im Gespräch mit Nikodemus in Joh 3,18 auf das sich schon gegenwärtig vollziehende Gericht hin: «*Wer an ihn glaubt, wird nicht gerichtet; wer nicht glaubt, ist schon gerichtet, weil er an den Namen des einzigen*

---

222 Vgl. in Bezug auf das Anbrechen aber noch nicht die endgültige Verwirklichung des Reiches Gottes – Lk 17,21; 19,11; 21,31; die Vollendung des Reiches Gottes in Mk 14,25 par.

Sohnes Gottes nicht geglaubt hat.» Auch in Kapitel 12 finden wir eine ähnliche Aussage: Nachdem Jesus Lazarus von den Toten auferweckt hatte (Joh 11), verhärteten sich die Hohenpriester und Pharisäer in ihrem Beschluss, Jesus töten zu lassen (Joh 11,53) und Lazarus mit ihm (12,10). Im Gegensatz dazu salbt Maria in Bethanien die Füße Jesu mit kostbarem Nardenöl und nimmt somit die sonst übliche Salbung am Tag des Begräbnisses vorweg (12,1-7); das Volk geht Jesus mit Palmzweigen und Jubelrufen entgegen (12,12f) und Griechen wollen ihn sehen (12,20). In diese sich zuspitzende Spannung hinein spricht Jesu davon, dass seine Stunde gekommen sei, dass der Menschensohn verherrlicht werde (12,23) und dass *jetzt Gericht gehalten werde über diese Welt* (12,31). Auch hier ist also klar die Rede von einem Gericht in der Gegenwart, in dem sich die Geister scheiden.

Ulrich Wilckens charakterisiert den Zusammenhang zwischen gegenwärtiger Scheidung und Endgericht im Johannesevangelium folgendermaßen: «Die Entscheidung des Endgerichts wird identisch sein mit der ‹Scheidung›, die Jesu Sendung unter den Menschen bewirkt: der Scheidung zwischen Glaubenden und Nichtglaubenden, zwischen dem ewigen Leben, das die Glaubenden empfangen, und dem ewigen Zunichtewerden, dem die Nichtglaubenden verfallen.»[223] Schon jetzt entscheidet sich – in der Annahme oder Ablehnung der Botschaft und Person Jesu –, welches Urteil im Endgericht ergehen wird, auch wenn das kommende Endgericht noch aussteht.

---

223 Wilckens Ulrich, Das Evangelium nach Johannes, NTD 4, Göttingen 199817, 118.

e) Kreuz und Gericht

Jesus trat nicht sogleich als der auf, der die Welt richtet, sondern er heilte und verkündigte die Gottesherrschaft. Einige Worte Jesu aber bringen seinen bevorstehenden Tod in direkten Zusammenhang mit dem Gericht Gottes:

1. Jesus bezeichnet in Gethsemane sein Todesleiden als «Kelch»[224]. Der Kelch des Zornes, dem wir im Alten Testament öfter begegnen, kann ein Bild für das göttliche Gericht oder das Martyrium sein. «Hier mischen sich beide Aspekte, so dass Jesus mit dem Leiden den Zorn, der andere treffen soll, übernimmt.»[225]

2. Zudem deutet das Gerichtswort, das Jesus auf dem Kreuzweg an die Frauen richtet, Jesu Tod als Feuergericht «am grünen Holz», das zu noch schlimmerem Gericht «am dürren Holz» führen wird[226].

Es wurde immer deutlicher, dass Jesus vom Volk verworfen würde. Sein Verwerfung bedeutete zugleich Gericht für die, die ihn verwarfen (vgl. Mk 12,1-9). Das Gericht über die Feinde Jesu bedeutet aber auch, «dass die Welt [insofern sie sich gegen Gott stellt] den Prozess verloren hat. ... Die Stunde der Kreuzigung als Stunde des vermeintlichen Sieges der Welt über ihn ist in Wahrheit die Stunde des Gerichts über die Welt. ... Wer immer ... den Glauben an ihn als den Sohn Gottes bekämpft ..., der ist bereits gerichtet.»[227]

Wenn man die Worte, in denen Jesus von seinem Tode spricht – besonders beim letzten Abendmahl – näher betrachtet, wird deutlich, dass er «sein sühnendes

---

224 Mk 14,36 par.; vgl. Joh 18,11.
225 Gnilka Joachim, Das Evangelium nach Markus II, EKK 2,1-2, Zürich und Neukirchen-Vluyn 1978-1979, 260.
226 Lk 23,31 mit Anspielung an Jer 11,9 und Spr 11,30.
227 Wilckens, Johannes, 251f.

Leiden und Sterben als stellvertretende Übernahme des göttlichen Gerichts verstanden hat.»[228] In Mk 8,37 par. («*Was kann ein Mensch als Lösegeld für seine Seele geben?*») ist vom «Lösegeld» die Rede, und dieses «Lösegeld» stellt Jesu Tod dar (Mk 10,45 par.: «*Denn auch der Menschensohn ist nicht gekommen, um sich dienen zu lassen, sondern um zu dienen und sein Leben hinzugeben als Lösegeld für viele*»). Mit der Hingabe seines Lebens am Kreuz hat uns Christus die Erlösung erwirkt und zugleich das Endgericht stellvertretend für uns erlitten[229].

f) Die Bedeutsamkeit des Gerichts

Das Gericht ist nicht der letzte Akt, sondern hingeordnet auf die Vollendung des Reiches Gottes. Entscheidend im Endgericht ist der Sieg Gottes über Sünde und Tod. Damit sich das vollendete Reich Gottes im Jenseits dieser Welt der Sünde und des Todes erhebt, «müssen Sünde und Tod vernichtet, mehr noch: sie müssen in Gerechtigkeit und Leben verwandelt werden, bevor die Herrschaft Gottes vollendet sein kann. Das aber setzt voraus, dass die Sünde als Sünde identifiziert, der Tod als Tod gebrandmarkt wird. […] Diese Selbsterkenntnis der eigenen Sündhaftigkeit und Schwachheit in Anbetracht der unendlichen Liebe und Barmherzigkeit Gottes ist sehr schmerzhaft, doch es ist ein Akt oder ein Prozess der Befreiung.[230] Im Schmerz der Begegnung mit Christus ist Rettung. «Sein Blick, die Berührung seines Herzens heilt uns in einer gewiss schmerzlichen Verwandlung ‹wie durch Feuer hindurch›. Aber es ist ein seliger Schmerz, in

---

228 Stettler, Das letzte Gericht, 232.
229 Damit ist aber nicht eine «Allversöhnung» im Sinne einer Apokatastasis panton (bzw. Ausschluss einer ewigen Verdammnis) gemeint.
230 Söding, Die Verkündigung Jesu, 239.

dem die heilige Macht seiner Liebe uns brennend durchdringt, so dass wir endlich ganz wir selber und dadurch ganz Gottes werden. [...] Der Schmerz der Liebe wird unsere Rettung und unsere Freude.»[231]

Freilich: Indem die Sünde verurteilt wird, werden auch die Sünder bestraft, die sich ihrer schuldig gemacht haben. Gott, der Richter, ist allerdings im Sinne Jesu kein Buchhalter, der Soll und Haben bilanziert, sondern der König, der seine Macht einsetzt, um der Gerechtigkeit zum Sieg zu verhelfen, und mehr noch der Vater, der seine Gnade ins Recht setzt und seinen eigenen Sohn hingibt, damit die Sünder das ewige Leben erlangen.

4. Die Offenbarung des Johannes[232]

Die Offenbarung des Johannes (vgl. 1,1) spricht vom «Buch und seinen sieben Siegeln» (5,5). Sie handelt von der Wirklichkeit, die sich dem bloßen Augenschein und gesunden Menschenverstand entzieht und nur dann vor Augen tritt, wenn man sie mit den Augen Gottes betrachtet, wie dies dem prophetischen Seher geoffenbart worden ist. Das letzte Buch der Bibel ist ein Schlüssel zur ganzen Heiligen Schrift: Es prägt ihr den Stempel als Buch der Hoffnung wider alle Hoffnung auf.[233]

---

231 Benedikt XVI., Enzyklika *Spe salvi*, § 47.
232 In den folgenden Ausführungen zur Offenbarung des Johannes stütze ich mich stark auf die Vorlesungsskripten von Prof. Dr. Thomas Söding der Ruhr Universität Bochum:
www.ruhr-uni-bochum.de/imperia/md/content/nt/nt/aktuellevorlesungen/vorlesungsskriptedownload/vorlesungsskriptjohannesoffenbarung-ws20072008.pdf Abgerufen am 26. Juli 2012.
233 Vgl. Söding Thomas, Die Offenbarung des Johannes. Exegetische Ansätze didaktischer Vermittlung, in: www.ruhr-uni-bochum.de/imperia/md/content/nt/nt/dieoffenbarungdesjohannes/exedidak.pdf abgerufen am 27.07.2012.

Die Johannesoffenbarung zeigt nach den Sendschreiben in den Kapiteln 2-3 in einem «riesigen Bilderteppich» das Drama, wie durch das Gericht hindurch die Gottesherrschaft vollendet wird, und zwar in kosmischen Dimensionen. Diese Bilder sind alttestamentliche Motive, die Johannes zu einem neuen Bild zusammenfügt.

4.1 Die Vision des Lammes

Die Lammvision beginnt im Zentrum: dem Thron Gottes, wo die Frage aller Fragen aufbricht. «*Wer ist würdig, das Buch öffnen und seine Siegel zu brechen?*» (Offb 5,2) Dadurch ist Platz für die Tränen des Propheten (Offb 5,4), in denen sich nicht nur die Erschütterung über das Gesehene Bahn bricht, sondern zugleich das Leid der Welt zeigt.

Würdig ist, der «gesiegt hat» (Offb 5,5), gesiegt über den Tod. Der «Sieger» ist der, der selbst gestorben und von den Toten auferstanden ist. Der Sieger ist «der Löwe aus dem Stamme Juda, die Wurzel Davids». Damit werden über Gen 49,9 und Jes 11,10 die stärksten Traditionen der messianischen Königserwartung Israels herangezogen. Was Johannes dann aber sieht, ist der denkbar größte Kontrast: ein geschlachtetes, genauer: ein geschächtetes Lamm, ein Opferlamm, *das* Gotteslamm. Dass das geschächtete Lamm «steht», verweist auf die Auferstehung Jesu von den Toten. Die sieben Hörner und Augen sind Sinnbilder göttlicher Allmacht und Allwissenheit.

Das Lamm Gottes ist es, welches das Buch mit sieben Siegeln öffnet und somit das endzeitliche Gericht eröffnet. Damit steht das Gericht von vornherein im Zeichen des Heiles, denn das Lamm wurde *geschlachtet und hat mit seinem Blut Menschen für Gott aus allen Stämmen und Sprachen, aus allen Nationen und Völkern erworben, und hat sie für Gott zu Königen und Priestern gemacht; und sie werden auf der Erde herrschen* (5,9-10). Die folgenden Kapitel erzählen in Metaphern, wie dies geschieht.

4.2 Die sieben Siegel

Das Aufbrechen der ersten sechs Siegel ist der Beginn des Gerichtes Gottes über die Welt, das der Aufrichtung der Herrschaft Gottes und der Zerstörung des Unrechtsregimes des Bösen dient. Den sechs Siegeln folgt das siebte, dessen Öffnung die sieben Posaunen-Visionen zur Folge hat (Offb 8,1).

Die ersten vier Siegel lassen die vier apokalyptischen Reiter hervortreten. Sie stehen in der Tradition der prophetischen Gerichtspredigt Sacharjas (Sach 1,7-17; 6,1-6) und bringen das Gericht Gottes über die Erde, genauer ausgedrückt, verschiedenste Plagen: Mord und Totschlag (Offb 6,4), Teuerung (Offb 6,6) sowie Krieg, Hungersnot und Tod durch Raubtiere (Offb 6,8). Entfernt steigt die Erinnerung an die ägyptischen Plagen auf (Ex 6-12).

Das fünfte Siegel öffnet den Blick in den Himmel zu den Seelen der Märtyrer[234]. Die Opfer schreien nicht nach blutiger *Rache* (wie die Lutherbibel und die Einheitsübersetzung es wiedergeben), sondern nach *Gerechtigkeit (ekdikesis* – Offb 5,10). Das Gericht mit seinen verheerenden Folgen erscheint daher als gerecht, weil es der Herrschaft des Bösen ein Ende mit Schrecken setzt.

Das sechste Siegel öffnet den Blick auf die irdische Katastrophe[235] und die Not der Schuldigen, welche

---

[234] Christliche Martyrien hat es in der Frühzeit immer wieder gegeben. Die Johannesoffenbarung nennt Antipas aus Pergamon (Offb 2,17). Martyrien – auch des Petrus und Paulus – sind aus dem Rom Neros bekannt. Von allen Aposteln werden (später) Martyrien erzählt.

[235] Es wird eine kosmische Erschütterung gezeigt, die bereits das Ende

Verantwortung tragen für den Tod der Märtyrer. Diese Letzteren werden in der sechsten Siegelvision genannt: *die Könige der Erde und die Großen und die Heerführer und die Reichen und Mächtigen* (Offb 6,15). Dabei treten sie freilich weniger als Personen denn als Institutionen auf: nämlich in der Funktion, die sie für die Etablierung des herrschenden Unrechts haben.

Zusammenfassend kann gesagt werden: In der theologischen Welt des Johannes von Patmos sind die Plagen gerechte Strafen für die Übeltäter. Nach Offb 6,16f. ist das «Lamm» voll heiligen Zornes. In diesem Zorn verbindet sich die Empörung über das Unrecht, das Unschuldigen angetan wird, mit dem Willen, Gerechtigkeit zu schaffen. Die «Gottesknechte» sind nach Offb 7 geschützt: versiegelt (durch die Taufe). Der letzte Reiter ist der «Tod», der auch die letzte Konsequenz sichtbar macht, die von Anfang an den moralischen Übeln innewohnt.

4.3 Der Untergang Babylons (Offb 17-18)

Das Thema von Offb 17-18 ist «das Gericht der großen Hure» (17,1), das zum Todesurteil führt. Babylon ist in der Bilderwelt der Apokalypse der Gegen-Ort zu Jerusalem. Die Offenbarungsschrift zeigt Allegorien beider Städte, die im schärfsten Kontrast zueinander stehen. Babylon ist eine «große Stadt» (17,18 u.ö.), die Herrscherin über die widergöttliche Welt.[236] – Jerusalem, gleichfalls eine

---

vorwegnimmt. Parallelen finden sich einerseits in der synoptischen Apokalypse (Mk 13 par.; Lk 17), andererseits in den alttestamentlichen Gerichtspredigten, auf die immer wieder angespielt wird (Jes 24,21; 34,4; Hos 10,8).

236 Der Name «Babylon» erinnert an Unheilsorte der Geschichte Israels. Die «zum Himmel getürmten Sünden» (Offb 18,5) erinnern an den Turmbau zu Babel (Gen 11,1-9). Babylon ist der Ort der Verbannung des Gottesvolkes (Ps 137). Babylon ist eine Stätte des Götzendienstes (Dan 5). Babylon wird Gottes Gericht erleiden (Jes 49,10f.).

große Stadt, ist Inbild des Reiches Gottes. Babylon ist ein Ort der «Unzucht», das heißt des Götzendienstes (17,2 u.ö.). – Jerusalem ist der Ort der wahren Gottesanbetung. Babylon ist die Stadt der Ungerechtigkeit, der Gewalt und des Todes (Offb 18,5.23f.). – Jerusalem ist die Stadt himmlischen Friedens. Babylon ist die Stadt irdischen Luxus (18,16 u.ö.). – Jerusalem ist die Stadt himmlischen Glanzes. Babylon liegt in der «Wüste» (17,3). – In Jerusalem sind Himmel und Erde verbunden.

Der Kontrast zwischen Gut und Böse, Gott und Teufel wird durch archetypische Frauengestalten dargestellt: Babylon ist die «Hure», Jerusalem die heilige Jungfrau. Die Hure Babylon ist eine blasphemische Königin, die eine Göttin sein will; Jerusalem hingegen erstrahlt im Licht der Gegenwart des wahren und einzigen Gottes.

Wenn die Offenbarungsschrift des Johannes keinen Fahrplan der Endereignisse schreibt, findet der Untergang Babylons nicht an einem bestimmten Tag der Weltgeschichte, sondern permanent statt – dort wo Ungerechtigkeit zur Vernichtung führt, die regelmäßig die Übeltäter mitreißt. Es bleibt die Frage der Opfer. Auf sie antwortet Johannes mit der Vision des himmlischen Jerusalem.

In der Architektur der Apokalypse beschreibt erst die endgültige Vernichtung des Teufels mit dem Jüngsten Gericht und der nachfolgenden Vision des himmlischen Jerusalem das absolute Ende der Geschichte. Die Bilder in Offb 19,1-20,6 gehören in die Kette der vorangehenden, die die Intensivierung des Gerichtes Gottes in der Geschichte über das Böse sichtbar machen und dabei nach dem Prinzip der Steigerung angeordnet sind.

Offb 20,1-6 redet von der «ersten Auferstehung». An ihr haben die Märtyrer und Heiligen teil, die konsequent das Christsein gelebt haben. Sie werden an der Herrschaft des Messias und am Gericht Gottes teilhaben. Das entspricht einer Verheißung Jesu an die Zwölf (Mt 19,28 par. Lk 22,20). Sie ist nun in die präsentische Eschatologie übersetzt. Schon jetzt sind sie im Himmel und treten in Verbindung mit denen, die auf Erden für ihren Glauben kämpfen müssen. Die «Heiligen» sind in der Johannesoffenbarung nicht – wie bei Paulus – alle Christen, sofern sie getauft und gerechtfertigt sind, sondern die einzig wahren Christen, sofern sie den Glauben bewährt haben.

An dieser Auferstehung haben die anderen Gestorbenen keinen Anteil. Für sie gibt es die Vorstellung von einem Interim zwischen dem Tod des Menschen und dem Erreichen der Endzustände, die erst im Gericht und im zweiten Kommen Christi Ereignis werden. Sie werden erst dann auferstehen, um nach ihren Werken gerichtet zu werden (Offb 20,11-15).[237]

4.4 Zusammenfassung

Der «Menschensohn», Jesus Christus, ist der endzeitliche Richter, den Gott beauftragt hat, am Jüngsten Tag das Urteil zu fällen (Offb 14,14). Diesen Menschensohn hat bereits der Prophet Daniel als Richter beim Endgericht geschaut (Dan 7,9-14; 10,4-21). Er ist durch seinen

---

237 L. Scheffczyk schreibt dazu: «Das ist die Auffassung vom sog. ‹wartenden Himmel› und der ‹noch ausstehenden› Hölle, die noch nicht erschienen sind, bevor die Parusie Christi eingetreten ist.» Der Begründung dieser Auffassung «lag nicht nur an der Wirkkraft der entsprechenden jüdischen Vorstellung von dem Zwischenzustand im Reich der Toten, der Scheol, sondern es lag auch an einem bestimmten christologischen Glauben, den Tertullian um die Wende des zweiten Jahrhunderts so formulierte: Wie Christus in die Unterwelt hinabstieg, um erst danach in den Himmel aufzufahren, so gebührt auch den Verstorbenen ein Aufenthalt im Reiche der Toten, bevor sie vom wiederkommenden Auferstandenen in die Endzustände gebracht werden.» (aus: Scheffczyk Leo, Glaube in der Bewährung. Gesammelte Schriften zur Theologie III, St. Ottilien 1991, 525-544, hier 527).

Tod am Kreuz zum Schlüssel für das wahre und ewige Leben geworden.

Dann wird der endzeitliche Richter vor allem auch im Bild des geschächteten *Lammes* dargestellt. Durch seine Liebe, die sich bis zum Tod am Kreuz erwiesen hat[238], hat das Lamm Gottes den Sieg errungen und die Herrschaft von Sünde und Tod definitiv gebrochen. Doch aus der Ewigkeit vertrieben, stürzt sich der Drache – er ist das Ideogramm des Satans – erst recht *auf die Nachkommen der Frau, die den Geboten Gottes gehorchen und an dem Zeugnis für Jesus festhalten* (Offb 12,17). Aber seine Macht ist definitiv besiegt. Er weiß, dass er nur noch wenig Zeit hat (vgl. Offb 20,3). «Die Zukunft und die Ewigkeit, die im Übrigen nicht nur bevorstehen, sondern schon hereinstehen, gehören Jesus Christus. *Der Herrscher über die Könige der Erde!* (Offb 1,5) *Der Herr der Herren und der König der Könige!* (Offb 17,14; 19,16) *Und er wird herrschen in alle Ewigkeit!* (Offb 11,15) Von solchen Rufen ist unsere Prophetie erfüllt, und da will sie allen Hörern in immer neuen Bildern und Stimmen ins Herz prägen.»[239]

Die Schreckens-Visionen des Sehers sind bestürzende Einsichten in die zerstörerische Kraft des Bösen, die aus dem Widerspruch gegen Gott resultiert. Das Buch

---

238 In der Offenbarung ist die Rede « von ‹dem Lamm, das geschlachtet› (5,6.12; 13,8), davon, dass sie ihn ‹durchbohrt haben› (1,7), von seinem ‹Blut› (1,5; 5,9; 7,14; 12,11), von der ‹großen Stadt … wo auch ihr Herr gekreuzigt ward› (11,8), von seiner ‹Geduld› und ‹Liebe› (1,5; 3,9.19), von ihm als ‹dem getreuen Zeugen› (1,5; 3,14), alles Formulierungen […], mit denen er auf Jesu Christi gehorsamen Tod am Kreuz als auf die Tat seiner Liebe zu uns zielt. Dieser Tod ist ‹der Sieg› – der Sieg der Liebe!» (Schlier Heinrich, Jesus Christus und die Geschichte nach der Offenbarung des Johannes, in: Id., Besinnung auf das Neue Testament. Exegetische Aufsätze und Vorträge II, Freiburg-Basel-Wien 1964, 358-373, hier 360).

239 Schlier Heinrich, Jesus Christus und die Geschichte nach der Offenbarung des Johannes, 361.

verurteilt die Gewalt, indem es ihre Grausamkeit, ihre Ideologie, ihre tödliche Effizienz darstellt.

Das Buch der geheimen Offenbarung zeigt aber auch die Furcht erregende Macht des «gewaltigen» Gottes, der, um die Menschen und seine ganze Welt zu retten, die Kraft des Bösen bricht – und dass dies nicht ohne Opfer geht. Gottes Gericht besteht darin, die katastrophale Wirkung des Neins zu Gott und zum Leben, das die Menschen und den ganzen Kosmos tangiert, aufzudecken. Dies geschieht, um es zu besiegen; denn das Böse führt, auf sich allein gestellt, in den Untergang. Das Gericht ist der Weg des Heils. Die Gewalt Gottes ist die Macht seiner Liebe[240].

5. Schlusswort

Wir sind ausgegangen von der Frage nach dem Verhältnis der Verkündigung der Liebe Gottes und jener der Rede des Gerichts; letztlich von der Frage nach der richtigen Rede vom Wesen Gottes. Zum Abschluss möchte ich noch einmal aus der Enzyklika *Spe salvi* von Papst Benedikt XVI zitieren, der schreibt: «Gott hat sich selbst ein ‹Bild› gegeben: im Mensch gewordenen Christus. In ihm, dem Gekreuzigten, ist die Verneinung falscher Gottesbilder bis zum Äußersten gesteigert. Nun zeigt Gott gerade in der Gestalt des Leidenden, der die Gottverlassenheit des Menschen mitträgt, sein eigenes Gesicht. Dieser unschuldig Leidende ist zur Hoffnungsgewissheit geworden: Gott gibt es, und Gott weiß, Gerechtigkeit zu schaffen auf eine Weise, die wir nicht erdenken können und die wir doch im Glauben ahnen dürfen. Ja, es gibt die Auferstehung

---

240 Vgl. Söding, Die Offenbarung des Johannes. Exegetische Ansätze didaktischer Vermittlung.

des Fleisches. Es gibt Gerechtigkeit. Es gibt den ‹Widerruf› des vergangenen Leidens, die Gutmachung, die das Recht herstellt. Daher ist der Glaube an das Letzte Gericht zuallererst und zuallermeist Hoffnung – die Hoffnung, deren Notwendigkeit gerade im Streit der letzten Jahrhunderte deutlich geworden ist. Ich bin überzeugt, dass die Frage der Gerechtigkeit das eigentliche, jedenfalls das stärkste Argument für den Glauben an das ewige Leben ist. Das bloß individuelle Bedürfnis nach einer Erfüllung, die uns in diesem Leben versagt ist, nach der Unsterblichkeit der Liebe, auf die wir warten, ist gewiss ein wichtiger Grund zu glauben, dass der Mensch auf Ewigkeit hin angelegt ist, aber nur im Verein mit der Unmöglichkeit, dass das Unrecht der Geschichte das letzte Wort sei, wird die Notwendigkeit des wiederkehrenden Christus und des neuen Lebens vollends einsichtig.»[241]

---

[241] Benedikt XVI., Spe salvi § 43.

Prof. Dr. Michael Stickelbroeck, St. Pölten

Übergang und Umwandlung – zur Theologie des Fegefeuers

1. Die Notwendigkeit der postmortalen Läuterung

In seinem Glücksverlangen will jeder in den Himmel kommen, jedenfalls auf den ersten Blick. Doch was erwartet er dort? Der Himmel fließt über von ewiger Freude, doch würde diese als solche wahrgenommen von jemandem, für den ein ausgelassenes verlängertes Wochenende in Las Vegas der Höhepunkt dessen wäre, was das Leben zu bieten hat, und der, wenn er an «Himmel» denkt, nur die Verlängerung dessen erwartet. Himmel wäre nicht Himmel für jemanden, der keinen Sinn für das Heilige entwickelt hat. Oder – wie es New-man einmal sagt: «Der Himmel wäre nicht Himmel für den areligiösen Menschen.»[242]

In einem seiner Szenarien erzählt der amerikanische Komiker Jack Handy von einem Cowboy, der eine absurde Vorstellung vom Himmel besitzt: «Er war ein Cowboy und er liebte das Land. Er liebte es so sehr, dass er eine Frau aus dem Schmutz zog und sie heiratete. Als er sie dann küsste, zerfiel sie jedoch. Später, auf dem Begräbnis, als der Prediger sagte: ‹Staub zum Staube›, lachten einige, und der Cowboy erschoss sie. Als er gehängt wurde, meinte er

---

242 John Henry Newman, Plain und Parochial Serrmons, San Francisco 1987, 9.

zu den anderen: Im Himmel warte ich auf euch – mit dem Gewehr.»»[243]

Es ist das mörderische Verlangen nach Rache, das zu einem absurden Himmel führt. Dort ist nämlich kein Platz mehr für so etwas, denn der Himmel ist ein «Ort» moralischer Vollkommenheit. Darum kann es dort keine Art von Sünde geben. Die Unmöglichkeit zu sündigen bestimmt das Leben derer, die das Himmlische Jerusalem erreicht haben. Sie müssen in ihrer Natur eine solche Transformation erfahren haben, dass sie einfach zu keiner Sünde mehr geneigt sind und tatsächlich auch keine Sünde mehr begehen können. Gott als das höchste Gut mit aller Kraft zu lieben, gelingt nur dem, der mit der Sünde gebrochen und damit auch alle ungeordneten Neigungen überwunden hat, denn diese lenken das Streben auf Dinge, die unter Gott sind und nicht Gott sind. Die unmittelbare Gegenwart der heiligen göttlichen Liebe in der Gottesschau verträgt sich nicht damit, dass jemand, der einen verbogenen Charakter hat und endlichen Dingen in einer Weise anhangt, dass er darin Erfüllung sucht, in ihr zum Ziel kommt. Mit dem Tod und dem Austritt aus der irdischen Pilgerschaft ist schon ein erster, nicht geringer Übergang vollzogen.

Doch die Bereitung auf die alles Unreine ausschließende Liebe Gottes verlangt für den Sünder eine weitreichende Umwandlung seiner von der Sünde versehrten Natur. Solche Veränderung und Umwandlung trägt sich aber nicht in einem Augenblick zu, sondern erfordert Zeit. Heiligkeit zu erlangen, ist die Aufgabe eines Lebens.[244] Und so ergibt sich für all jene, die beim Austritt aus diesem

---

[243] Jerry L. Walls, Purgatory. The Logic of Total Transformation, New York 2012, 3.

[244] Vgl. Johan Henry Newman, ebd., 721.

Leben noch nicht für den Eingang in die Liebe Gottes bereitet sind, die Notwendigkeit eines Läuterungsprozesses, der all das ausräumt, was der totalen Liebesvereinigung mit Gott als Hindernis im Weg steht. Wenn man nicht davon ausgehen will, dass Gott diese Hindernisse im Augenblick des Todes durch einen instantanen Akt der Umschaffung und Neuschaffung wegräumt, ganz gleich, wie sich die Verbiegung des Charakters und der Natur auch immer ausnimmt[245] – weil dies sowohl das Mitgehen des Menschen als auch die Kontinuität mit seiner irdischen Lebensgeschichte ausschließt, dann wird man unweigerlich zum Postulat eines Heiligungsprozesses gelangen, der sich nach dem Tod fortsetzt. In der Form des fortgesetzten Heiligungsprozesses findet die Vorstellung vom Fegefeuer auch in evangelikalen Theologenkreisen, die sich vom klassischen Protestantismus distanziert haben, eine zunehmende Akzeptanz. Ich diskutiere zunächst die Modelle von Genugtuung (Satisfaktion) und Heiligung, die in der Frage nach dem Fegefeuer in unterschiedlicher Gewichtung zum Einsatz kommen. Wegen der ökumenischen Relevanz des Themas gehe ich dann kurz auf die Hintergründe ein, warum der orthodoxe Protestantismus die Lehre verworfen hat, wobei auch die Ganztodtheorie gestreift werden soll. Da sich aus dem Status der anima separata nicht geringe Schwierigkeiten ergeben, will ich sodann, ausgehend von der thomanischen Sicht der Erkenntnistätigkeit, einige Frage stellen, die auf ungelöste spekulative Probleme weisen, nur damit nicht jemand sagt, ich hätte es mir zu einfach gemacht. Zum Schluss sollen mit Thomas Morus und John Henry Newman zwei Theologen vorgestellt werden, die sich um das Thema verdient gemacht haben.

---

245 Dies wird von den meisten Protestanten vertreten.

2. Modelle für das Purgatorium

Was lange Zeit ein Kampfwort war – Gegenstand der Kontroverse, aufgeladen mit einer Unmenge an historischem Ballast, Rivalität und Verdächtigungen, könnte sich am Ende als Angelegenheit eines möglichen ökumenischen Einverständnisses erweisen, und dies, obwohl es für Protestanten schwer sein wird, die römisch-katholische Version dieser Lehre vom Purgatorium, oder was sie dafür halten, zu adaptieren. Justin Ernhard hat das für traditionell katholisch gehaltene Satisfaktionsmodell einem auch für (evangelikale) Protestanten annehmbaren Sanktifikationsmodell gegenübergestellt.[246] Welches sind die Leitvorstellungen, die die beiden theologischen Konzepte prägen? Bei dieser Frage sehe ich zunächst von «Mischformen» ab.

2.1 Das Satisfaktionsmodell

Das Satisfaktionsmodell geht bei der Begründung des Fegefeuers vom Abtragen einer weiter bestehenden Schuld oder eines nach der Sündenvergebung noch bestehenden Strafrestes aus. Bisweilen geht dies gepaart mit der Vorstellung, dass jemand, der zu den Geretteten gehört, augenblicklich nach Überschreiten der Todesgrenze zu einem vollkommenen Heiligen wird, wie immer es mit dem steht, was er der göttlichen Gerechtigkeit schuldet – eine Schuldverhaftung, für die noch zu zahlen ist.[247] Man hat gemeint, die Seele werde, sobald sie den Leib verlasse, zu einem solchen Akt der Gottesliebe elizitiert,

---

246 Vgl. Justin Bernhard, «Purgatory and the Dilemma of Sanctification», in: Faith and Philosophy 24 (2007) 311-327.

247 Vgl. Jerry L. Walls, Purgatory, 65. Der Autor zitiert hier einen Aufsatz von M. F. Egan, «The Two Theories of Purgatory», in: the Irish Theological Quaterly 17 (1922) 24-34, hier: 24, mit Verweis auf Dom S. Louismet.

der sie von all ihren Defekten reinige. So wäre eine Zeit der Reinigung und Läuterung an sich nicht mehr nötig; das Fegefeuer diene allein dem Abtragen der Restschuld, die noch – der göttlichen Gerechtigkeit gegenüber – bestehe. Es scheint, dass sich bereits Suárez für diese Auffassung stark gemacht hat. Danach bleiben keine bösen Neigungen, auch keine lässlichen unbereuten Sünden mehr zu überwinden. Das einzige, was noch bleibt, ist der reatus poenae, der Tribut der Gerechtigkeit.[248] Suárez unterstreicht die Leichtigkeit der Purifikation, die sich gleichsam in einem Moment vollziehen kann. So gehen ein Erwachsener, der gleich im Anschluss an seine Taufe stirbt oder das Martyrium erlitten oder vollkommenen Nachlass (indulgentia) empfangen hat, ganz gleich, wie er vorher disponiert gewesen sein mag, direkt in den Himmel ein.[249] Auch der französische Autor Martin Jugie, dessen Werk «Le purgatoire et les moyens de l'éviter»[250] allein in Französisch acht Auflagen erfahren hat, legt den Schwerpunkt der erarbeiteten «Katholischen Lehre über das Fegefeuer» ganz auf das Moment der Genugtuung. Jugie sieht die Existenz des Fegefeuers prinzipiell darin begründet, zeitliche Sündenstrafen abzutragen, da weder lässliche Sünden noch lasterhafte Neigungen den ersten Moment nach dem Tod überstehen.[251] Es gehe um eine Sühnestrafe, darauf angelegt, einen Fehler durch Schmerz oder Bestrafung, die sich der Schuldige selbst auferlegt oder die ihm auferlegt wird, auszuräumen. Bei solcherart Sühne drehe es sich nicht um moralische Verbesserung oder Wachstum in sittlichen Dispositionen. Dass hier vor allem an Sühne als Abtragen einer Straf-

---

248 Vgl. ebd., 65.
249 Vgl. Egan, The Two Theories, 30.
250 Martin Jugie, Le purgatoire et les moyens de l'eviter, Paris 1940.
251 Vgl. ibid., 5.

schuld gedacht ist, wird bestätigt durch die Überzeugung, dass die Streitende Kirche die Schuldverhaftungen der Leidenden Kirche im Purgatorium durch aufgeopferte Hilfsleistungen, Messopfer und Ablässe abtragen kann.[252] Wäre das Sinnziel des Purgatoriums die Reifung und Verbesserung der leidenden Seele, so könnte dies kaum durch Ersatzleistungen von außen, durch die Stellvertretung anderer, erreicht werden. Mit einem Wort, man muss das Fegefeuer nach Jugie als «eine Liquidation der Vergangenheit», nicht als ein «Voranschreiten auf ein noch nicht erreichtes Zukunftsideal» hin verstehen.[253] Was die Art der Strafe angeht, so sieht Jugie das Noch-nicht-Erreichen der beseligenden Gottesschau als ihr wesentliches Moment. Eine eigene fühlbare Strafe (poena sensus), so sie nicht aus dem Aufschub der Gottesschau erwächst, entfällt. Und dennoch stellt sich der französische Theologe hinter die Auffassung des Thomas von Aquin, dass die Agonie im Purgatorium jeden noch so großen Schmerz auf Erden übertreffe, wobei führ ihn auch gilt: Der Schmerz im Purgatorium gehört einer anderen Ordnung an und ist darum zu jedem bekannten Leid inkommensurabel.[254] Die Motivation für die Lehre vom Fegefeuer liegt darin, den Ruf zur Heiligkeit und spirituellem Wachstum ernster zu nehmen. Manche ihrer Entscheidungen bedauernd, werden die Seelen am Reinigungsort wünschen, sie hätten früher schon ein höheres Maß an Vollkommenheit erreicht. Wie Jugie zu Recht bemerkt, würde Gott, wenn es kein Purgatorium gäbe, die Lauen und die geistlich Eifrigen gleichstellen.[255] Ein gewichtiger Einwand gegen dieses Satisfaktionsmodell besteht in der

---

252 Vgl. Jerry L. Walls, Purgatory, 68.
253 Martin Jugie, Le Purgatoire, 9.
254 Vgl. ebd., 47; vgl. auch 73-78.
255 Vgl. ebd., 20.

mangelnden Rechtfertigung eines Strafübels für solche, die bereits ganz und gar von der Sünde reingewaschen sind. Ist es denn kohärent, wenn schon gänzlich vervollkommnete Seelen in einer extensiven Strafschuld stehen, die noch zu tilgen ist? Es scheint mehr Sinn zu machen, wenn der Status der Vollkommenheit erst dann erreicht wird, wenn die Zeit im Purgatorium an ihr Ende gekommen ist.

2.2 Das Heiligungsmodell

Eine andere Einschätzung des Wozu, wenn es um die Frage nach dem Fegefeuer geht, bietet das Heiligungsmodell. Wie schon eingangs angedeutet, hat bereits Newman in frühen Predigten, noch Anglikaner, darauf hingewiesen, dass die Gottesschau nicht möglich ist, ohne vorher heilig zu sein. Er spricht von einem Intermedium zwischen Tod und Aufnahme in die himmlische Herrlichkeit, einer Distanz zum Himmel, dazu angetan, das Wachstum des guten Samens, den Gott mit der Taufe in das Herz des Menschen gesät hat, zu vollenden.[256] Wir haben es hier mit dem anderen Modell zu tun, das den Sinn des Purgatoriums in der noch ausstehenden Heiligung, die einen Leidensweg erfordert, erblickt. Das Heiligungsmodell kennt verschiedene Spielarten. Eine entscheidende Differenz zwischen ihnen ist die Bejahung oder Ablehnung von Bestrafung, die im Purgatorium inkludiert ist. Zunächst soll von einem «reinen» Heiligungsmodell die Rede sein. Die Abkehr von sündhaften Dispositionen und die Begradigung eines verbogenen Willens könnten durch die Macht der Wahrheit, die der Abgeschiedene über sich selbst ungetrübt erblickt, ein-

---

[256] Vgl. John Henry Newman, Plain and Parochial Sermons, San Francisco 1987, 720.

setzen. Alle früheren Strategien der Selbstrechtfertigung greifen jetzt nicht mehr, und so erscheint alles, was an unseren Aktionen verletzend war, in seinem wahren Licht. Und dies wird dazu führen, das Böse in seiner ganzen verheerenden Negativität zu realisieren und zurückzuweisen. Auf diese Weise würden wir nicht nur verstehen, welchen Schaden unsere Sünden bei anderen angerichtet haben, sondern vor allem, wie Gott sie sieht.[257] Dies würde auch zu einer großen Beschämung darüber führen, wie wir Gottes Liebe enttäuscht haben. Anhänger des Heiligungsmodells gehen davon aus, dass die Verstöße gegen die sittliche Ordnung eine Neigung zu Wiederholungssünden oder eine verkehrte Disposition in uns hinterlassen: eine Schwächung des Willens, der Sünde zu widerstehen, sowie ungeordnete Neigungen im Zusammenspiel des geistigen Strebens und des sinnlichen Begehrungsvermögens. So nistet sich z.B. die gula ein, wenn das Maßhalten beim Essen durch wiederhole Akte missachtet wird. Es handelt sich um eine fehlerhafte Neigung, die immer wieder dazu führen wird, beim Essen über die Strenge zu schlagen.

Die Sünden haben solche Spuren in der Natur des Menschen hinterlassen, die am verkehrten habitus als Dispositionen zum schlechten Handeln ablesbar sind. Diese schwächen die Liebesfähigkeit des Menschen und müssen darum durch andere habitus ersetzt werden. Manche versteckte Egozentrik, die in ihm Wurzel gefasst hat und die zu den selbstzerstörerischen Effekten früherer Sünden gehört, mag dem Menschen, der in gewisser Weise ein Verdrängungskünstler ist, nicht bewusst gewesen sein. Im Purgatorium kommt auch sie ans Licht, um ausgebrannt zu werden. Wer es mit dem Heiligungs-

---

257 Vgl. Jerry L. Walls, Purgatory, 84 (mit Berufung auf Richard Purtill).

modell hält, wird das Fegefeuer so definieren: Es ist ein temporärer Status nach dem Tod, in dem die Disposition zum Sündigen transformiert wird. Dabei geht es in keiner Weise um Genugtuung (satisfactio) für begangene Sünden oder um Erfüllung der göttlichen Gerechtigkeit. Einziges Ziel ist es, den Heiligungsprozess «auf der Basis eignen inneren Antriebs» der Vollendung zuzuführen.[258] In dieser Form ist die Lehre über das Purgatorium auch für manche Theologen aus dem Protestantismus, besonders aus dem evangelikalen Bereich, annehmbar. Dies mag damit motiviert sein, dass man auch für Personen, die während ihres Lebens keine Gläubigen waren, einen Weg konzeptualisieren will, der sie zum ewigen Heil führt.[259]

2.3 Die via media des Thomas von Aquin und die Komplementarität der beiden Modelle

In der Konstitution des 2. Konzils von Lyon 1274 – Ergebnis der Auseinandersetzung mit der Ostkirche – ist über jene, die nach ihrer Taufe in Sünde fallen, zu lesen: Dass jene Seelen, die bußfertig in der Liebe gestorben sind, bevor sie für ihre Sünden würdige Buße getan haben, nach dem Tod durch Reinigungs- und Läuterungsstrafen gereinigt werden. Wörtlich heißt es: «Die Seelen der Verstorbenen, die in wahrer Buße in der Liebe verschieden sind, ohne zuvor durch würdige Früchte der Buße für das Begangene und Unterlassene Genugtuung geleistet zu haben, werden nach dem Tod durch Reinigungs- und Läuterungsstrafen gereinigt: Und zur Milderung derartiger Strafen nützen ihnen die Fürbitten der lebenden

---

258 Vgl. Justin Bernhard, Purgatory, 315.
259 Vgl. Donald G. Bloesch, The Last Things: Resurrection, Judgement, Glory, Downers Grove, Illinois 2004, 151-152.

Gläubigen, nämlich Messopfer, Gebete, Almosen und andere Werke der Frömmigkeit, die von den Gläubigen entsprechend den Anordnungen der Kirche für andere Gläubige gewöhnlich verrichtet werden.» «Die Seelen derer aber, die nach dem Empfang der heiligen Taufe überhaupt keiner Sündenschuld verfallen sind, sowie jene, die nach einer zugezogenen Sündenschuld entweder noch in ihren Leibern verweilend, oder nachdem sie ebendies abgelegt haben, [...] gereinigt wurden, werden sogleich in den Himmel aufgenommen.»[260] Thomas von Aquin, der sich mit entsprechenden Vorstellungen getragen haben muss, geht davon aus, dass diese Reinigung schon in diesem Leben geschieht, und zwar durch die Buße und die anderen Sakramente, durch die Gott die verkehrte Anhänglichkeit an Dinge, die geringer sind als er selbst, reinigt. Wann immer «diese Reinigung nicht zu Ende geführt wurde», sagt er, bleibt jemand «Schuldner der Strafe», entweder aus Gründen der Nachlässigkeit oder Geschäftigkeit, oder weil der Tod eintrat. Solange keine Todsünde im Spiel ist, berauben diese Fehler nicht der ewigen Belohnung, denn solche Reinigung kann noch nach dem Tod geschehen:

«Es ist darum nötig, sagt er, dass sie nach diesem Leben gereinigt werden, bevor sie den endgültigen Lohn empfangen. Diese Reinigung geschieht durch Strafen, so wie auch in diesem Leben durch Strafen der Genugtuung die Reinigung vollzogen wird: Andernfalls wären die Nachlässigen besser dran als die Eifrigen, wenn sie die Strafe, die sie hier für die Sünden nicht erfüllten, in der Zukunft nicht ertrügen. Deshalb werden die Seelen der Guten, die etwas zu Reinigendes in dieser Welt haben, von der Erlangung des Lohnes solange zurückgehalten, bis sie die reinigenden

---

[260] DH 856-857.

Strafen (poenas purgatorias) erduldet haben. Und dies ist der Grund, warum wir ein Purgatorium annehmen.«[261] Es geht zuerst und vor allem um Genugtuung für eine moralische Schuld, dann aber auch um die Begradigung ungeordneter Anhänglichkeiten an geschaffene Dinge. Was die Art der Strafen angeht, so bemüht Thomas das Augustinische Diktum, wonach der Schmerz des Purgatoriums ärger ist als jedes Leiden in diesem Leben.[262] Zentrale Aussagen seiner Bußlehre, die Thomas im Kontext des Beichtsakramentes behandelt, können ein Licht auf die Art und das Sinnziel der Buße werfen, die auch im Fegefeuer – wenn auch in anderer Weise – verrichtet oder besser ausgelitten werden muss. Ich gehe etwas ausführlicher darauf ein. Zunächst zählt Thomas drei desaströse Folgen der Sünde auf, denen ein dreifaches Überwinden zu entsprechen hat: Als erstes werden unser Denken und Verstand in Unordnung gebracht, denn in der Sünde wendet sich der Mensch von Gott, seinem wahren Gut, ab. Zweitens ziehen wir uns – im Hinblick auf die Gerechtigkeit Gottes – die Strafschuld zu. Drittens wird das natürliche Gut unserer Natur beschädigt, da wir zum Sündigen geneigt gemacht und gegen das Gute resistent werden.

Den umgekehrten Weg beschreitet der Mensch in der Buße. Sie vollzieht sich in der contritio als Rückwendung zu Gott und Abwendung von der Sünde, der confessio als Bußgericht, dem der Pönitent sich unterstellt, und der satisfactio als Übernahme der geschuldeten Strafe, die der Genugtuung dient. Obwohl die Liebesreue (contritio) von sich her durch das Verdienst Christi, das zur Vergebung all unserer Sünden hinreicht[263], die Aufhebung der

---

261 Thomas von Aquin, S.c.G. IV 91,6.
262 Vgl. ders., S. Th. Suppl. 2,1.
263 Vgl. S.c.G. IV 72,8.

Sünden bewirkt, erlangen nicht alle den vollkommenen Nachlass der Sünde. Vielmehr «erlangt ihn ein jeder in dem Maß, in dem er mit Christus, der für unsere Sünden leidet, verbunden ist.»[264] In der Beichte, um die es Thomas in diesem Kontext geht, kommt es dem Priester (minister sacramenti) zu, ein Strafmaß für die Genugtuung festzusetzen, mit dem die dritte Folge sündigen Handelns beseitigt wird. «Und die Erfüllung dieser Verpflichtung wird Genugtuung (satisfactio) genannt, die der dritte Teil der Buße ist. Durch sie wird jemand gänzlich frei von der Schuld der Bestrafung (reatu poenae), wenn er die Schuld, die ihm eigen war, bezahlt.»[265]

Dass es dabei nicht nur um die legalistische Abtragung einer Schuld geht, sondern auch medizinale Effekte damit verbunden sind, geht aus dem hervor, was Thomas im Anschluss sagt: «Und darüber hinaus wird die Schwäche des natürlichen Guten geheilt, wenn der Mensch sich vom Bösen freihält und dem Guten nachkommt, indem er durch das Gebet den Geist Gott unterwirft, durch Fasten das Fleisch bezwingt, damit es dem Geist untertan ist, und durch Almosen die Nächsten mit sich verbindet, von denen er durch die Schuld getrennt war.»[266] Die genugtuende Buße nimmt es nun mit der dritten zerstörerischen Folge der Sünde auf, die unsere Natur mit dem Willen zum Guten schwächt und zu weiterer Sünde geneigt macht. Darum spricht Thomas auch von einer «geistlichen Heilung» (regeneratio spiritualis) und «einer Art geistlicher Verwandlung» (quadam spiritualis Iteratio).[267]

Für Thomas kann der Mensch nicht zu seiner endgültigen Vollendung gelangen, in der er Gott seinem Wesen nach

---

264 Vgl. S.c.G. IV 72,6.
265 S.c.G. IV 72,14.
266 S.c.G. IV 72,14.
267 Vgl. S.c.G. IV 72,1.

schaut, ohne dass die Liebe ihre eigenste Wirkung getan hat, nämlich seinen Willen dem Willen Gottes gleichförmig zu machen.[268] Wenn der Wille die Ordnung der Gerechtigkeit Gottes annimmt und umfängt, wird er dem Willen Gottes angeglichen, geheiligt und mit Gott vereinigt. Dies schließt auch die Annahme der Strafe mit ein.[269] Weiters sagt er: Was als Sündenfolge auf jemandem lastet, kann nicht von ihm weggenommen werden, ohne dass der Wille sich zur Ordnung der Gerechtigkeit stellt:

«Daher kann die Befleckung der Sünde nur dann vom Menschen weggenommen werden, wenn er die Ordnung der göttlichen Gerechtigkeit annimmt, indem er entweder selbst freiwillig die Strafe als Wiedergutmachung der vergangenen Schuld auf sich nimmt, oder diese als von Gott auferlegt geduldig erträgt: Auf beide Weise besitzt die Strafe die Weise der Genugtuung. Die genugtuende Strafe mindert aber etwas vom Ausmaß der Strafe (ratione poenae). Es gehört nämlich zum Begriffsinhalt der Strafe, dass sie gegen den Willen ist. Die genugtuende Strafe aber, obwohl sie absolut betrachtet gegen den Willen ist, hat hier dennoch etwas Freiwilliges […] Wenn der Makel der Schuld beseitigt ist, kann eine gewisse Schuldverhaftung bleiben, nicht absolut gesprochen, sondern im Hinblick auf die Schuldigkeit der Genugtuung.»[270] So sagt Thomas noch: «Entweder nimmt er spontan irgendeine Art von Buße für eine vergangene Sünde auf sich, oder er trägt eine, die von Gott auferlegt wurde. In jedem Fall hat die Strafe die Qualität der Genugtuung.»[271] Die von Thomas genannten Beispiele für die Buße deuten

---

268 Vgl. S.c.G. III, 158,1.
269 Vgl. S.c.G. III 158,6.
270 S. Th. I-II 87,7.
271 S. Th. I-II, 87,6.

jedoch nicht einfach auf die Erfüllung der Strafgerechtigkeit. Sie stellen Mittel dar, den Willen zu reformieren, sich von verkehrten Dispositionen zu befreien und diese durch bessere zu ersetzen: Die Reinigung und Umwandlung der Affekte ist für die Seelen umso nötiger, je mehr sie habituell in lässliche Sünden eingetaucht waren. Dabei gilt, dass solche Sünden, die eine größere Anhänglichkeit besitzen, in ihren Folgen entsprechend langsamer ausgeheilt werden. «Und da solche Sünden, die mehr Anhänglichkeit entwickeln, langsamer überwunden werden, werden manche im Purgatorium länger als andere leiden, denn ihre Affekte sind stärker in lässliche Sünden verwickelt.»[272]

Wer die kirchliche Buße in ihrer dreigliedrigen Form durchläuft, ist nicht nur durch die Gerechtigkeit in Pflicht genommen, wenn er den Weg der Bekehrung geht; er strengt damit auch eine Reform seines Willens an, der wieder auf das einschwenkt, von dem Gott will, dass er es will. Und somit besteht zwischen den beiden Sinnzielen der Buße eine durchaus organische Verbindung. Thomas beschreitet in der Lehre vom Fegefeuer eine via media, in der die Erfüllung der göttlichen Gerechtigkeit und die Umwandlung des sündigen Menschen einander nicht ausschließen. Das Satisfaktionsmodell und das Heiligungsmodell sind bei ihm komplementär. Im Wesentlichen gilt das, was über die nach der Beichte anzuwendende oder zu erduldende Strafe gesagt wurde, auch im Hinblick auf das Strafleiden im Fegefeuer. Allerdings ist dabei der eine Unterschied zu beachten, der sich auf die eingeschränkte Möglichkeit

---

[272] IV Sent. D. 21,1,3: «quaedam venialia sunt majoris adhaerentiae quam alia, secundum quod affectus magis ad ea inclinatur, et fortius in eis figitur: et quia ea quae sunt majoris adhaerentiae, tardius purgantur, ideo quidam in Purgatorio diutius quam alii torquentur, secundum quod affectus eorum ad venialia fuit magis immersus.»

der anima separata bezieht, einfach in weiterer Folge durch sittliche gute Akte und aktive Arbeit an sich selbst neue Dispositionen oder Tugenden zu erwerben, wenn dies während der irdischen Pilgerschaft versäumt worden ist. Es ist sehr die Frage, ob das Purgatorium dazu – im Sinne einer zweiten Chance – die Möglichkeit bietet. Genauso ist nicht ohne Weiteres davon auszugehen, dass sich der Wille in der Weise ändern kann, dass er die Kraft der Liebe erst jetzt habituell erwirbt. Es muss darauf weiter unten noch genauer eingegangen werden, wie es überhaupt nach dem Tod mit der Fähigkeit eigenen Handelns bestellt ist.

3. Die Ablehnung der Lehre vom Purgatorium

3.1 Protestantische Orthodoxie

Die Schwierigkeiten Luthers mit dem Fegefeuer basieren rhetorisch auf dem Fehlen des biblischen Fundaments – er hält 2 Makk für die einzige biblische Referenz –, der Sache nach aber wohl auf der darin involvierten Schlüsselgewalt der Kirche und der Suffragien für die Verstorbenen. So sagt er: «Die meisten Priester würden zu Tode darben, wenn es keine Fegfeuer gäbe.»[273] Die Existenz des Fegefeuers wird aber selbst in seinen 95 Thesen vorausgesetzt. Nur dass die Toten noch in irgendeiner Weise der kirchlichen Verfügungsmacht unterstellt sein könnten, scheint inakzeptabel.[274] Das Fegefeuer findet keine Erwähnung in der Confessio Augustana. Melachthon

---

273 Luther, Weimarer Ausgabe 32, 96-97.
274 Vgl. Jerry L. Walls, Purgatory, 37.

musste dafür eine Rüge Calvins einstecken.[275] In der Konkordienformel heißt es: «Weil diese anfängliche Gerechtigkeit oder Erneuerung in uns in diesem Leben unvollkommen und unrein ist wegen des Fleisches, darum kann keiner damit vor dem Gericht Gottes bestehen. Allein die Gerechtigkeit und der Gehorsam, die Passion und der Tod Christi, die dem Glauben angerechnet werden, können vor Gottes Gericht bestehen.»[276]

Melanchthon stellt ein Konzept der Buße vor, das sich gegen die Vorstellung vom Fegefeuer wendet. In seiner Apologie der Confessio Augustana, besonders in Artikel XII, kritisiert er die römische Sicht von der dreigliedrigen Buße und sagt, Lutherische Theologie kenne nur zwei Teile der Buße, nämlich Reue und Glaube. Was das Leben an Versuchungen bereithalte und schließlich der Tod selbst, sind Dinge, durch die Gott die Sünde bestraft und geistige Erneuerung bewirkt. Melanchthon sieht ein Purgatorium nach dem Tod als überflüssig an. Purgatorium als Reinigung von belasteten Seelen, die sich in den Widerwärtigkeiten des Lebens vollzieht, wird bejaht, ohne dass damit irgendeine Art von Bezahlung für die Sünden als Strafe auferlegt wird. Heiligung bleibt in diesem Leben immer unvollkommen.

«Indes aber, weil die Heiligkeit angefangen ist und täglich zunimmt, warten wir, dass unser Fleisch hingerichtet und mit allem Unflat vescharret werde, aber herrlich hervorkomme und auferstehe zu ganzer und völliger Heiligkeit in einem neuen ewigen Leben. Denn jetzt bleiben wir halb und halb rein und heilig, auf dass der Heilige Geist immer an uns arbeite durch das Wort und täglich Vergebung austeile

---

275 Vgl. Calvin, Instituitones 3.5.6.
276 Konkordienformel, Teil 2, Art. 3,32.

bis in jenes Leben, da nicht mehr Vergebung sein wird, sondern ganz und gar reine und heilige Menschen, voller Frömmigkeit und Gerechtigkeit, entnommen und ledig von Sünde, Tod und allem Unglück, in einem neuen, unsterblichen und verklärten Leibe. Siehe, das alles soll des Heiligen Geistes Amt und Werk sein, dass er auf Erden die Heiligkeit anfange und täglich mehre durch die zwei Stücke, christliche Kirche und Vergebung der Sünde. Wenn wir aber verwesen, wird ers ganz auf einen Augenblick vollführen und ewig dabei erhalten durch die letzten zwei.»[277]

Allein der leibliche Tod und die Auferstehung sind für Melanchton eine hinreichende Bedingung, um uns rein und heilig zu machen. In den späten evangelikalen Ausformungen des Protestantismus lässt sich eine gewisse Offenheit für eine postmortale Reinigung erkennen. Abgewiesen werden jedoch alle Aussagen, die von der Tilgung eines Strafrestes ausgehen, denn die Auslöschung aller Sünden ist bereits am Kreuz geschehen, so dass dem nichts mehr hinzugefügt werden kann. Zeitgenössische Protestanten, die die Lehre vom Fegefeuer verwerfen, fassen die Erlösung in erster Linie mit Begriffen der Rechtfertigung. Andere, bei denen eine größere Offenheit für das Purgatorium zu finden ist, legen den Akzent stärker auf die umgestaltende Dimension des Erlösungswerkes, durch das Gott uns rettet. Wer die Erlösung forensisch definiert, wird mit Nachdruck feststellen, dass es für die, die in Christus sind, keine Verurteilung mehr gibt. Ein Fegefeuer würde diese Tatsache in ihren Augen unterminieren. Wo man aber von einer wirklichen religiösen und geistlichen Umwandlung in der Erlösung ausgeht, wird man die Freiheit von der Verurteilung erst als Beginn der Erlösung verstehen, dem noch eine wei-

---

277 Luther, Großer Katechismus, Teil II, Art. 3,57-58.

tere Transformation folgen kann. Mit dem Tod hört dies alles auf. Das Wesen der Erlösung liegt für die protestantische Orthodoxie in der Rechtfertigung des Sünders durch Glauben und Gnade, bewirkt durch die einmalige und hinreichende Genugtuung Christi und unabhängig von der eigenen Heiligung.

3.2 Eschatologien im Bann der Ganztodtheorie

Katholische Eschatologien, die die Ganztodtheorie adaptiert haben, wie z.B. die Theorie von der Auferstehung im Tod, machen die extensive Läuterung nach dem Tod überflüssig. Da mit dem Eintritt des Todes jede Art von Zeit überhaupt aufhört und der Mensch offenbar durch die Gleichzeitigkeit mit der aeternitas Gottes sogleich bei der Parusie ist, fallen der Zwischenzustand und eo ipso das Purgatorium aus.[278] Dass die Lehre vom Purgatorium bereits vor dem Aufkommen dieser Theorie für viele katholische Gläubige an Bedeutung für die Gestaltung des Glaubenslebens verloren hatte, attestiert ein Aufsatz Karl Rahners über das Thema, der von einer Unklarheit dessen spricht, was mit der Lehre vom Fegfeuer gemeint sei.[279] Rahner will das Fegefeuer so verstehen, «dass alles im Tod selber geschieht, die ‹Reinigung im Tod› ein Aspekt des Todes selber» und «die Fegefeuerlehre eine mit anderen Vorstellungsmitteln vorgetragene ‹Thanatologie› ist».[280]

---

278 Vgl. Anton Ziegenaus, Die Zukunft der Schöpfung in Gott. Eschatologie (Kath. Dogmatik, Bd. 8) Aachen 1996, 167; vgl. auch Joseph Ratzinger, Eschatologie – Tod und ewiges Leben (KKD, Bd. 9) Regensburg 1990, 94ff.
279 Vgl. Karl Rahner, Fegefeuer, in: Schriften zur Theologie, Bd. 14, 435-449, hier: 436f
280 Vgl. ebd., 441.

4. Der Status der vom Leib getrennten Seele: ihre eingeschränkte Tätigkeitsweise

Seine große Intuition über die totale Transformation, die sich beim Übergang von dieser empirisch wahrnehmbaren Welt in das Leben nach dem Tod vollzieht, brachte Thomas von Aquin bekanntlich in dem Diktum zum Ausdruck: Totaliter aliter. Alles, was dem Menschen dort begegnet, wird ganz anders sein, als das, was er aus der sinnlichen Erfahrungswelt kennt, was er sich – davon ausgehend – vorzustellen vermag.

4.1 Fehlende Sinneserkenntnis

Wenn die Seele forma corporis ist, gehen ihr bestimmte Fähigkeiten, die mit der Durchseelung und Aktuierung des Leibes und seiner Organe zusammenhängen, verloren, sobald sie vom Leib getrennt wird. Neues Erfahrungswissen, das aus der Aufnahme von Sinnesdaten zustande kommt, ist der Seele nicht mehr zugänglich. Dies schlägt auch auf die abstraktive Wesenserkenntnis durch, denn es werden keine neuen phantasmata mehr zur Verfügung gestellt, aus denen der Verstand diese abstrahiert. Zwar besitzt die Seele, was das Erkennen betrifft, eine gewisse Autarkie, weil es nicht durch ein körperliches Organ geschieht[281], so dass sie eine vom Körper unabhängige Denktätigkeit besitzt[282], doch ist sie nach der Abtrennung auf die zuvor in die memoria aufgenommenen Vorstellungsbilder verwiesen.[283] Genauso wie der Verstand besitzt auch der Wille eine eigene Tätigkeitsweise. Darum

---
281 Vgl. S.c.G. II 62.
282 Vgl. S.c.G. II 68-69.
283 Vgl. S.c.G. II 80-81.

sagt Thomas: «Da aber der Wille ein Vermögen ist, das sich keines Organes bedient, wie auch der Verstand nicht, bleiben offensichtlich alle diese Akte, sofern sie Akte des Willens sind, in den getrennten Seelen bestehen.»[284] Schwierig wird es, wenn man der anima separata die geistige Erkenntnis von Sinnenfälligem zuschreiben will, da sie keine solchen sinnlichen Daten mehr empfängt. Dies bedeutet aber auch, dass die über die Sinne und deren Organe vermittelte Erkenntnis des Individuellen nicht mehr möglich ist. Die vom Leib getrennte Seele befindet sich, was die Sinneserkenntnis angeht, in einer Nacht.

4.2 Die Unmöglichkeit meritorischer Akte

Solange der Pilgerzustand in der jetztzeitlichen Existenz andauert, befindet sich die Seele in einem dynamischen Zustand, in dem sie Dispositionen zum Guten wie zum Schlechten erwirbt, entsprechend der vom Willen gesteuerten Akte, die mal in die und mal in die Richtung tendieren können. In ihrer leibgebundenen Existenz vervollkommnet sich der Mensch, indem er aktive Tugenden erwirbt, die ihn auf Gott ausrichten. Man spricht von «erworbenen Tugenden». Einmal vom Leib getrennt, wird die Seele jedoch «nicht mehr im Zustand der Bewegung sein, sondern am Ziel».[285] Wie die Zeit der Bewährung vorbei ist, so auch die Gelegenheit, sich durch sukzessive Akte zu verbessern, bzw. habituelle Eigenschaften zu erwerben, die das Streben nach dem Guten leicht machen. Dies gilt für alle Dispositionen gleichermaßen. Wer im Pilgerstand das Klavierspielen nicht gelernt hat, wird auch im

---

284 S.c.G. II 81.
285 Vgl. S.c.G. IV 95.

Purgatorium nicht mehr zu einem Pianisten von Klasse. Auch die Möglichkeit, mit Hilfe der Gnade durch das Überwinden von Schwierigkeiten und Versuchungen und die Belebung der Gottesliebe Verdienste zu erwerben, d.h. meritorische Akte zu setzen, ist im Purgatorium aufgehoben. Wie das Voranschreiten in der Zeit zum Stillstand kommt, so kann auch die menschliche Natur in ihrem konkreten Gewordensein nicht mehr aktiv verändert werden, indem jemand bestimmte Handlungen ergreift. Man hat deshalb zu Recht gesagt, die Seelen im Fegefeuer könnten für sich selbst nichts mehr tun und seien auf die Hilfe der Streitenden Kirche angewiesen. Die Eigenart ihres Zustandes, in dem sie zwar nicht jeder Zeitlichkeit entrückt, der chronologischen Abfolge der Momente jedoch enthoben sind, bedingt auch den Unterschied zwischen den erduldeten Leiden im Purgatorium und den tätig erwirkten Bußübungen, denen sich der Lebende – etwa im Zusammenhang mit der Beichte – unterziehen kann. Es wäre darum angebracht, im Hinblick auf das Abtragen von Strafschuld im Fegefeuer statt von «satisfactio» von einer innerlich bejahten und ertragenen «satispassio» zu sprechen, wodurch die Seele gereinigt und auf die Gottesschau vorbereitet wird.[286]

4.3 Das Problem der Wiedererkenntnis von Personen

Der Leib stellt den Außenaspekt unseres Personseins dar. Durch ihn werden wir für die anderen überhaupt erst identifizierbar. Als Medium der Kommunikation ist der Leib das Tor zur Außenwelt, die Hotline, die uns mit den Gedanken und der Affektivität der anderen

---

[286] Vgl. Gerhard Ludwig Müller, «Fegefeuer», In: LThK3, Freiburg …

in Verbindung bringt. Ohne Augen, die sehen, ohne Ohren die Hören, ohne Zunge, die spricht, sind wir gar nicht da, sind andere nicht für uns da. Wie kann es uns ohne Leib für die anderen geben? Auf die schattenhafte Daseinsweise der Armen Seelen wurde hier bereits hingewiesen. Wir stoßen hier auf Probleme, wenn wir nach der Möglichkeit gegenseitiger Erkenntnis und nach dem Austausch von leibfreien Seelen fragen, die doch keine reinen Geister (substantiae separatae) wie die Engel sind. Dass hier in der Tat nicht geringe Schwierigkeiten liegen, hat keiner so gut erkannt und dichterisch verarbeitet wie Dante, der in seiner Darstellung unter thomanischer Inspiration steht. Was beim Erreichen des Purgatoriums, das der Dichter in seiner Divina Comedia zusammen mit Virgil leibhaft durchwandert, als Andersartigkeit sogleich ins Auge fällt, ist das Schattendasein der getrennten Seelen, das nicht jede Art von Interaktion gestattet.[287] Die beiden stoßen auf wohl 100 Seelen, die soeben die Pforten des Purgatoriums erreicht haben. Diese Begegnung schildert Dante, wo es heißt:

> «So die beglückten Seelen: alle hingen
> Am Antlitz mir, wobei sie schier vergaßen,
> Dass sie an Land, um schön zu werden, gingen.
>
> Und eine Seele, zärtlich-übermaßen,
> Trat vor, mich innig an der Brust zu halten,
> Dass meine Sinne gleichen Wunsch besaßen.
>
> O sichtbare, doch haltlose Gestalten!
> Dreimal um sie sich mein Hände schlangen,
> Sei dreimal um ein Luftgebild zu falten!

---

287 Vgl. Dante, Divina Comedia, Purgatorium, 2, 76-90.

Staunend verfärbten sich mir wohl die Wangen,
Denn rückwärts sah den Geist ich lächelnd schweben,
Dass mich ihm nachzog törichtes Verlangen;

Doch als er rief, zu zügeln mein Bestreben,
Erkannt ich ihn und bat ihn inniglich,
Freundlich-verweilend Antwort mir zu geben.

Er sprach: «Wie ich geliebt im Fleische dich,
So lieb ich dich, befreit vom irdschen Zwange,
Drum steht ich still – doch warum du nicht? Sprich.»

Der Kontrast zwischen der leiblichen Verfasstheit des Dichters und der körperlosen Seinsweise des Schattengebildes wird bemerkenswert hervorgehoben in dem vergeblichen Versuch, einander zu umarmen. Die Quasikörper aus Luft (Dante) entbehren der nötigen Substantialität, um diese Art von physischer Begegnung zu erlauben. Dreimal versucht es Dante mit der Umarmung des Schattens, der angestrengt das Gleiche probiert. Man beachte auch, dass Dante den Schatten in diesem Moment wiedererkennt. Er stellt sich als sein Freund Casella heraus, der früher Musiker war. Offen bleibt dabei, wie solches Wiedererkennen zustande kommt. Es sind offensichtlich nicht-physische Identitätsmarker, die anzeigen, dass es tatsächlich dieser Casella ist, allem voran die Liebe zum Dichter, die im Purgatorium fortdauert. Dies impliziert eine Kontinuität des Gedächtnisses zwischen diesem Leben und dem anderen. Tatsächlich kommt dies später in der Konversation zum Ausdruck, als Casella auf die Bitte Dantes hin ein Lied singt, das eines seiner eigenen Gedichte vertont.[288] Die Art der Darstellung, nach der es

---

288 Ebd., 2, 106-114.

trotz der Einschränkungen, die mit dem Fehlen einer physischen Einwirkung gegeben sind, zu einem herzlichen affektiven Austausch kommt, zeigt, dass Dante die personale Interaktion, die hier zustande kommt, zumindest als Problem empfunden hat. Systematisch bleibt für den Läuterungszustand der getrennten Seelen Folgendes festzuhalten: Die Trennung vom Leib muss die Erfahrungserkenntnis und auch die Kommunikation mit anderen für die anima separata erschweren, falls sie sie nicht überhaupt verunmöglicht.

Die Identifizierbarkeit von Personen kann nur über die memoria, in der eine gemeinsame Lebensgeschichte präsent ist, geschehen. Durch die bleibende Hinordnung auf ihren Leib behält die anima separata außer ihrem esse auch ihre Individualität sowie den Bezug zu der auf Erden weiterlaufenden Geschichte[289] und den darin Agierenden. Die Kenntnis von bestimmten Situationen, in der sich die noch Lebenden befinden, kann durch eingegossenes Wissen von Gott her zustande kommen. Jedenfalls gibt es eine Teilnahem am Geschick jener, die noch auf Erden sind und den Weg der Bewährung zu Ende gehen müssen. So können die Seelen im Fegefeuer ihnen durch Fürsprache zu Hilfe kommen, genauso, wie sie ihrerseits von diesen Sühneleistungen und Suffragien empfangen.

---

[289] Diesen letzten Aspekt hebt besonders Ratzinger in seiner Eschatologie hervor. Vgl. ders., 152.

5. Theologen des Fegfeuers

5.1 Thomas Morus

Der Glaube an den postmortalen Läuterungszustand stärkt in der Gemeinschaft der Glaubenden die Solidarität und Verbundenheit zwischen den Lebenden und Verstorbenen, denn mit dieser Glaubenswahrheit verbindet sich in der ganzen Liturgie der Kirche seit den Anfängen die Überzeugung, dass die im Glauben Stehenden den Seelen im Purgatorium in vielfältiger Weise helfen können. Sie ist Ausdruck dafür, dass die in Christus gegründete Gemeinschaft vom Tod nicht zerstört werden kann und dass die Toten den Lebenden, wenn auch in einer anderen Seinsweise, nahe sind. Was die lebendigen Glieder der Kirche in Liebe und Treue den Abgeschiedenen zuwenden, bringt ihnen Trost und Freude: Dass die Lebenden für die Verstorbenen einstehen können, findet seinen Grund im Gesetz der heilshaften Stellvertretung, nach dem der eine vor Gott für den anderen eintreten kann. Alle Widrigkeiten des Lebens, die in standhafter Geduld ertragen werden, die freiwilligen Opfer und Bußleistungen und gerade auch das, was um des Glaubens willen erlitten wurde, kann als stellvertretende Genugtuung angeboten und mit einer Fürbitte für die Seelen der Verstorbenen vor Gott gebracht werden.

In einer eindringlichen Weise hat der hl. Thomas Morus in der Auseinandersetzung mit der englischen Kirche, deren theologisches Ansinnen von einem reformatorischen Impetus getragen war, auf die ungeheure Wichtigkeit der Lehre vom «Fegfeuer» hingewiesen. Thomas Morus, in seiner Zeit sehr darum bemüht, dass die Glaubenssubstanz in seiner Kirche gewahrt werde, war über die Vorstellung,

Gebete und die Heilige Messe für Verstorbene könnten aufhören, genauso entsetzt wie über jemanden, der seine Liebsten vergäße und in der Ferne verkommen ließe. Der Läuterungsort und Zustand rühre aus der Gottesliebe her. Er bedeute aber dennoch zunächst Qual, wenngleich die Seelen im Läuterungsort überglücklich seien, weil sie schon wüssten, dass sie bald bei Gott sind. Wie oft wird sich einem Christen schon hier und jetzt das Gebet aufdrängen, Gott möchte ihn von allen Schlacken der Selbstliebe und Ich-Verstricktheit reinbrennen. Sie umgeben ihn ja wie eine Isolierschicht und trennen ihn von seiner wahren Bestimmung. Der normale Christ, wenn er einmal diesen seinen Namen begreift, sehnt sich darum nach dem Fegefeuer, wo und wie auch immer es ihm bestimmt sein mag. Thomas Morus redet in Bildern, wenn er hierzu bemerkt: Der Verstorbene, der in das Jenseits mit einem Werk aus Holz, Heu und Stroh eintritt, wird nicht so unversehrt die reinigenden Flammen durchschreiten wie der, dessen Werk entweder aus reinem Material beschaffen oder aber durch Sühne vor seinem Tode gereinigt worden ist. Am reinen Gold vermag das Feuer nicht zu zehren.[290]

Im ersten Brief an die Korinther schreibt Paulus: «Nach der mir von Gott verliehenen Gnade legte ich wie ein kundiger Baumeister den Grund, ein anderer baut darauf weiter. Doch sehe ein jeder, wie er weiterbaut. Denn einen anderen Grund kann niemand legen als den, der gelegt ist: Jesus Christus. Ob einer auf diesem Grund Gold baut oder Silber, Edelsteine, Holz, Heu oder Stroh, eines jeden Werk wird sichtbar werden; denn der Tag wird es erweisen. Er offenbart sich ja im Feuer. Und das Feuer wird es erproben, wie das Werk des Einzelnen beschaffen ist. Hält das

---

[290] Thomas Morus, The Supplication of Souls, New York 2002, 22ff.

Werk, das einer baute, stand, wird er Lohn empfangen. Wessen Werk aber niederbrennt, der wird Schaden erleiden, er selbst jedoch wird gerettet werden, doch so wie durch Feuer hindurch» (1 Kor 3,9-15). Diese Stelle wird öfter aufgegriffen und eingehend kommentiert.

Morus' Buch «The Supplication of Souls» ist eine engagierte Verteidigung des Purgatoriums, das darauf hinzielt, die Lebenden zu einer Compassion und zu einem Selbsteinsatz für die Verstorbenen zu bringen. Die Seelen im Fegefeuer fühlen sich nach seiner Darstellung von ihren Freunden ignoriert und beiseite geschoben. Kritisch ließe sich anmerken, dass das Fegefeuer für Morus eher einer Vorhölle denn einem Vorhimmel gleicht. Es ist nicht ein Ort der Verwandlung, sondern marternder Vergeltung und Strafe.[291] Die bedauernswerten Seelen im Fegefeuer erleiden nicht nur eine Pein, die von Gott trennt[292], sie werden, um ihren Schmerz zu steigern, auch von Dämonen verfolgt und gemartert.[293]

4.2 John Henry Newman

Newman, der in gewisser Weise die Vision Dantes wieder aufnimmt, versteht das Fegefeuer so, dass die wahrhaft religiösen Seelen nach dieser Reinigung verlangen. In seinem Buch «Der Traum des Gerontius», das zuerst 1865 publiziert wurde, wird der Tod eines alten Man-

---

291 Vgl. C.S. Lewis, Letters to Malcolm. Chiefly on Prayer, London 1964, 139-40.

292 Vgl. C. S. Lewis, English Literature in teh Sixteenth Century Excluding Drama, Oxford 1954, 163.

293 Thomas Morus, The Supplication, 172: «Our keepers are such as may God keep you from – cruel damned spirits, odious, envious, haeful, pitiless enemies and vicious tormenters. Their company is more horrible and agonizing to us than the pain itself and the intolerable torment they inflict on us, with which they never cease to continually lacerate us from top to toe.»

nes erzählt, dessen Seele sodann die Reise zum Thron Gottes antritt. Von einem kurzen Blick auf die Heiligkeit Gottes geblendet und erschreckt, bittet die Seele darum, in das Purgatorium geschickt zu werden, da sie es nicht aushält, «in ihrer Dunkelheit dieses Licht zu sehen».[294] Weil die Seele fähig sein will, ihn in der Wahrheit des nie endenden Tages zu sehen und sich für immer an der Gegenwart Gottes zu freuen, umfängt sie in einem Akt der Hingabe und Liebe gern die nötige Reinigung. Wie die Seelen in Dantes Werk singend den Berg ersteigen, wobei sie den heilenden Schmerz feiern, so erfreut sich auch Gerontius an der Läuterung, die seinen vollen Eingang in das Leben und die Gegenwart Gottes vorbereitet. Newman vertritt eher das Reinigungsmodell, wenn es um das Purgatorium geht. Er ist darin jedoch nicht einseitig, denn es fehlen in seinem Buch nicht solche Stellen, die auch die Bezahlung einer moralischen Schuld nahe legen.[295] Von der Notwendigkeit einer postmortalen Reinigung überzeugt, sieht er diesen Prozess jedoch positiver als etwa Thomas Morus. In seiner Darstellung könnte er sich noch als ökumenischer Brückenbauer erweisen.

---

294 John Henry Newman, The dream of Gerontius, Staten Island 2001, 68.
295 Vgl. ebd., 59, 69,71.

Prof. em. Dr. Dr. Anton Ziegenaus, Augsburg

Die Hölle als Wirklichkeit ewigen Heilsverlustes

Wer von der Hölle spricht, noch dazu, wenn sie als reale Gefahr verstanden wird, könnte schnell der Schadenfreude verdächtigt werden oder mangelnder Selbstkritik, weil er vergisst, selber der Barmherzigkeit zu bedürfen. So ist das mir gestellte Thema nicht angenehm.

Die Hölle als ewige Verdammnis ist auch nicht erklärbar. Welchen Sinn sollte es haben, wenn da jemand für alle Zeit sich in einem schrecklichen, notvollen Zustand befindet, ohne Aussicht auf Befreiung oder Besserung. Leiden als Besserungsstrafe wäre verständlich, aber ein Verdammter leidet nur, Schmerz ist Selbstzweck geworden. So gehört die Aussage, dass eine in diesem endlichen Leben begangene und nicht bereute Todsünde die endlos ewige Verdammnis nach sich zieht, zu den schwer vermittelbaren Glaubenslehren, die denkerisch nie voll erhellt werden kann. Teilhard de Chardin gesteht die Grenzen seiner Einsicht: «Mein Gott, keines der Geheimnisse, die wir glauben müssen, verletzt unsere menschlichen Anschauungen schmerzlicher als das Geheimnis der Verdammung ... Du mein Gott hast mir befohlen, es zu glauben.»[296] M. J. Scheeben bezeichnet die Hölle als «ein wahres Mysterium, das in seiner Furchtbarkeit ebenso die Erkenntnis der natürlichen Vernunft übersteigt wie der unaussprechliche Reichtum der Verklärung.»[297] Wir können uns eben beides nicht vorstellen. Weder den

---

296 Der göttliche Bereich, Freiburg 1962, 182.
297 Die Mysterien des Christentums, Freiburg 1932, 597.

Reichtum und die Schönheit des ewigen Lebens bei Gott noch die Furchtbarkeit der Verdammnis. Johannes Chrysostomus zählt sie zu den «ernsten und erschütternden Wahrheiten»[298]. «Wie schreckhaft», ruft Augustin[299] angesichts der wiederholten Warnungen Jesu vor dem Feuer der Hölle aus. Der Literaturwissenschaftler W. Gössmann schreibt in seinem Artikel «Immer irdischer. Himmel und Hölle in der Literatur»[300], die Hölle sei, wenn man sie ernst nimmt, etwas so furchtbar Belastendes, dass, wer sie ernst nimmt, etwas gegen sie schreiben müsse. Das heißt doch letztlich: Weil etwas schlimm ist, ist man dagegen und übersieht dabei möglicherweise, es zu vermeiden. Immerhin wird das Schlimme noch als solches benannt, doch läuft es im Endeffekt auf den trivialen Rat H. Zahrnts hinaus: «Gar nicht darum kümmern»[301]. Dem steht das Wort des hl. Chrysostomus gegenüber: «Wenn wir immer die Hölle bedenken, werden wir nicht so leicht in sie hineinfallen.»[302]

Die neutestamentliche Fundierung

Trotz des Dunkeln, des Geheimnisses der ewigen Verdammung muss man feststellen: Dieselben Schriften des Neuen Testaments, in denen zu lesen ist, dass Gott die Welt «so sehr geliebt» hat, dass er seinen einzigen Sohn hingab (Joh 3,16), dass «Gott die Liebe ist» (1 Joh 4,8), dass Gott seinen eigenen Sohn nicht verschont, sondern ihn für uns alle hingegeben» (Röm 8,32) hat – «wie sollte er nur mit ihm nicht alles schenken?» – dass der Vater

---

298 Ad Ep. II ad Thess. Hom. II 3 (PG 62), 477.
299 De civ. Dei XII, 9.
300 in: Die neue Ordnung 37 (1983) 433.
301 Wozu ist das Christentum gut? München 1972, 214.
302 Ad Ep. II ad Thess. Homilia II (PG 62, 476).

die Sonne aufgehen lässt über Bösen und Guten» (Mt 5,45), sprechen von der Hölle. In seinem Evangelium von der Sünderliebe Gottes teilt Lukas das Gleichnis vom barmherzigen Vater mit und lässt den reuigen Schächer noch in der letzten Stunde die frohe Verheißung des Paradieses vernehmen (Lk 23,43), redet aber ebenso von den Qualen, die der hartherzige Reiche in der Unterwelt erleiden muss (16,23), von der engen Tür, durch die nicht alle durchkommen (13,24ff).

Mk 9,42ff warnt vor dem Ärgernis. Den Ärgernisgeber erwarte beim Gericht Schlimmeres, als wenn er mit einem Mühlstein um den Hals ins Meer versenkt würde; es wäre besser, verstümmelt (ohne Hand, Fuß, Auge) ins Himmelreich zu kommen, als unversehrt dem ewigen Verderben in der Hölle zu verfallen, «wo der Wurm nicht stirbt und das Feuer nicht erlischt». Im Matthäusevangelium ist immer wieder von der Scheidung zwischen Guten und Bösen, Weizen und Spreu, von Schafen und Böcken, von Weizen und Unkraut, vom guten und schlechten Fischer die Rede (13,24ff; 13,47ff; 25,31ff, 3.10.12). Auch Paulus erklärt, dass gewisse Sünder das Reich Gottes nicht erben werden (1 Kor 6,9ff; Eph 5,5; Gal 5,21), dass die einen «ewiges Leben» und die andern «Verderben ernten» (Gal 6,8); «ihr Ende ist Verderben» (Phil 3,19). 2 Thess 2,10 spricht von Menschen, die «verloren gehen, weil sie sich der Liebe zur Wahrheit verschlossen haben». Nach Jud 7 werden Sodom und Gomorra die Strafe ewigen Feuers erleiden. Die Offenbarung des Johannes spricht vom zweiten Tod und vom Feuersee, in den jene geworfen werden, die nicht im Buch des Lebens stehen (20,13f; 2,11; 30,6).

Der Entscheidungsruf des Evangeliums darf nicht verwässert werden: «Was nützt es einem Menschen, wenn er die ganze Welt gewinnt, dabei aber sein Leben einbüßt? Um welchen Preis kann ein Mensch sein Leben zurückkaufen? Der Menschensohn wird mit seinen Engeln in der Hoheit seines Vaters kommen und jedem Menschen vergelten, wie es seine Taten verdienen» (Mt 16,26f). «Wer das Leben gewinnen will, wird es verlieren; wer aber das Leben um meinetwillen verliert, wird es gewinnen» (Mt 10,39). Jesus sagt: «Fürchtet euch nicht vor denen, die den Leib töten, die Seele aber nicht zu töten vermögen; fürchtet vielmehr den, der Seele und Leib ins Verderben der Hölle zu stürzen vermag» (Mt 10,38). Die Furcht vor der Hölle soll uns also mehr umtreiben als die vor dem leiblichen Tod!

Positionen in der Theologiegeschichte

Wegen der Furchtbarkeit und Nicht-Nachvollziehbarkeit des Geheimnisses der ewigen Verdammnis wurde sie schon im Altertum interpretatorisch gemildert. Klemens von Alexandrien spricht zwar vom ewigen Feuer, deutet aber die Sinnlosigkeit einer ewigen Strafe so um, dass er Strafe als Besserungsstrafe versteht, nicht als Vergeltung. Der große Origenes denkt ähnlich. Doch darf bei dieser Feststellung nicht der doppelte, im Ergebnis nicht harmonisierbare Ansatz seines Denkens übersehen werden: In der biblisch-theologischen Gedankenführung spricht er vom «ewigen» Feuer, wobei «ewig» genauso endlos ist wie «ewiges» Leben, er spricht vom Feuer, das nie verlöscht, und bestreitet, jemals die Erlösung der Teufel gelehrt zu haben.

Doch findet sich bei Origenes ebenso eine Art platonischer Gedankenführung, derzufolge das Ende dem Anfang entspricht und die Präexistenz und auch die Erlösung der Teufel vertreten werden – wenigstens als Hypothese. Origenes schließt dann aus 1 Kor 15,24ff, dass die ganze Schöpfung zu einem einzigen Ziel gelange und in diesem Sinn Christus sich alles unterwerfen und es dem Vater übergeben wird, der alles in allem sein wird. Auch Theodor von Mopsvestia, Gregor von Nyssa und Didymus der Blinde vertreten eine Wiederherstellung der Dinge – Apokatastasis panton[303]. Die Bekleidung mit Fellröcken (Gen 3,21) verstehen Letztere als Überkleidung mit einem materiellen Leib aufgrund der Sünde. Origenes fand im Osten breite Akzeptanz, aber auch Widerspruch, etwa schon im beginnenden 4. Jahrhundert bei Methodius. Im sechsten Jahrhundert wurden die Äußerungen zum universalen Heil in vergröberter Form vorgetragen und auf der Synode von Konstantinopel und im Zweiten Konzil von Konstantinopel verworfen. Im Osten war also die Apokatastasis für häretisch erklärt.

Augustin verteidigte die ewige Dauer der Höllenstrafe, und zwar sowohl gegenüber skeptischen Heiden, die überhaupt nicht an ein jenseitiges Gericht glaubten, als auch gegenüber Christen, die bezweifelten, dass ein barmherziger Gott ohne Ende strafen könne. In De Civit. Dei 21, c. 17-27 widerlegt Augustin verschiedene Formen falschen Vertrauens auf die Barmherzigkeit Gottes. Die einen nehmen ein universales Heil an, das auch den Teufel einschließt, andere glauben an das Heil der menschlichen Todsünder, wieder andere wenigstens an das aller Getauften bzw. Katholiken oder jener, die anderen Barmherzigkeit erwiesen hatten. Augustin betont: Alle Sünder, die nicht umkehren, werden der ewigen Strafe verfallen. Die Barmherzigkeit Gottes kann sich jedoch auch auf die Verdammten erstrecken, insofern sie mildere Strafe erleiden als sie verdienten.

Im Westen spricht dann das im 5. Jhd. entstandene, später hochgeschätzte Glaubensbekenntnis Quincumque

---

303 Vgl. A. Ziegenaus, L. Scheffczyk, Katholische Dogmatik VIII, 194f.

von den Guten, die ins ewige Leben, und den Bösen, die ins ewige Feuer eingehen (DH 76). Auch das Glaubensbekenntnis des Papstes Pelagius spricht «von den Strafen des ewigen, unauslöschlichen Feuers» aufgrund der Verharrung des eigenen Willens im Bösen (DH 443). Im Glaubensbekenntnis des vierten Laterankonzils 1215 lesen wir von der «ewigen Strafe mit dem Teufel» (DH 801) und Innozenz IV. schreibt: «Wer aber ohne Buße in einer Todsünde dahinscheidet, wird ohne Zweifel auf immer von den Gluten der ewigen Hölle gepeinigt» (DH 839). Nach der Bulle Benedictus Deus von Benedikt XII. steigen die Todsünder sofort nach ihrem Tod in die Hölle ab (DH 1000ff).

Die Reformatoren hielten an der Ewigkeit der Höllenstrafen fest, doch kam es aufgrund des reformatorischen Prinzips der Alleinrechtfertigung durch Christus zu einer Einschränkung der Freiheit des Menschen und der Heilsbedeutsamkeit seiner Werke. Im reformatorischen Grundansatz der Rechtfertigung allein durch den Glauben liegt deshalb die Tendenz, entweder die Erlösung allen Menschen (oder wenigstens allen Getauften) zuteil werden zu lasen, oder den allgemeinen Heilswillen Gottes im Sinn einer doppelten Vorherbestimmung zu begrenzen. Gegen eine solche Auffassung, die Calvin und Beza vorgeworfen wurde, richtete sich die Konkordienformel. Wer die «doppelte Prädestination» ablehnte (nicht nur zum Himmel, sondern auch zur Hölle!), lief Gefahr, in die Nähe der Apokatastasis zu rücken.

Das geschah bei den Pietisten, aber auch bei K. Barth, einem führenden Theologen des 20. Jahrhunderts. Er wollte dem Gedanken des Gerichts dadurch gerecht werden, dass er ihn ganz und allein auf Jesus bezog, d.h. Jesus hat die Schuld aller Menschen in Stellvertretung ausgelitten; Jesus ist der einzige Verdammte.

Dagegen wandte sich E. Brunner: Barth leugne die Bedeutung des Gerichts und den Ernst der Glaubensentscheidung. Später hob Brunner noch stärker des Gericht und den doppelten Ausgang hervor, d.h. die endgültige Scheidung aufgrund der Freiheit des Menschen, betonte aber gleichzeitig eine entgegengesetzte Gedankenlinie, dass Gott den Widerstand gegen seinen Sohn austoben lässt und den Fluch auf sich nimmt. Der Sinn der neutestamentlichen Botschaft liege in der «ungeheuerlichen Asymmetrie», dass rechts und links bei der Rede vom Weltgericht nicht symmetrisch nebeneinander stehen, sondern nur rechts besagen. Doppelter Ausgang und Allversöhnung seien kein Widerspruch. Abgesehen von dieser Unlogik – und Theologie hat mit logischem Denken zu tun – bleibt die Frage: Was nun wirklich sein wird?

Trotz seiner Eigenständigkeit hat Hans Urs von Balthasar doch viele Berührungspunkte mit der Theologie K. Barths. Nach Balthasar hat Jesus die Hölle leergelitten; dabei vertritt er nicht die Apokatastasis, sondern «die Hoffnung für alle». Von der Hölle dürfe man nur in Hinblick auf sich selbst reden, sonst wäre es mangelnde Liebe.

Die ewige Verdammnis im theologischen Kontext

Das Neue Testament und das Lehramt der Kirche halten also die Hölle durchaus für eine ernstzunehmende Realität. Nun sollen die Argumente jener geprüft werden, die trotz dieser klaren Aussagen diese Realität bezweifeln. Einmal kennen alle das Totschlagargument, das Evangelium sei eine Frohbotschaft, keine Drohbotschaft; da sei es unfair, Angst zu verbreiten. Jedoch die Bibel warnt vor den schrecklichen Folgen eines verkehrten Lebens. «Fürchtet euch vor dem, der Leib und Seele ins Verderben der Hölle stürzen kann» (Mt 10,28). Die negativen Folgen eines verkehrten Lebens zu ignorieren, ist nicht nur Zeichen der Liebe, die schonen will, sondern Charakteristikum der Gottlosen, die sagen: «Gott sieht es nicht», «Gott straft nicht. Es gibt keinen Gott», «Der Herr kommt noch lange nicht» (Ps 1,4ff; 10,4ff; Mt 24,48ff). Eindringlich warnt Ez 33,7 die Inhaber des Wächteramtes.

Im Übrigen ist zu unterscheiden zwischen Angst und Ängstlichkeit. Angst bezeugt Realitätssinn, denken wir an die Gesundheitsvorsorge oder Warntafeln im Gebirge; Angst gehört zum natürlichen Vorwarnsystem, während Ängstlichkeit etwas Übertriebenes und Realitätsfernes ist. Mag man früher zu schnell mit der Hölle gedroht haben, wird die gegenwärtige Pastoral lebensfern: Die Angst vor Konsequenzen gehört allgemein zum Leben. Diese Angst führt keineswegs zu einer Höllenneurose. Der Glaube bietet eine Menge zuversichtlicher Impulse: Sakramente, Gebet, Nächstenliebe, die Früchte des Geistes (Mk 16,16; Mt 18,18; Joh 6,51; 20,23; Gal 5,22ff) führen zum inneren Frieden.

Ein weiterer Einwand setzt bei der Auslegung von αἰώνιος an: Heißt es lange dauernd oder ewig? Philologisch ist beides möglich, aber dann müsste auch das «ewige Leben» als nur lange dauernd verstanden werden (vgl. Mt 25,46: ewige Pein – ewiges Leben!), abgesehen von klaren Angaben: «nie erlöschendes Feuer», «Wurm, der nicht stirbt».

Verweyen und H. Urs v. Balthasar mahnen zu Recht, dass die Verteidiger des doppelten Ausgangs sich nicht selbst von vornherein aus der Gruppe der Verdammten ausschließen, etwa im Sinn: Die Hölle, das sind die anderen, möglicherweise meine Feinde. Das wäre Schadenfreude und mangelnde Selbstkritik. H. Verweyen betont: «Wer mit der Möglichkeit auch nur eines auf ewig Verlorenen außer seiner selbst rechnet, der kann nicht vorbehaltlos lieben.» Psychologisch kann man dieses Wort vielleicht akzeptieren, aber bei nüchterner Analyse kann man nur darüber den Kopf schütteln: Dass ich der einzige Verdammte werden sollte, nicht einmal Stalin oder Hitler, kann nur ein krankhafter Mann annehmen.

Noch erschütternder ist die Behauptung: «Wer mit der Möglichkeit nur eines auf ewig Verlorenen außer seiner selbst rechnet, der kann nicht vorbehaltlos lieben.» Wer darf sagen, dass Mütter, die sich um in die Irre gegangene Kinder sorgen, nicht vorbehaltlos lieben. Die Seherkinder von Fatima haben nach der Höllenvision gesühnt durch Opfer und Gebet, um Seelen zu retten. Wenn es keine Hölle gibt, wäre das Gebet vor «Bewahrung vor dem Feuer der Hölle» überflüssig. Ebenso wäre das: «Bewahre uns vor dem ewigen Verderben» (1. Hochgebet) unsinnig.

Nicht nur die Fatimakinder hatten eine Höllenvision, sondern auch die Verkündigerin der Barmherzigkeit, Schwester Faustyna[304], die übrigens auch den Teufel erlebt hat. Man unterlasse es also, gegen die Tatsache der Hölle sich auf die Barmherzigkeit und Liebe Gottes zu berufen, nicht deshalb, weil Gott nicht barmherzig wäre oder sogar den Todsünder hassen würde – Gott ist und bleibt die Liebe! Aber der Teufel kann nicht aufhören zu hassen: Hier gilt das alte Wort: Der Riegel in der Hölle ist innen, nicht außen. Interessant sind in diesem Zusammenhang die Aufforderungen Satans an Faustyna, nicht mehr die Barmherzigkeit zu verkündigen[305].

Wieder andere deuten die Höllenworte der Bibel als pädagogische Drohung. Etwa wenn der Lehrer droht:

---

304 Tagebuch der Schwester Maria Faustyna Kowalska, Hautevill 72006, Nr. 741.
305 Vgl. ebd. Nr. 764, 1497, 1583.

Dann müsst ihr nachsitzen, aber damit eigentlich nur die Kinder zu mehr Ruhe oder Fleiß anspornen will. Aber wenn die Kinder den pädagogischen Charakter der Drohung merken: Dann ist die Waffe stumpf.

Eine vorsichtigere Position, die die kirchlich verurteilte Apokatastasis umgehen will und die Hölle zwar als Wirklichkeit versteht, aber leer sein lässt, spricht dann von der Hoffnung für alle. Sie klingt zweifellos sehr human, genügt aber nicht, denn der Christ muss für alle nicht nur hoffen, sondern beten und opfern, dass sie gerettet werden. Ferner ersetzt meine Hoffnung für den anderen nicht seinen persönlichen Glauben, der zum Heil nötig ist. Hoffnung für alle ist verwandt mit einer aktuellen Solidarisierung mit allen Notleidenden, etwa nach dem Wort, wenn jemand in der Hölle ist, wie könnte ich dann noch selig sein? Oder konkreter: Kann eine Mutter im Himmel selig sein, wenn ihr Kind in der Hölle ist? Dagegen ist zu fragen: Kann jemand solidarisch mit einem Menschen sein, der wegen einer Todsünde, die immer durch eine gottwidrige Stoßrichtung gekennzeichnet ist, endgültig verurteilt ist und in dieser Haltung verharrt? Muss nicht die Solidarität mit Gott stärker sein als mit einem Todsünder?

So human schließlich die Hoffnung für alle und die Solidarität mit allen zu sein scheint, ist sie doch im Kern inhuman, denn es fehlt die Scheidung zwischen Gut und Böse und damit wird auch das Recht des Schwächeren, des Opfers, ignoriert. Hier gilt das Wort M. Horkheimers von der Sehnsucht, dass der Mörder nicht über das Opfer triumphieren möge. Der Schrei nach Gerechtigkeit entspringt nicht einem rachsüchtigen Nicht-Vergessenwollen, er ist urmenschlich. Aber auch die Freiheit des Menschen wird letztlich bedeutungslos. Nach K. Barth kann die Verdammnis darum, weil Jesus Christus sie für alle weggenommen hat, keinen Gottlosen treffen. Die

Gottlosen können tun, was sie wollen – eins werden sie nicht erreichen. Die Stellung und das Los des Verworfenen ... werden sie bestimmt nicht erlangen[306].

Begriffe wie Hölle, Teufel, Sünde oder auch Beichte sind nicht so zentral in Theologie und Seelsorge, wie Himmel, Gott, Gnade. Diese sind wichtiger. Jene bilden gleichsam den dunklen Hintergrund, der notwendig ist, um das strahlende Licht zu erfassen. Sie sind gleichsam konkomitant, notwendige Begleiter, um das Positive verstehen zu können. Kommen jedoch diese negativen Begriffe in Wegfall, verliert auch die Gegenseite.

Ohne Hölle wird auch der Himmel zur Selbstverständlichkeit. Als Anerkennung galt früher für einen Priester, dass er seeleneifrig sei; damit ist die Sorge des Seelenhirten um das ewige Heil seiner Herde gemeint. Verliert nicht der Seelsorger das Ziel seiner Berufung aus dem Auge, wenn er das Heil als selbstverständlich findet? Wird dann der Seelsorger nicht zum Sozialarbeiter?

Nicht nur Theologie und Seelsorge verrutschen, wenn die Möglichkeit eines doppelten Ausgangs in Frage gestellt wird. Auch unser Gottesbild wird anders, wenn er nur mehr lieben und barmherzig sein darf. Kann Gott nicht auch strafen? Viele Theologen leugnen, dass Gott straft, obwohl die Bibel davon spricht. Wenn sie dann vom «Zorn» Gottes lesen, kommen sie in Verlegenheit.

Die Theologie unterscheidet zwischen der poena damni und der poena sensus. Die erste Strafe meint die Wesensstrafe als Folge der Verfestigung in der Sünde; sie ist geistiger Art und die ewige Gottesferne, ohne Liebe zu Gott und zu Menschen und besagt die Zerrissenheit der wesenswidrigen Existenz. Der Verdammte ist sich selbst

---

306 Vgl. A. Ziegenaus, Die Zukunft der Schöpfung in Gott, Aachen 1996, 198.

Strafe. Die poena sensus ist die Strafe der Empfindung und meint das ewige Feuer; Augustin und Gregor von Nazianz verstanden dieses Feuer realistisch, Origenes, Hieronymus und Gregor von Nyssa im metaphorischen Sinn[307].

Die Höllenstrafe ist nun die unumkehrbare Folge der Sünde, als aversio a deo ewiger Verlust der vom Wesen gesollten Gottesgemeinschaft und als conversio ad creaturas als schmerzhafte Einwirkung von außen, die poena sensus. Es geht um das im NT so häufig genannte Feuer der Hölle: Gottesferne trifft alle Verdammten in gleicher Weise, die Feuerqual kann verschieden schmerzhaft sein. Die Frage lautet: Ist «Feuer» realistisch oder metaphorisch zu verstehen? Da Thomas «Feuer» im realistischen Sinn versteht, muss er die – hier nicht im Einzelnen darzulegende – Frage klären, wie das Feuer auf die geistige Seele überhaupt einwirken kann. Die «Feuerqual» liegt in der Beschränkung der Freiheitsanlage des Geistes an das Feuer als Werkzeug der Strafgerechtigkeit Gottes. Hölle ist nicht nur wesenswidriger (aufgrund der freien Entscheidung) Gottesverlust, sondern auch Strafe[308].

Der Soziologe P. L. Berger[309] schreibt: «Es gibt Taten, die zum Himmel schreien. Sie sind nicht nur ein Gräuel, sondern scheinen die conditio humana überhaupt in Frage zu stellen. Sie sind nicht nur böse, sondern monströs. Taten, die zum Himmel schreien, schreien nach der Hölle.» Die Gerechtigkeit Gottes hat heilbringenden Charakter und darf daher keineswegs von vornherein als etwas Gott Fremdes verstanden werden.

---

307 Vgl. L. Scheffczyk, Himmel und Hölle. Kontinuität und Wandel in der Lehrentwicklung, in: Glaube in der Bewährung, St. Ottilien 1991, 525-544.
308 Vgl. Thomas, S. Th, q. 70 a 3.
309 Auf den Spuren der Engel, München 1974, 96ff.

Die Kirche hat zwar von keinem Menschen die Verdammnis festgestellt – wie sollte sie das auch erkennen? –, auch keine Zahl genannt, aber die monströsen Taten könnten angesichts der unvorstellbaren Gnadenhilfe des Vaters, der seinen Sohn für uns dahingab, größer sein, als man denkt. Wer weiß?

Prof. Dr. Joseph Schumacher, Freiburg

Was bedeutet Auferstehung der Toten?

I. Einführung

Die Frage nach dem postmortalen Leben des Menschen ist zunächst eine philosophische Frage. Immerhin gehen alle Religionen davon aus, dass der Mensch seinen Tod überlebt. Ohne diese allgemeine Überzeugung gäbe es sie nicht.

Plausibler als die Auferstehung der Toten erscheint dem modernen Menschen, wenn er den Tod nicht als das definitive Ende des Menschen versteht oder als das Aufgehen im Göttlichen, die Seelenwanderung. Dennoch hat auch jene Vorstellung in der modernen Welt noch gewisse Chancen, die die Unsterblichkeit des Menschen auf seine Geistseele beschränkt, zumindest als Möglichkeit. Da geht man also aus von der Erhaltung oder Bewahrung der Persönlichkeit, der Seele und des Geistes. De facto läuft auch die Interpretation der Glaubenswahrheit von der Auferstehung der Toten nicht selten letzten Endes auf dieses Modell hinaus. Die Unsterblichkeit wird dann allerdings nicht als Ergebnis des Denkens verstanden, sondern als übernatürliches Geschenk Gottes, soweit der Begriff des Übernatürlichen überhaupt noch relevant ist[310].

---

310 Vgl. Hans Küng, Credo. Das Apostolische Glaubensbekenntnis – Zeitgenossen erklärt, München 1992; vgl. auch Hans Küng, Credo. Für Zeitgenosen des 21. Jahrhunderts, Zusammengefasst von Jean-Louis Gindt (Publik-Forum Dossier).

Nach einer Umfrage des Allensbacher Institutes, so berichtet der Rheinische Merkur am 22. Dezember 1989, glauben nur noch 46 % der Katholiken an die Auferstehung der Toten und weniger als 43 % an die Wiederkunft Christi und an das Endgericht. Mit der de facto-Leugnung der Auferstehung der Toten verbindet sich die Leugnung der Auferstehung Christi, hier besteht ein unlösbarer Zusammenhang. 2009 stellte die «Wiener Zeitung» in ihrem Osterkommentar fest, 28 % der Österreicher glaubten nur noch an die Auferstehung Jesu[311]. Dabei ist noch zu fragen, wie viele von diesen 28 % sich die Auferstehung so vorstellen, dass faktisch nicht mehr viel übrig bleibt davon.

In den neunziger Jahren des vorigen Jahrhunderts sollen noch 53 % der Westdeutschen an ein Leben nach dem Tod geglaubt haben, jedoch nur noch 26 % der Ostdeutschen. Dabei sollen die Männer eher noch der Meinung gewesen sein, dass das Ende der irdischen Existenz das Ende allen Lebens bedeutet, als Frauen[312]. Andere Umfragen wollen ermittelt haben, dass nur rund jeder Dritte von einem Leben nach dem Tod überzeugt ist[313]. Es ist damit zu rechnen, dass selbst solche, die sich als Katholiken verstehen, in wachsender Zahl der Meinung sind, dass der Tod wirklich das Letzte im Menschenleben ist, das absolute Ende.

Die christliche Hoffnung auf die allgemeine Auferstehung der Toten hat ihren eigentlichen Grund in dem Glauben an die Auferstehung Jesu, der im Kolosserbrief und in der Apokalypse als der «Erstgeborene von den

---

311 Kath.net vom 16. April 2009.

312 Glaube in Deutschland. Das Lexikon zu Religionen und Glaubensgemeinschaften, München 1999, 20.

313 Vgl. Internet: Meinungsumfrage. So viele Deutsche glauben an ein Leben nach dem Tod.

Toten» bezeichnet wird[314], der gemäß 1 Kor 15,20 als «der Erste der Entschlafenen» von den Toten auferstanden ist[315].

Der Glaube an die Auferstehung der Toten partizipiert an dem Spott und an dem Unverständnis, dem von jeher der Glaube an die Auferstehung Jesu begegnet ist[316]. Schon Augustinus († 430) erklärt in seinem Psalmen-Kommentar, der christliche Glaube stoße in keinem Punkt auf mehr Widerspruch als in Bezug auf die Auferstehung des Fleisches[317]. Diesen Gedanken nimmt der Weltkatechismus auf, wenn er feststellt: «Man nimmt allgemein an, dass das Leben der menschlichen Person nach dem Tod geistig weitergeht. Wie kann man aber glauben, dass dieser so offensichtlich sterbliche Leib zum ewigen Leben auferstehen wird?»[318] In der Tat, nichts scheint endgültiger zu sein «als der Zerfall des Leichnams in seine materiellen Bestandteile»[319].

Die allgemeine Auferstehung der Toten ist demgegenüber für den christlichen Glauben so grundlegend wie die Auferstehung des gekreuzigten Christus. Das bringt der altchristliche Kirchenschriftsteller Tertullian († nach 220) zum Ausdruck, wenn er erklärt: «Fiducia christianorum resurrectio mortuorum, illam credentes sumus» – «die Zuversicht der Christen ist die Auferstehung der Toten,

---

314 Kol 1, 18; Apk 1, 5.

315 Hans Jürgen Findeis, Art. Auferstehung (christlich), in: Adel Theodor Khoury, Hrsg., Lexikon religiöser Grundbegriffe, Wiesbaden 2007, 76

316 Spott und Unverständnis über die Auferstehung Jesu erfährt Paulus existentiell in seiner Areopagrede: (Apg 17,18. 32). Man spottete darüber und wandte sich ab (Apg 17,32), um so dem Skandalon dieser Wirklichkeit zu entgehen.

317 Augustinus, In Psalmos, 88,2.5.

318 Weltkatechismus, Nr. 996.

319 Walter Kardinal Brandmüller, Ingo Langner, Vernünftig glauben. Ein Gespräch über Atheismus, Kisslegg 2010, 207

indem wir sie glauben, sind wir (Christen).»[320] Ähnlich sagt es Augustinus, wenn er erklärt: «Sublata ... fide resurrectionis mortuorum, omnis intercidit doctrina christiana» – wenn der Glaube an die Auferstehung der Toten fällt, bricht die ganze christliche Lehre zusammen.»[321]

Im auferstandenen Christus ist das vorweggenommen, was bei der Vollendung an allen geschehen soll, die Überwindung des Todes in der Verklärung des Leibes[322]. Sie ist der entscheidende Inhalt der christlichen Hoffnung, von der Rudolf Bultmann († 1976) sagt, sie hoffe, wisse aber nicht, was sie erhoffe[323]. Die Wahrheit von der allgemeinen Auferstehung der Toten ist für das Christentum nicht weniger zentral als jene von der Auferstehung Jesu.

Die Osterbotschaft ist der «Höhepunkt der Offenbarung Gottes und ihre bleibende Mitte», denn im «Christentum geht es primär um das Bekenntnis zum gekreuzigten und auferstandenen Christus und um die Gemeinschaft mit ihm»[324]. «Die Auferweckung oder die Erhöhung des gekreuzigten Jesus von Nazareth, die göttliche Rechtfertigung seines Anspruchs und seines

---

320 Tertullian, De resurrectione carnis, 1.

321 Augustinus, Sermo 361, 2. John Henry Newman weist in seiner Schrift über die Entwicklung der Glaubenslehre mit Nachdruck darauf hin, dass die Auferstehung Christi und der Menschen das Hauptthema der apostolischen Verkündigung gewesen sei (John Henry Newman, Über die Entwicklung der Glaubenslehre [Ausgewählte Werke, Bd. VIII], Mainz 1969, 347).

322 Leo Scheffczyk, Katholische Glaubenswelt. Wahrheit und Gestalt, Aschaffenburg 1977, 241.

323 Rudolf Bultmann, Die christliche Hoffnung und das Problem der Entmythologisierung, Stuttgart 1954, 58; vgl. Leo Scheffczyk, Auferstehung. Prinzip christlichen Glaubens, Einsiedeln 1976, 284 f. Diese Behauptung Bultmanns mag als Exempel gelten für die reformatorische Liebe zur Paradoxie. Eine Hoffnung, die keinen Inhalt hat oder deren Inhalt man nicht kennt, ist widersprüchlich.

324 Joseph Schumacher, Auferstehung: Vollendung des Lebens Jesu und Bestimmung des Christseins, in: Leo Scheffczyk, Hrsg., Die Mysterien des Lebens Jesu und die christliche Existenz, Aschaffenburg 1984, 224.

Wirkens erschließt sein tiefstes Wesen und verändert in charakteristischer Weise die Zukunft und die Gegenwart des Menschen und der Welt. Sie bedingt die Hoffnung auf die Verklärung des Menschen und des Kosmos und den Glauben an die bleibende Gegenwart und Wirksamkeit des Auferstandenen in der Welt, im Leben des an den Auferstandenen Glaubenden und speziell in der Kirche. Wo immer der an Christus Glaubende mit Christus stirbt, sakramental und im Nachvollzug seines Lebens, da nimmt die eschatologische Auferstehung schon ihren Anfang, da beginnt schon die zukünftige Verwandlung.»[325]

II. Die Auferstehung Jesu – das Modell der allgemeinen Auferstehung der Toten

Christus ist der «Erstling der Entschlafenen». Mit seiner Auferstehung beginnt die Endzeit, nimmt die endzeitliche Vollendung ihren definitiven Anfang. Sie findet ihren Abschluss in der Parusie, in der Wiederkunft des Auferstandenen. Diesen Gedanken greift das Zweite Vatikanische Konzil auf, wenn es erklärt: «Das Ende der Zeiten ist bereits zu uns gekommen (vgl. 1 Kor 10,11), und die Erneuerung der Welt ist unwiderruflich schon begründet.»[326] Die Urgemeinde verstand sich als das durch Gottes wunderbares Handeln erneuerte Gottesvolk der Endzeit und begriff die Mission als die Wiederaufrichtung des Zwölf-Stämme-Volkes[327]. Von

---

325 Ebd., 223 f.
326 Lumen gentium, Art. 48.
327 Heinrich Kasting, Die Anfänge der urchristlichen Mission (Beiträge zur evangelischen Theologie. Theologische Abhandlungen, hrsg. von Ernst Wolf, Bd. 55), München 1969, 129.

daher erkannte sie in der Auferstehung Jesu so etwas wie eine neue Schöpfung[328].

Im Hinblick auf das Paschamysterium, in dem Christus schon jetzt mit dem Glaubenden eine Lebensgemeinschaft im Geist bildet und ihm die Hoffnung auf die dereinstige Auferstehung schenkt, lehrt das Zweite Vatikanische Konzil: «Dies gilt nicht nur für die Christgläubigen, sondern für alle Menschen guten Willens, in deren Herzen die Gnade unsichtbar wirkt. Da nämlich Christus für alle gestorben ist und da es in Wahrheit nur *eine* letzte Berufung des Menschen gibt, die göttliche, müssen wir festhalten, dass der Heilige Geist allen die Möglichkeit anbietet, diesem Paschamysterium in einer Gott bekannten Weise verbunden zu sein.»[329]

Die Auferstehung Christi ist die Gewähr für unsere Auferstehung, wie der Apostel Paulus im 15. Kapitel des 1. Korintherbriefes feststellt[330]. In der Gemeinde von Korinth gab es Leugner der allgemeinen Auferstehung der Toten, die die Auferstehung Jesu nicht in Frage stellten, wohl aber die allgemeine Auferstehung der Toten. Da fragt nun der Apostel: «Wie können einige von euch sagen: Eine Auferstehung der Toten gibt es nicht?», und er erklärt: «Wenn es keine Auferstehung der Toten gibt, ist auch Christus nicht auferweckt worden. Ist aber Christus nicht auferweckt worden, dann ist unsere Verkündigung leer und euer Glaube sinnlos ... Nun aber ist Christus von den Toten auferweckt worden als der Erste der Ent-

---

328 2 Kor 5,17: «Wenn jemand in Christus ist, ist er eine neue Schöpfung», vgl. Leo Scheffczyk, Auferstehung. Prinzip christlichen Glaubens, Einsiedeln 1976, 227.

329 Gaudium et Spes, Art. 22; vgl. Erklärung der Römischen Kongregation für die Glaubenslehre «Dominus Jesus». Über die Einzigkeit und die Heilsuniversalität Jesu Christi und der Kirche vom 6. August 2000, Nr. 12: www.vatican.va

330 1 Kor 15,12-34.

schlafenen» (1 Kor 15,12-14. 20). Diese Stelle führt auch der Weltkatechismus an[331].

Im 15. Kapitel des 1. Korintherbriefes legt Paulus eingehend dar, wieso die Auferstehung Jesu die Auferstehung des Fleisches bedingt. Schon im 1. Thessalonicherbrief hat er das Problem erörtert und festgestellt, dass bei der Parusie zuerst die verstorbenen Gläubigen auferstehen werden und dann die noch lebenden Gläubigen in die Luft entrückt werden, dem Herrn entgegen (1 Thess 4,13-17). Hier nun setzt er sich sechs Jahre später mit denen auseinander, die grundsätzlich die Auferstehung der Toten leugnen[332].

Dabei verfährt er folgendermaßen: Er betont zunächst, dass die Auferstehung Jesu unbestreitbar feststeht (1 Kor 15,5-8). Daraus ergibt sich für ihn, dass die Auferstehung Toter grundsätzlich möglich ist und dass der, der grundsätzlich die Möglichkeit der Auferstehung leugnet, auch die Auferstehung Jesu leugnet (1 Kor 15,12-19). Sodann

---

331 Weltkatechismus, Nr. 991. «Zu der Eindeutigkeit der Osterbotschaft steht die Vieldeutigkeit und geschichtliche Problematik der Osterberichte in einer unverkennbaren Spannung» (Günter Bornkamm, Jesus von Nazareth, Stuttgart 71965, 166). Daraus ergibt sich, «dass wir auch die Ostergeschichten als Zeugnisse des Glaubens, nicht als Protokolle und Chroniken zu verstehen haben und also nach der Osterbotschaft in den Ostergeschichten fragen müssen» (ebd., 168). Es gibt verschiedene Genera von Osterberichten. Dabei verstehen sich die Apostel in der Osterverkündigung nicht als Gläubige, sondern sie betonen mit Nachdruck, dass dieser Glaube ihnen durch ihre persönliche und gemeinsame Erfahrung verbürgt ist (Werner Bulst, Die Auferstehung Jesu: Gegenstand oder Grund unseres Glaubens?, in: Ders., Glaubensbegründung heute [Botschaft und Lehre. Veröffentlichungen des Katechetischen Institutes der Universität Graz], Graz 1970, 120). Mit Nachdruck stellt Bornkamm fest: «Es gäbe kein Evangelium, keine einzige Erzählung, keinen Brief im Neuen Testament, keinen Glauben, keine Kirche, keinen Gottesdienst, kein Gebet in der Christenheit bis heute ... ohne die Botschaft von der Auferstehung Jesu» (Günter Bornkamm, Jesus von Nazareth, Stuttgart 1956, 166).

332 Eugen Ruckstuhl, Josef Pfammatter, Die Auferstehung Jesu Christi. Heilsgeschichtliche Tatsache und Brennpunkt des Glaubens, Luzern 1968, 189 f.

stellt er fest, dass Christus als Erster von den Toten auferstanden ist, dass also mit ihm die allgemeine Auferstehung bereits ihren Anfang genommen hat (1 Kor 15,10-24). Christus als Erstling der Entschlafenen, dieser Gedanke begegnet uns noch einmal im Römerbrief (8,19) und im Kolosserbrief (1,18).

Wenn Paulus davon spricht, dass alle in Christus lebendig werden (1 Kor 15,21 f), gilt das selbstverständlich nur für die, «die durch ihn repräsentiert werden und sich durch ihn repräsentieren lassen»[333], also für die, die ihm nachfolgen und zu ihm gehören. Über die anderen wird an dieser Stelle nichts ausgesagt[334].

«In der Auferstehung Jesu offenbart sich Gott in spezifischer Weise als der Gott, der lebendig macht ... Nach Röm 4,24 sind die Christen solche, die glauben ‹an den, der Jesus ... von den Toten auferweckte›. Ähnlich heißt es 1 Petr 1,21: Ihr glaubt ‹an Gott, der ihn (Jesus) von den Toten erweckte.› Die Christen sind also Menschen, die sich zu jenem Gott bekennen, der Jesus nicht im Tod ließ. Ihr Gottesbild wird demnach entscheidend bestimmt durch das Ostergeschehen.»[335]

Die Auferstehung der Toten steht in innigster Verbindung mit jener «Urerfahrung ... auf der aller christlicher Glaube gründet», die ihren Ausdruck findet in dem Bekenntnis «Jesus ist auferstanden». Deshalb muss alle Theologie zunächst und zuerst «Theologie der Auferstehung» sein[336]. Leo Scheffczyk († 2005) nennt das Geheimnis der

---

333 Joseph Schumacher, Auferstehung: Vollendung des Lebens Jesu und Bestimmung des Christseins, in: Leo Scheffczyk, Hrsg., Die Mysterien des Lebens Jesu und die christliche Existenz, Aschaffenburg 1984, 214.

334 Ebd., 214 f.

335 Ebd., 223.

336 Joseph Ratzinger, Theologische Prinzipienlehre. Bausteine zur Fundamentaltheologie, München 193 f.

Auferstehung Jesu den «Konzentrationspunkt» und das «Strahlungszentrum» aller übrigen Heilswahrheiten[337]. Das gilt nicht minder für die allgemeine Auferstehung der Toten.

Gemäß dem Glauben der Kirche ist der Tod «für jene, die in der Gnade Christi sterben ...ein Hineingenommenwerden in den Tod des Herrn, damit sie auch an seiner Auferstehung teilnehmen können»[338]. Mit Nachdruck betont John Henry Newman († 1890), dass unsere Gerechtigkeit die Frucht der Auferstehung Jesu ist[339]. «In der Auferweckung Jesu sieht die Urgemeinde die Garantie und die Bestätigung für die allgemeine Auferstehungshoffnung»[340].

Es ist konsequent, wenn die Botschaft von der Auferstehung Jesu in der Urkirche der Kern und die Mitte der Verkündigung ist. Faktisch stellt die gesamte neutestamentliche Literatur die Auferstehung Jesu als das Zentrum der christlichen Botschaft dar, als das Ur-Kerygma. Das wird speziell in der Apostelgeschichte und in der paulinischen Verkündigung deutlich, aber auch in den Petrusbriefen, im Jakobusbrief und in der Apokalypse[341]. Mit der Auferstehung Jesu steht und fällt das Christentum im Allgemeinen, steht und fällt die Kirche im Besonderen. In der Auferstehung Jesu und dem Bekenntnis zu ihr begegnet uns gleichsam eine Kurzfassung des christlichen Glaubens.

Dabei ist zu bedenken, dass die Auferstehung Jesu ihrer Natur nach eine Realität ist, die nicht welthaft ist, dass sie

---

337 Leo Scheffczyk, Auferstehung, Prinzip christlichen Glaubens, Einsiedeln 1976, 17.

338 Weltkatechismus, Nr. 1006.

339 John Henry Newman, Lectures on the Doctrine of Justification, London 31874, 202-222.

340 Vgl. 1 Kor 1,20; Kol 1, 18; Apk 1,5.

341 Léonce de Grandmaison, Jésus Christ, sa personne, son message, ses preuves, t. II, Paris 1928, 399.

als der Beginn einer neuen verklärten und himmlischen Seinsweise Jesu nur für das Auge des Glaubens sichtbar ist. Die Auferstehung Jesu meint ja nicht, dass Jesus in sein bisheriges Leben zurückgekehrt ist, sondern dass er in seiner gottmenschlichen Seinsweise in die Transzendenz Gottes eingegangen ist.

In ihrer Tatsächlichkeit ist die Auferstehung Jesu die Grundlage des christlichen Glaubens, in ihrer Inhaltlichkeit ist sie Gegenstand des Glaubens, der entscheidende Gegenstand. In ihrer Tatsächlichkeit ist sie der «ratio» zuzuordnen, in ihrer Inhaltlichkeit der «fides». Das heißt: Wir glauben die Auferstehung Jesu, aber wir glauben um seiner Auferstehung willen.

Als Geschehen ist die Auferstehung des Gekreuzigten glänzend bezeugt, dennoch ist der Glaube an sie unersetzbar und unbeweisbar, und zwar im Hinblick auf ihre Inhaltlichkeit. Weil das Geschehen als solches, in seiner Inhaltlichkeit, letztlich dem Zugriff des Verstandes entzogen ist, deshalb ist die Auferstehung Jesu nicht vom Glauben zu trennen.

Die allgemeine Auferstehung der Toten folgt für Paulus notwendig aus der Auferstehung Jesu Christi[342]. «Die logische Verknüpfung zwischen diesen beiden Ereignissen sieht er darin, dass die Auferstehung der Toten eschatologisches Geschehen ist und dass Jesu Auferstehung die allgemeine Auferstehung der Toten einleitet und garantiert.»[343] Dabei erfolgt nicht nur die Endvollendung des Einzelnen in Analogie zur Auferstehung Jesu, sondern auch die Endvollendung des Universums. Die ganze

---

342 1 Kor 15,12-14. 20; vgl. Röm 8,11; 1 Kor 6,14; 2 Kor 4,14; 1 Thess 4,14; Phil 3,10 f.

343 Joseph Schumacher, Auferstehung: Vollendung des Lebens Jesu und Bestimmung des Christseins, in: Leo Scheffczyk, Hrsg., Die Mysterien des Lebens Jesu und die christliche Existenz, Aschaffenburg 1984, 215.

Schöpfung wird umgestaltet durch die Herrlichkeit des Auferstandenen[344]. Wie die Kirchenväter nachdrücklich lehren, ist mit der Auferstehung Jesu der Kosmos als solcher auferstanden[345]. So erklärt Ambrosius von Mailand († 397): «Resurrexit in eo mundus, resurrexit in eo caelum, resurrexit in eo terra» – in ihm (Christus) ist die Welt auferstanden, in ihm ist der Himmel auferstanden, in ihm ist die Erde auferstanden.»[346]

Wenn heute die Auferstehung Jesu mit größter Skepsis betrachtet wird, verliert schon von daher die allgemeine Auferstehung der Toten ihr Fundament. Der evangelische Theologe Herbert Braun († 1991) schreibt: Der Glaube an die Auferstehung Jesu ist «eine altchristliche Ausdrucksform, und zwar eine umweltbedingte Ausdrucksform für die Autorität, die Jesus über jene Menschen gewonnen hat. Wir heute werden diese Ausdrucksform nicht als für uns verbindlich empfinden können»[347]. Innerlich hängt eine solche Deutung mit der Skepsis gegenüber dem Geheimnis der Inkarnation zusammen. Wenn man in Jesus nur so etwas sieht wie einen Propheten, wird man kaum einen Zugang finden zu seiner Auferstehung[348]. Derweil gibt es im Neuen Testament keine eindeutigeren Aussagen als jene von der Auferstehung Jesu und von seinen Erscheinungen vor den Jüngern[349].

---

344 Hier ist auf 2 Petr 3,12 f und Apk 20,11 zu verweisen.

345 Michael Schmaus, Der Glaube der Kirche, Bd. I, München 1969, 478 f; vgl. Joseph Schumacher, Auferstehung: Vollendung des Lebens Jesu und Bestimmung des Christseins, in: Leo Scheffczyk, Hrsg., Die Mysterien des Lebens Jesu und die christliche Existenz, Aschaffenburg 1984, 216.

346 Ambrosius, De excessu fratris sui 1, 2.

347 Herbert Braun, Jesus, der Mann aus Nazareth und seine Zeit, Stuttgart 1969, 154.

348 Joseph Schumacher, Auferstehung: Vollendung des Lebens Jesu und Bestimmung des Christseins, in: Leo Scheffczyk, Hrsg., Die Mysterien des Lebens Jesu und die christliche Existenz, Aschaffenburg 1984, 198.

349 1 Thess 1,10; Joh 20,25; vgl. oben, Anm. 330.

Leo Scheffczyk stellt fest, dass die Entleerung des Auferstehungsereignisses auch zu einem symbolischen Verständnis der Eucharistie führen muss, weil man doch einen toten Leib nicht vergegenwärtigen kann, dass man aber ein einfaches Gedächtnismahl nicht als «proprium christianum» verstehen kann[350]. Er weist darauf hin, dass die Auferstehung Jesu «das Fundament und den Erklärungsgrund (auch) des Eucharistiegeheimnisses» bildet[351], das seinerseits das Fundament der allgemeinen Auferstehung der Toten ist, denn nach den Worten Jesu gilt: «Wer mein Fleisch isst und mein Blut trinkt, ... den werde ich auferwecken am Jüngsten Tag» (Joh 6,54). Der innere Zusammenhang der Eucharistie mit dem Osterglauben und dem Glauben an die eschatologische Auferstehung der Toten ist unverkennbar. Wir sprechen von dem österlichen Sakrament der Eucharistie, das nicht weniger von der Glaubenskrise unserer Tage betroffen ist als die Auferstehung Jesu und die allgemeine Auferstehung der Toten.

Wenn die Auferstehung Jesu als objektives Geschehen hinfällig wird, dann verliert auch die Eucharistie ihr Fundament, die gemäß den Worten Jesu die Auferstehung des Fleisches am Jüngsten Tag garantiert. Das tragende Fundament der Eucharistie, sofern wir sie als objektive Wirklichkeit verstehen, ist die Wirklichkeit der Auferstehung Jesu, denn in der Eucharistie begegnen wir dem auferstandenen Christus. Die Realpräsenz bezieht sich

---

350 Leo Scheffczyk, Auferstehung, Prinzip christlichen Glaubens, Einsiedeln 1976, 280-282; vgl. Joseph Schumacher, Auferstehung: Vollendung des Lebens Jesu und Bestimmung des Christseins, in: Leo Scheffczyk, Hrsg., Die Mysterien des Lebens Jesu und die christliche Existenz, Aschaffenburg 1984, 220.
351 Leo Scheffczyk, Katholische Glaubenswelt. Wahrheit und Gestalt, Aschaffenburg 1977, 240.

auf den auferstandenen Christus, der Leid und Tod überwunden hat. Der Weltkatechismus weist darauf hin, dass der Empfang der Eucharistie uns schon eine Vorahnung der Verklärung unseres Leibes durch Christus gibt[352]. Das Konzil von Trient bezeichnet die Eucharistie als «Unterpfand unserer zukünftigen Herrlichkeit und unseres ewigen Glücks»[353]. Der Kirchenvater Ignatius von Antiochien († um 117) nennt die eucharistische Speise «medicina immortalitatis» – «Arznei der Unsterblichkeit»[354]. In alter Zeit spricht man von dem «pharmakon athanasias»

Schon in den sechziger Jahren der vorigen Jahrhunderts verkündete der evangelische Theologe Wilhelm Marxsen († 1993), die Osterbotschaft bedeute, dass die Sache Jesu weitergehe, dass man Jesus nicht vergessen dürfe[355]. Die Sache Jesu besteht für ihn in dem Angebot, es mit Gott in der Welt zu wagen, oder einfach in der bleibenden Bedeutung von Glaube und Liebe[356]. Für Rudolf Bultmann ist die Auferstehung Jesu für die Urgemeinde nichts anderes als ein Ausdruck der Bedeutsamkeit des Kreuzes[357], der «Einheit von Leben und Tod in der

---

352 Weltkatechismus, Nr. 1000. Der Weltkatechismus beruft sich dabei auf Irenäus von Lyon, Adversus haereses, 4, 18, 5: «Wie das von der Erde stammende Brot, wenn es die Anrufung Gottes empfängt, nicht mehr gewöhnliches Brot ist, sondern die Eucharistie, die aus zwei Elementen, einem irdischen und einem himmlischen besteht, so gehören auch unsere Leiber, wenn sie die Eucharistie empfangen, nicht mehr der Verweslichkeit an, sondern haben die Hoffnung auf Auferstehung.»

353 DS 1638; vgl. Michel Schmaus, Katholische Dogmatik: Von den Letzten Dingen, München 41953, 82.

354 Ignatius von Antiochien, Ad Ephesios 20, 2.

355 Wilhelm Marxsen, Die Auferstehung Jesu als historisches und theologisches Problem, Gütersloh 1964, 24 f; ders., Die Auferstehung Jesu von Nazareth, Gütersloh 1968, 51. 147 ff. Für Marxsen ist das Wunder «eben nicht die Auferstehung Jesu, sondern ... das Zum-Glauben-Gekommen-Sein der Jünger (ebd., 142).

356 Ebd., 118-130.

357 Rudolf Bultmann, Das Verhältnis der urchristlichen Christusbotschaft

Liebe», der «Allgemeingültigkeit der Botschaft»[358], der «Wirkkraft des historischen Jesus»[359] oder einfach der Autorität Jesu, wobei dann konkret nur noch die Mitmenschlichkeit als Vergegenwärtigung Gottes bleibt[360]. Für Bultmann ist Jesus ins Kerygma auferstanden. Demnach geht es im Osterglauben für ihn nur um den Glauben an den im Kerygma präsenten Christus. Faktum ist jedoch, dass die Urgemeinde die Auferstehung Jesu als ein objektives Ereignis versteht, «als Tat Gottes an Jesus, wodurch dieser nach seinem Tod in die Welt Gottes aufgenommen wurde»[361].

Andere sehen heute nicht nur ab von seiner Auferstehung, sondern auch von seiner Person oder sehen sie als bedeutungslos an. Was dann bleibt, ist Liebe und Hoffnung oder neue Hoffnung auf eine absolute Zukunft oder der «Impuls, die Leidensgeschichte der Menschheit in eine Hoffnungsgeschichte zu verwandeln»[362].

Nach Dorothea Sölle († 2003) und Luise Schottroff (* 1934) schafft der Osterglaube sich immer wieder neue Bilder. Was für sie von ihm bleibt, ist die Fortsetzung der Taten Jesu und die Sehnsucht nach dem ewigen Leben als Essenz des Christentums oder einfach: Christentum ist Scheitern und Auferstehen[363]. In ihrer «nichttheistischen

---

zum historischen Jesus, Heidelberg 1962, 27.

358 Ernst Fuchs, Walter Künneth, Die Auferstehung Jesu von den Toten. Dokumente eines Streitgesprächs, Neukirchen 1973, 157. 62. 151.

359 Heinz Zahrnt, Wozu ist das Christentum gut? München 1972, 112f. 109 f. 36.

360 Herbert Braun, Jesus, der Mann aus Nazareth und seine Zeit, Stuttgart 1969, 151-154.

361 Joseph Schumacher, Auferstehung: Vollendung des Lebens Jesu und Bestimmung des Christseins, in: Leo Scheffczyk, Hrsg., Die Mysterien des Lebens Jesu und die christliche Existenz, Aschaffenburg 1984, 206. 205 f.

362 Leo Scheffczyk, Katholische Glaubenswelt. Wahrheit und Gestalt, Aschaffenburg 1977, 225 bzw. 224 f.

363 Klaus Berger, Christentum ist Scheitern und Auferstehen. Belehrt euch,

Theologie» lehnt die feministische Theologin Dorothea Sölle schließlich jedes Überleben des Todes durch den Menschen ab[364].

Der protestantische Theologe Fritz Buri († 1995) fordert, die Eschatologie gänzlich auszuscheiden aus dem Glauben und aus der Theologie[365]. Damit steht er mitnichten allein, zumindest nicht tendenziell.

Der holländische Theologe Piet Schoonenberg († 1999), der zusammen mit Edward Schillebeeckx († 2009) maßgeblich den Holländischen Katechismus inspiriert hat, versteht die Auferstehung als den Übergang von der individuellen irdischen Person Jesu Christi in die Kollektivperson des «totus Christus», der Kirche. Die Auferstehung bedeutet für ihn demnach, dass Jesus jetzt als «Mensch für alle» da ist, nicht mehr nur in seiner begrenzten historischen Individualität[366]. Solche Gedanken führt der Schweizerische Kapuziner-Theologe Dietrich Wiederkehr (* 1933) weiter, wenn er die Auferstehung der Toten nur noch als «Symbol der menschlichen Ganzheit» versteht[367].

---

leistet Widerstand. Dorothea Sölle und Luise Schottroff denken an Jesus, in: Frankfurter Allgemeine Zeitung vom 15. Mai 2000.

364 Dorothea Sölle, Stellvertretung. Ein Kapitel Theologie nach dem Tod Gottes, Stuttgart 3 1966, 196; vgl. Leo Scheffczyk, Auferstehung. Prinzip christlichen Glaubens, Einsiedeln 1976, 285.

365 Fritz Buri, Theologie der Existenz, Stuttgart 1954, 317; vgl. Leo Scheffczyk u. a., Ungewisses Jenseits?, Düsseldorf 1986, 51.

366 Piet Schoonenberg, Wege nach Emmaus. Unser Glaube an die Auferstehung Jesu, Graz 1974, 46-53; vgl. Leo Scheffczyk, Katholische Glaubenswelt. Wahrheit und Gestalt, Aschaffenburg 1977, 226 f.

367 Dietrich Wiederkehr, Perspektiven der Eschatologie, Zürich 1974, 87; vgl. Johannes Stöhr, Jenseits des Todes: Die Auferstehung des Leibes und die Eigenschaften des Auferstehungsleibes, in: Ders., Hrsg., Die Letzten Dinge im Leben des Menschen, Internationales theologisches Symposion an der Universität Bamberg vom 12-13. November 1992, St. Ottilien 1994, 131.

Die gegenwärtigen Neuinterpretationen der Auferstehung Jesu bedeuten weithin ihre Aufhebung in gläubige Subjektivität. Von einem wirklichen Geschehen am Leibe Christi ist in ihnen nicht mehr die Rede, davon, dass sich in der Auferstehung an Christus selbst etwas ereignet hat. Sie berufen sich auf die historisch-kritische Methode in der Exegese, sind aber de facto von der ihr vorausgehenden Philosophie geprägt, die entweder existentialistisch ist oder personalistisch oder idealistisch[368]. Mit der Aufhebung der Auferstehung Jesu in die gläubige Subjektivität verschwimmt dann auch die Wahrheit von der allgemeinen Auferstehung der Toten[369].

III. Die Entfaltung des Auferstehungsglaubens im Alten und Neuen Testament

Die Auferstehung Jesu steht im Kontext der Eschatologie des zeitgenössischen Judentums und ist nur in dieser Perspektive recht verständlich.

Die Lehre von der Auferstehung der Toten eint Christen und Juden. Darauf verweist John Henry Newman mit Nachdruck in seinem «Entwurf einer Zustimmungslehre»[370]. Im rabbinischen Judentum spricht man von «Wiederbelebung der Toten». De facto bleibt von dieser Lehre heute vielfach nur noch die «Erhaltung der Persönlichkeit». Wir finden diese Deutung aller-

---

368 Leo Scheffczyk, Katholische Glaubenswelt. Wahrheit und Gestalt, Aschaffenburg 1977, 220 f. 225.

369 «Wenn sich an Christus selbst nichts ereignet hat, dann fehlt der wirkliche Grund, worauf die Menschen ihren subjektiven Glauben und ihre universalgeschichtliche Hoffnung bauen können. Dann können Auferstehungsglaube und Auferstehungshoffnung (ebenso) auch Illusionen sein» (ebd., 226).

370 John Henry Newman, Entwurf einer Zustimmungslehre (Ausgewählte Werke, VII), Mainz 1961, 175.

dings auch schon bei den klassischen Theologen des Judentums. Ein wenig anders sieht das im orthodoxen Judentum aus[371]. Nicht nur im Judentum gilt jedoch die Lehre von der allgemeinen Auferstehung der Toten, auch im Islam erwartet man die allgemeine Auferstehung der Toten[372].

In der Welt des Alten Testamentes hat sich der Auferstehungsglaube allmählich entwickelt. Zwar ist die Vorstellung von der allgemeinen Auferstehung in der geistigen Umwelt Israels nicht gänzlich unbekannt, speziell haben wir sie im Parsismus, in Israel hat sie jedoch eine andere Wurzel. Hier ist sie ganz auf den einen Gott hin orientiert, ist ihre Wurzel die Überzeugung von der neu schaffenden Macht Jahwes und von seiner Gerechtigkeit. Wenn man auch zunächst in Israel weniger über den Tod reflektiert hat, so hat man hier jedoch zu keiner Zeit mit dem Tod als dem definitiven Ende gerechnet. Es galt hier der Scheol-Glaube. Die Toten wurden bei den Vätern versammelt, wie es hieß. Damit verband man jedoch nicht die Vorstellung von Glück und Seligkeit. In nachexilischer Zeit reflektierte man dann mehr und mehr über die Frage nach der unzerstörbaren Gottesgemeinschaft und nach der Gottesherrschaft und über die Frage nach der Vergeltung und nach dem Schicksal der Märtyrer. Die entscheidenden Gedanken waren dabei die Treue Gottes und die Wiederherstellung der Gerechtigkeit. Solche Überlegungen fielen freilich nicht wie ein Blitz aus heiterem Himmel.

---

[371] Pnina Navè Levinson, Art. Auferstehung (jüdisch), in: Adel Theodor Khoury, Hrsg., Lexikon religiöser . Judentum – Christentum – Islam, Wiesbaden 2007, 74.

[372] Smail Balic, Art. Auferstehung (islamisch), in: Adel Theodor Khoury, Hrsg., Lexikon religiöser Grundbegriffe. Judentum – Christentum – Islam, Wiesbaden 2007, 83 f.

Klar und deutlich tritt der Auferstehungsglaube im 12. Kapitel des Daniel-Buches hervor, das ist die Zeit um 165 vor Christus. Da heißt es: «Viele (gemeint sind alle), die schlafen im Erdenstaub, werden erwachen, die einen zu ewigem Leben, die anderen zur Schmach und zum ewigen Abscheu» (Dan 12,2). Auf diese Stelle bezieht Jesus sich im Johannes-Evangelium, wenn er feststellt: «Es kommt die Stunde, in der alle, die in den Gräbern ruhen, die Stimme des Gottessohnes hören werden, und die sie hören, werden leben» (Joh 5,28). Unmissverständlich bestätigt er da auch die Universalität der Auferstehung.

Einen sehr viel früheren Hinweis auf den Auferstehungsglauben haben wir jedoch schon im 1. Samuel-Buch, wenn es da heißt: «Der Herr macht tot und lebendig, er führt ins Totenreich hinab und führt auch herauf» – das ist vor 584 vor Christus. Der Dulder Hiob stellt die bange Frage: «Wenn der Mensch stirbt, wird er wieder lebendig?» (Hiob 14,14), und er tröstet sich mit den Worten: «Ich weiß, dass mein Erlöser lebt und am Jüngsten Tag werde ich von der Erde auferstehen; ich werde wieder umgeben mit meiner Haut, und in meinem Fleisch werde ich meinen Gott schauen» (Hiob 19,15 f)[373]. Die Entstehungszeit dieses Buches ist wahrscheinlich das Ende des 5. oder der Beginn des 4. vorchristlichen Jahrhunderts.

Bei dem Propheten Jesaja, in der großen Jesaja-Apokalypse (Jes 24-26), heißt es: «Deine Toten werden leben ... werden auferstehen, aufwachen, und jubeln werden die Bewohner des Staubes» (26,19). Die Haupttätigkeit des Propheten Jesaja fällt in die Jahre 738 bis 701 vor Christus. Die große Jesaja-Apokalypse ist allerdings auf jeden Fall nachexilisch. Für gewöhnlich denkt man an

---

373 Übersetzung nach der Vulgata.

die Mitte des 4. vorchristlichen Jahrhunderts. Hier, in der großen Jesaja-Apokalypse, wird die Vernichtung des realen Todes auf immer als eschatologisches Ereignis, als Besiegelung der nach dem Gericht anhebenden neuen Gemeinschaft vorausgesagt (Jes 25,8). Jes 25,7f heißt es: «Er wird vernichten auf diesem Berge die Hülle, die über alle Völker gebreitet, die Decke, die über alle Nationen geflochten. Verschlingen wird er für immer den Tod, der Gebieter und Herr wird abwischen die Tränen von jeglichem Antlitz, die Schmach seines Volkes nimmt er hinweg von der ganzen Erde. Fürwahr, der Herr hat gesprochen.»

Wesentlich später ist die Rede von der Auferstehung der Toten im zweiten Makkabäer-Buch um 60 vor Christus, wenn der zweite der sieben Brüder vor seinem Martyrium dem König erklärt: «Du Ruchloser, aus diesem Leben kannst du uns befreien; der Weltenkönig aber wird uns, die wir um der Gesetze willen sterben müssen, zu einem Leben erwecken, das ewig dauert» (2 Makk 7,9).

Im den alttestamentlichen Büchern Jesus Sirach, Prediger und Sprüche Salomos fehlt jedes positive Zeugnis für den Auferstehungsglauben. Dagegen scheint das Buch der Weisheit mit der Lehre von der Unsterblichkeit der Seele den Auferstehungsglauben vorauszusetzen.

Die Vorstellung von einer allgemeinen Auferstehung findet sich auch in der Henoch-Apokalypse aus dem Jahre 105 vor Christus, wenn es da heißt: «In jenen Tagen wird die Erde die, welche in ihr angesammelt sind, zurückgeben, und auch die Scheol wird wiedergeben, was sie empfangen hat, und die Hölle wird, was sie schuldet, herausgeben.»[374]

---

374 Henoch 51,1.

Im Testament der zwölf Patriarchen, einer jüdischen Schrift aus dem frühen ersten nachchristlichen Jahrhundert, heißt es: «Dann werdet ihr Henoch, Noah und Sem und Abraham und Isaak und Jakob sehen, wie sie auferstehen zur Rechten mit Frohlocken. Dann werden auch wir (die Stammväter) auferstehen, ein jeder zu unserem Stamm, anbetend den König des Himmels. Dann werden auch alle auferstehen, die einen zur Herrlichkeit, die anderen zur Schande. Und der Herr wird zuerst Israel richten wegen seiner Gottlosigkeit gegen ihn. Und dann wird er alle Heiden richten.»[375]

Der Auferstehungsglaube, wie er sich im Alten Testament entfaltet, wird dann zur Gewissheit in der Auferstehung Jesu. Angelegt ist er als solcher bereits in der Basileia-Verkündigung Jesu «sowie in seinen Dämonenaustreibungen und Krankenheilungen, die wesentlich zu dieser Verkündigung gehören, sofern in ihnen die Basileia Gottes anbricht und die Herrschaft Satans, die in der Unheilssituation der Welt sichtbar wird, speziell in Krankheit und Tod, zugrunde gerichtet wird»[376].

Im Johannes-Evangelium bekundet Martha den Glauben an die allgemeine Auferstehung der Toten im Zusammenhang mit dem Tod ihres Bruders (Joh 11,24). In der Apostelgeschichte bekennen sie Petrus und Johannes im Tempel im Zusammenhang mit dem Zeugnis von der Auferstehung Jesu (Apg 4,2). Sodann bekennt sie Paulus auf dem Areopag, wiederum im Zusammenhang mit der Auferstehung Jesu (Apg 17,31 f).

Der Weltkatechismus verweist auf das 2. Makkabäerbuch; in dem die sieben Brüder zusammen mit ihrer

---

375 Testament des Benjamin, 10.
376 Joseph Schumacher, Auferstehung: Vollendung des Lebens Jesu und Bestimmung des Christseins, in: Leo Scheffczyk, Hrsg., Die Mysterien des Lebens Jesu und die christliche Existenz, Aschaffenburg 1984, 213.

Mutter vor ihrem Martyrium bekennen: «Der König der Welt wird uns zu einem neuen, ewigen Leben auferwecken, weil wir für seine Gesetze gestorben sind» (2 Makk 7,9) – diese Stelle wurde bereits zitiert – und: «Gott hat uns die Hoffnung gegeben, dass er uns wieder auferweckt. Darauf warten wir gern, wenn wir von Menschenhand sterben» (2 Makk 7,14)[377].

In der Hoffnung auf die allgemeine Auferstehung der Toten geht es im Judentum um das «Vertrauen auf die den Tod überwindende Schöpfermacht und Gerechtigkeit Gottes», wie es in der zweiten Benediktion des Achtzehngebetes zum Ausdruck kommt, wenn Gott da gepriesen wird als der, «der die Toten lebendig macht».

Diese Formel nimmt Paulus im Römerbrief auf und erweitert sie[378]. Das Spezifische des *christlichen* Verständnisses der Auferstehung der Toten liegt dann in ihrem unlösbaren Zusammenhang mit der Auferstehung Jesu. Im Christentum ist die Auferstehung des Gekreuzigten «‹Gewähr und Ausgangspunkt› der Auferstehung der Toten»[379]. «In der Auferstehung Jesu offenbart sich Gott in spezifischer Weise als der Gott, der lebendig macht ... Nach Röm 4,24 sind die Christen solche, die glauben ‹an den, der Jesus ... von den Toten auferweckte› ... Gott ist derjenige, der das, was nichts ist, ins Dasein ruft. Das ist

---

377 Weltkatechismus, Nr. 992.

378 Röm 4,17; «... (sie kommen) aus jenem Glauben, den er (Abraham) Gott entgegenbrachte, der die Toten lebendig macht und das, was noch nicht ist, ins Dasein ruft» (vgl. 2 Kor 1,9: «... wir haben das Todesurteil innerlich in Empfang genommen, um keinerlei Selbstvertrauen zu behalten, sondern allein auf Gott zu vertrauen, der die Toten auferweckt»). Vgl. Joseph Schumacher, Auferstehung: Vollendung des Lebens Jesu und Bestimmung des Christseins, in: Leo Scheffczyk, Hrsg., Die Mysterien des Lebens Jesu und die christliche Existenz, Aschaffenburg 1984, 223.

379 Hans Jürgen Findeis, Art. Auferstehung, in: Adel Theodor Khoury, Hrsg., Lexikon religiöser Grundbegriffe, Wiesbaden 2007, 81.

eine Steigerung, die sich konkretisiert in der Auferweckung Jesu und der daraus folgenden und damit bereits anbrechenden Verklärung von Mensch und Welt.»[380]

Ausdrücklich lehrt Jesus die allgemeine Auferstehung der Toten, wenn er sich in dieser Frage auf die Seite der Pharisäer stellt und erklärt, dass Gott «nicht ein Gott der Toten, sondern der Lebenden ist» (Mk 12,27), und sie unmissverständlich an seine Person bindet[381]. Im christlichen Verständnis bedeutet sie Gleichgestaltung mit dem auferstandenen Christus, jedenfalls die Auferstehung zum ewigen Leben[382]. Der auferstandene Christus ist nicht nur ihre Wirkursache, sondern auch ihre Exemplarursache. Ihr Modell ist gemäß dem Philipperbrief die Gestalt des «verherrlichten Leibes» Christi (Phil 3,21) und gemäß dem 1. Korintherbrief sein «überirdischer» Leib (1 Kor 15,44).

Paulus verwendet hier das Bild von dem Samenkorn, das in die Erde gesenkt wird und die Frucht hervorbringt, die identisch ist mit dem Samenkorn und dennoch anders ist als dieses (1 Kor 15,35-37). «Das Vergängliche muss das Unvergängliche anziehen und das Sterbliche das Unsterbliche» (1 Kor 15,52 f)[383]. Mit anderen Worten: Das Wie des Auferstehungsleibes übersteigt unsere Vorstellung und unser Verstehen[384]. Es ist so geheimnisvoll wie die Leiblichkeit des auferstandenen Christus. Die Osterzeugen erkennen den Auferstandenen und erkennen ihn doch wiederum nicht, «er ist der Gleiche und doch ein anderer

---

380 Joseph Schumacher, Auferstehung: Vollendung des Lebens Jesu und Bestimmung des Christseins, in: Leo Scheffczyk, Hrsg., Die Mysterien des Lebens Jesu und die christliche Existenz, Aschaffenburg 1984, 223.
381 Weltkatechismus, Nr. 993 f.
382 Ebd., Nr. 995.
383 Ebd., Nr. 999.
384 Ebd., Nr. 1000.

als zuvor»[385]. Schon jetzt hat der Jünger des Auferstandenen Anteil an dessen Auferstehungsexistenz. Sie wird ihm, nachdem er der Sünde gestorben ist, zuteil durch die Taufe und genährt wird sie durch die Eucharistie[386]. Diese Wirklichkeit ist jedoch einstweilen noch verborgen (Kol 3,3)[387]. Im Blick auf die sakramentale Gemeinschaft des Jüngers Christi mit dem auferstandenen Christus kann man gemäß dem Glauben der Urkirche von der zukünftigen Auferstehung der Toten schon im Präsens sprechen[388]. Das neue Leben ist in diesem Verständnis jedoch zugleich Gabe und Aufgabe. Der Indikativ des neuen Seins wird da zum Imperativ für die «actio», für das Tun. Es gilt, dass der Glaube in der Liebe wirksam wird. Darin ist einerseits der Auftrag enthalten, die Welt zu gestalten[389], andererseits folgt daraus für Paulus, dass wir den Leib in Ehren halten[390].

---

385 Joseph Schumacher, Auferstehung: Vollendung des Lebens Jesu und Bestimmung des Christseins, in: Leo Scheffczyk, Hrsg., Die Mysterien des Lebens Jesu und die christliche Existenz, Aschaffenburg 1984, 202; vgl. Joseph Ratzinger, Einführung in das Christentum. Vorlesungen über das Apostolische Glaubensbekenntnis, München 42005, 291: «Diese Dialektik ist ... immer die gleiche; nur die Stilmittel, mit denen sie ins Wort gebracht wird, wechseln.»

386 Kol 2,12; 3, 1; vgl. Christoph Schönborn, «Auferstehung des Fleisches» im Glauben der Kirche, in: Franz Breid, Hrsg., Die Letzten Dinge, Steyr 1992, 39 f.

387 Weltkatechismus, Nr. 1002 f.

388 Jakob Kremer, Resurrectio mortuorum. Zum theologischen Verständnis der leiblichen Auferstehung, Darmstadt 1986, 137-157.

389 Eugen Ruckstuhl, Josef Pfammatter, Die Auferstehung Jesu Christi. Heilgeschichtliche Tatsache und Brennpunkt des Glaubens, Luzern 1968, 186f; vgl. auch Kol 3,5 ff. Eph 2, 3. Gal 5,6.

390 1 Kor 6,13-15. 19-20; vgl. Weltkatechismus, Nr. 2004.

IV. Das Wesen der Auferstehung der Toten – der Auferstehungsleib

Unter dem Einfluss des Liberalprotestantismus wurden neuerdings auch von katholischen Theologen nicht nur die Fortexistenz der Seele nach dem Tod, das persönliche Gericht, die endgültige Beseligung oder Verwerfung und das Purgatorium geleugnet, mit Berufung auf die Heilige Schrift, sondern auch die Auferstehung der Toten. Nicht zuletzt dieses Faktum veranlasste die römische Kongregation für die Glaubenslehre im Jahre 1979, ein offizielles Lehrschreiben «zu einigen Fragen der Eschatologie» zu veröffentlichen. In ihm heißt es: «Keinem entgeht die Bedeutung dieses letzten Artikels unseres Taufbekenntnisses: in ihm werden nämlich Ziel und Zweck des Heilsplanes Gottes ausgesprochen, dessen Entfaltung im Glaubensbekenntnis beschrieben wird. Wenn es keine Auferstehung gibt, dann fällt das ganze Glaubensgebäude zusammen, wie der hl. Paulus nachdrücklich betont … Wenn für die Christen nicht sicher feststeht, welches der Inhalt der Worte ‹ewiges Leben› ist, dann zerrinnen die Verheißungen des Evangeliums und die Bedeutung von Schöpfung und Erlösung, und selbst das irdische Leben wird jeglicher Hoffnung beraubt …».

Sodann stellt das Lehrschreiben fest: «Die Kirche versteht diese Auferstehung so, dass sie den ganzen Menschen betrifft; dies ist für die Auserwählten nichts anderes als die Ausweitung der Auferstehung Christi selber auf die Menschen.» Des Weiteren heißt es in dem Lehrschreiben: «Die Kirche schließt in ihrer Lehre über das Schicksal des Menschen nach seinem Tod jede Erklärung aus, die die Bedeutung der Aufnahme Mariens in den Himmel an jenem Punkt auflösen würde, der ihr allein zukommt: dass nämlich die leibliche Verherrlichung der allerseligsten Jungfrau die Vorwegnahme jener Verherrlichung ist, die für alle übrigen Auserwählten bestimmt ist.»[391] Dem Lehrschreiben geht es in erster Linie darum, die Wirklichkeit der Auferstehung der Toten zu betonen, die nicht verwässert werden darf, dass es hier nicht nur um die Seele geht, sondern um den Menschen, um den ganzen Menschen mit Leib und Seele.

Während im Symbolum Constantinopolitanum die Rede von der «resurrectio mortuorum»[392] ist, von der Auferstehung der Toten, bekennt das Symbolum Apostolicum die «resurrectio carnis»[393], die Auferstehung des Fleisches. Die neue Übersetzung lautet hier allerdings in Angleichung an das Constantinopolitanum «Auferstehung der Toten». Dazu bemerkt die Kongregation für die Glaubenslehre am 2. Dezember 1983, es sei ratsam, hier zu der exakten Übersetzung zurückzukehren. Wenngleich es keine absoluten lehrmäßigen Gründe gebe, die gegen die Übersetzung «Auferstehung der Toten» sprächen, sei diese Übersetzung jedoch eine Verarmung gegenüber der wörtlichen Übersetzung, weil diese stärker die leibliche Auferstehung hervorhebe. Man müsse zwar zugestehen, dass es sich bei den beiden Formeln um «unterschiedliche und komplementäre Begriffe derselben frühen Tradition der Kirche» handle, dennoch sei eine Änderung ratsam, weshalb bei einer zukünftigen Übersetzung und Approbation die exakte traditionelle Übersetzung vorgelegt werden müsse. Wörtlich heißt es dann: «Das Abkommen von der Formel ‹Auferstehung des Fleisches› birgt die Gefahr, die heutigen Theorien zu untermauern, die die Auferstehung beim Moment des Todes ansiedeln, also

---

391 Schreiben der Glaubenskongregation über einige Fragen der Eschatologie vom 17. Mai 1979: Internet: www.vatican.va.
392 DS 150.
393 DS 10 ff.

die leibliche Auferstehung, insbesondere dieses Fleisches, faktisch ausschließen. Auf die Verbreitung einer ähnlich ‹spiritualisierenden› Sicht der Auferstehung in unseren Tagen hat die Heilige Kongregation für die Glaubenslehre die Bischöfe bereits in ihrem Schreiben ‹über einige Fragen der Eschatologie› aufmerksam gemacht»[394].

Der Weltkatechismus erklärt: «Der Ausdruck ‹Fleisch› bezeichnet den Menschen in seiner Schwäche und Sterblichkeit. ‹Auferstehung des Fleisches› ... bedeutet somit, dass nach dem Tod nicht nur die unsterbliche Seele weiterlebt, sondern dass auch unsere ‹sterblichen Leiber› (Röm 8,11) wieder lebendig werden.»[395] An anderer Stelle heißt es im Weltkatechismus: «‹Caro salutis est cardo – Das Fleisch in der Angelpunkt des Heils› (Tertullian, De resurrectione carnis, 8, 2). Wir glauben an Gott, den Schöpfer des Fleisches, wir glauben an das Wort, das Fleisch geworden ist, um das Fleisch zu erlösen; wir glauben an die Auferstehung des Fleisches, in der sich die Schöpfung und die Erlösung des Fleisches vollenden.»[396]

Thomas von Aquin († 1274) erklärt: «Nihil autem quod est contra naturam potest esse perpetuum. Non igitur perpetuo erit anima absque corpore.»[397] Er will damit sagen: «Weil es gegen die Natur der Seele ist, ohne den Leib zu sein, und nichts, was gegen die Natur ist, auf immer dauert, wird die Seele nicht ewig ohne Leib bleiben.»[398] Das ist ein Konvenienzargument für die

---

394 Internet: Kongregation für die Glaubenslehre Dokumente: www.vatican.va
395 Weltkatechismus, Nr. 990.
396 Ebd., Nr. 1015.
397 Thomas von Aquin, Summa contra gentiles, IV, 79.
398 Leo Elders, Die Eschatologie des heiligen Thomas von Aquin, in: Johannes Stöhr, Hrsg., Die letzten Dinge im Leben des Menschen. Theologische Überlegungen zur Eschatologie. Internationales Theologisches Symposium an der Universität Bamberg vom 12-13. November 1992, 48.

Auferstehung der Toten. Thomas weiß, dass die Seele ohne den Leib in einem gewissen Sinn unvollkommen ist, weil sie die Form des Leibes ist[399]. Von daher ist die allgemeine Auferstehung der Toten für ihn in gewisser Hinsicht natürlich, wenngleich er nicht verkennt, dass sie «simpliciter miraculosa»[400], also übernatürlich ist. Dabei weist auch er darauf hin, dass die Auferstehung Christi die Wirkursache und zugleich die exemplarische Ursache der allgemeinen Auferstehung der Toten ist[401]. Nach Thomas muss es derselbe Leib sein, der wieder aufgenommen wird, weil man, wie er feststellt, sonst nicht von Auferstehung sprechen kann[402].

Gott wollte die Auferstehung der Toten, so müssen wir sagen, weil erst in der Einheit von Leib und Seele der Mensch vollständig ist und weil der ganze Mensch für immer den Lohn und die Strafe für seine Taten erhalten sollte[403]. Dabei gilt, dass Gott nichts Geschaffenes aus dem Dasein nimmt, dass alles eine neue Zustandsform erhält[404].

Thomas von Aquin erklärt unprätentiös: «Der Heilige Geist heiligt die Kirche nicht bloß der Seele nach, sondern in seiner Kraft werden auch einst unsere Körper auferstehen. Denn: ‹Er hat Jesus Christus, unseren Herrn, von den Toten auferweckt›, und ‹durch einen Menschen ist der Tod und durch einen Menschen die Auferstehung

---

399 Thomas von Aquin, Summa contra gentiles, IV, 79; vgl. Leo Elders, Die Eschatologie des heiligen Thomas ..., 48.
400 Thomas von Aquin, Summa Theologiae, Supplementum, q. 75, a. 3.
401 Ebd., q. 76, a. 1.
402 Ebd., q. 77, a. 1.
403 Vgl. Petrus Kardinal Gaspari, Katholischer Katechismus, München 21939, 127; vgl. Peter Schindler (Die Letzten Dinge, Regensburg 1960, 53): «Gott hatte Materie und Seele in unserer psychosomatischen Person ursprünglich zu einer Ganzheit zusammengefügt; aber was Gott zusammengefügt hatte, hat die Sünde ... getrennt ...».
404 Ebd., 58.

von den Toten› (1 Kor 15,21). Deshalb glauben wir, nach unserem Glauben, an eine Auferstehung der Toten.»[405]

Hinsichtlich des Nutzens des Auferstehungsglaubens stellt Thomas von Aquin fest, er verscheuche die Traurigkeit, in die wir wegen des Todes lieber Angehöriger gestürzt würden, er nehme uns die Furcht vor dem Tod, er verleihe uns Eifer im Guten und er sei uns ein Abschreckungsmittel im Hinblick auf die Sünde[406].

Bezüglich der Beschaffenheit und des Zustandes des Auferstandenen betont er, der Auferstehungsleib sei identisch mit dem im Leben getragenen, die Leiber der Auferstandenen seien anders beschaffen als in ihrem früheren Leben, sofern sowohl die Leiber der Seligen wie auch die Leiber der Bösen unverweslich und unsterblich seien, sie seien vollkommen, denn alle, Gute und Böse, würden mit einem fehlerlosen Leib auferstehen, wie er zu einem vollkommenen Menschen gehöre, also frei von allen körperlichen Gebrechen, und alle würden im vollkommenen Alter auferstehen. Er nennt hier das Alter von zweiunddreißig oder dreiunddreißig Jahren[407].

Er erklärt, die Auferstehung der Guten sei mit einer ganz großen Glorie verbunden und ihren verklärten Leibern käme die «claritas» zu – sie würden leuchten wie die Sonne im Reich des Vaters (Mt 13,43) –, die «impassibilitas», die Leidensunfähigkeit, die «agilitas», sofern sie leicht bewegt seien und wie die Funken im Stoppelfeld leuchteten (Weish 3,7), und endlich die «subtilitas», sofern die Leiber der Auferstandenen geistige Leiber seien, die ganz dem Geist unterworfen seien[408].

---

405 Thomas von Aquin, Opusculum 16: Expositio Symboli Apostolorum, Nr. 11.
406 Ebd., 11, 1, 1-4.
407 Ebd., 11, 2, 1-4.
408 Ebd., 11, 3, 1-4.

Bezüglich der Auferstehung der Verdammten stellt Thomas fest, ihr Zustand sei gerade der umgekehrte von demjenigen der Seligen. Die ewige Strafe, der sie verfallen seien, habe für ihre Leiber vier Übel zur Folge, sie seien verfinstert und leidensfähig, obwohl sie niemals sterben könnten, und sie seien schwer oder darniederziehend, weil die Seele in ihren Leibern wie gefesselt sei, und endlich seien sie gleichsam tierisch, die Seele und der Leib. Thomas erinnert hier an die Stelle bei dem Propheten Joel: «Das Vieh verfault in seinem Mist» (Joel 1,17)[409].

Im 1. Korintherbrief fragt Paulus programmatisch nach dem Wie der Auferstehung der Toten. Dabei rekurriert er vor allem auf das Bild vom Samenkorn, «das sterben muss, damit daraus eine neue Pflanze entstehen kann»[410], bezeichnet er den Auferstehungsleib als einen pneumatischen Leib und versteht er die Auferstehung als «Verwandlung in das Bild des himmlischen Menschen Christus»[411].

Er erklärt: «Was du säst, wird nicht lebendig, wenn es nicht zuerst stirbt. Und was du säst, ist nicht die künftige Gestalt, sondern ein nacktes Korn ... Gott aber gibt ihm eine Gestalt, wie er es will» (1 Kor 15,35-38). Das Bild vom Samenkorn, das stirbt, verwendet Jesus im Johannes-Evangelium auch im Blick auf seinen bevorstehenden Kreuzestod (Joh 12,24)[412]. Der Weltkatechismus nennt den Auferstehungsleib mit Berufung auf den 1. Korin-

---

[409] Ebd., 11, 4, 4, 4.

[410] Joseph Schumacher, Auferstehung: Vollendung des Lebens Jesu und Bestimmung des Christseins, in: Leo Scheffczyk, Hrsg., Die Mysterien des Lebens Jesu und die christliche Existenz, Aschaffenburg 1984, 215.

[411] Ebd.

[412] Vgl. Pnina. Navè Levinson, Art. Auferstehung (jüdisch), in: Adel Theodor Khoury, Hrsg., Lexikon religiöser Grundbegriffe. Judentum – Christentum – Islam, Wiesbaden 2007, 75.

therbrief einen «unverweslichen Leib» (1 Kor 15,42) und einen «geistlichen Leib» (1 Kor 15,44)[413].

Paulus erwähnt in seinen Erörterungen über die Auferstehung der Toten nicht das Gericht, er sagt nicht, was mit den Bösen geschieht. Das erklärt sich aus der Tatsache, dass es ihm hier darauf ankommt zu zeigen, «dass die Geschichte Gottes im sieghaften Durchbrechen der Osterherrlichkeit zu ihrem Ziel kommt»[414]. Von dem Gericht Gottes spricht er an anderen Stellen[415]. Im 2. Korintherbrief erklärt er mit Nachdruck, dass wir alle «vor dem Richterstuhl Christi» erscheinen müssen, «damit ein jeder Rechenschaft ablege über das, was er in seinem irdischen Leben getan hat» (2 Kor 5,10)[416]. Gerade das bedarf in der Gegenwart besonderer Betonung.

Angemessene Bilder zur Beschreibung des Verhältnisses des sterblichen Leibes zum Auferstehungsleib sind hier das Verhältnis der Wurzel zur Blüte, der Kohle zum Diamanten, der Raupe zum Schmetterling. Romano Guardini († 1968) erwähnt sie[417]. Unangemessen sind sie jedoch, sofern sie den Bereich des Natürlichen nicht überschreiten, was jedoch für den Leib des Auferstandenen gilt. Letztlich ist dieser, das darf man nicht vergessen, ein

---

413 Weltkatechismus, Nr. 1017.

414 Joseph Schumacher; Auferstehung, Vollendung des Lebens Jesu und Bestimmung des christseins, in: Leo Scheffczyk, Hrsg., Die Mysterien des Lebens Jesu und die christliche Existenz, Aschaffenburg 1984, 215; vgl. Eugen Ruckstuhl, Josef Pfammatter, Die Auferstehung Jesu Christi. Heilgeschichtliche Tatsache und Brennpunkt des Glaubens, Luzern 1968, 200 f.

415 Röm 2,2 f; 5,16; 11, 33,14,10; 1 Kor 11,29. 34.

416 Vgl. auch Joh 5,29 und Mt 25,46.

417 Romano Guardini, Die letzten Dinge, Würzburg 1952, 49-61; vgl. Johannes Stöhr, Jenseits des Todes: Die Auferstehung des Leibes und die Eigenschaften des Auferstehungsleibes, in: Johannes Stöhr, Hrsg., Die letzten Dinge im Leben des Menschen. Theologische Überlegungen zur Eschatologie. Internationales Theologisches Symposium an der Universität Bamberg vom 12-13. November 1992, 146.

undurchdringliches Geheimnis, letztlich können solche Überlegungen das Mysterium nur ein wenig lichten.

Ein Problem ist die Identität des Auferstehungsleibes mit dem irdischen Leib angesichts der Tatsache, dass sich die leibliche Materie immer wieder verändert und erneuert im Laufe des Lebens und die ursprünglichen Stoffe immer wieder gegen andere ausgetauscht werden. Schon Thomas von Aquin weist auf diese Gegebenheit hin, betont dabei jedoch, dass das Ich trotz solcher Veränderungen und Wandlungen seinen ihm zugehörigen Leib behält, dass der Mensch trotzdem numerisch derselbe bleibt. Er erklärt, die Geistseele sei die einzige substantiale Form des Leibes und bilde und setze so die Leiblichkeit des Menschen. Tendenziell geht die Lösung hier auf eine formelle Identität, bei der man allerdings eine partielle stoffliche Identität für notwendig erachtet. Man pflegt hier mit Thomas von Aquin zwischen den gleichen und den selben Stoffen zu unterscheiden[418].

Der Auferstehungsleib übersteigt unsere Vorstellung und unser Erkennen, nicht anders als das Mysterium des dreieinigen Gottes, die Menschwerdung des göttlichen Logos und die Eucharistie und viele andere Glaubensgeheimnisse unsere Vorstellung und unser Erkennen übersteigen. Gerade die Eucharistie kann hier als eine Analogie dienen, ist in ihr doch der auferstandene Christus real präsent und ist sie doch im Glauben der Kirche das Unterpfand der ewigen Auferstehung.

---

418 Thomas von Aquin, Summa contra gentiles, IV, 81; Leo Elders, Die Eschatologie des heiligen Thomas von Aquin, in: Johannes Stöhr, Hrsg., Die Letzten Dinge im Leben des Menschen. Internationales Theologisches Symposium an der Universität Bamberg vom 12.-13. November 1992, St. Ottilien 1992, 48 f; Anton Ziegenaus, Die Zukunft der Schöpfung in Gott. Eschatologie (Leo Scheffczyk, Anton Ziegenaus, Katholische Dogmatik, Bd. VII), Aachen 1996, 265 f.

Bei aller Spekulation über das Wie des pneumatischen Leibes muss das «totaliter aliter» der jenseitigen Welt und der Glaubensmysterien im eigentlichen Sinne – ein solches Mysterium ist die allgemeine Auferstehung der Toten – gewahrt bleiben. Wie die Identität des irdischen Leibes mit dem Auferstehungsleib zu denken ist, das ist ein «mysterium stricte dictum». Auch für dieses Mysterium gilt, dass die Deutungen keine inneren Widersprüche in dessen Wirklichkeit hineintragen dürfen. Paradoxien gibt es weder in der Ordnung des natürlichen noch in der Ordnung des übernatürlichen Erkennens, also des Glaubens, und folglich nicht in der natürlichen wie auch nicht in der übernatürlichen Ordnung des Seins. Scheinbare Paradoxien kann es geben, im Denken und im Sein, nicht aber wirkliche. Es ist hier auf das Erste Vatikanische Konzil zu verweisen, das von dem «duplex ordo cognitionis», von der «doppelten Ordnung der Erkenntnis» spricht, entsprechend der doppelten Ordnung des Seins, der natürlichen und der übernatürlichen[419].

V. Die Ganztodtheorie und die Lehre von der Auferstehung im Tod

Martin Luther († 1546) hielt an der allgemeinen Auferstehung der Toten fest, rekurrierte jedoch, bedingt durch seine Rechtfertigungslehre, hinsichtlich des Zwischenzustandes der Seele zwischen dem persönlichen Tod und der Auferstehung der Toten auf die Idee vom Seelenschlaf. Das war bereits eine Reduktion der überkommenen Eschatologie[420]. Ihre Weiterführung fand sie in der Theorie

---

419 DS 3015.
420 Johannes Stöhr, Jenseits des Todes: Die Auferstehung des Leibes und die Eigenschaften des Auferstehungsleibes, in: Ders., Hrsg., Die Letzten Dinge

vom Ganztod des Menschen, die in neuerer Zeit vor allem durch den reformierten Theologen Karl Barth († 1968) vertreten wurde. Schon bald machten sich jedoch andere protestantische Theologen stark für sie, wie Paul Althaus († 1966), Oscar Cullmann († 1999), Paul Tillich († 1965), und schließlich, in wachsendem Maße, auch katholische Theologen. Zu Unrecht begründeten sie ihre These mit dem biblischen Menschenbild, in dem kein Raum sei für eine Seele, und mit dem angeblichen Widerspruch zwischen der Unsterblichkeit der Seele und der Auferstehung der Toten[421].

Karl Barth spricht von der künftigen ganz anderen Existenz des Menschen und stellt dabei fest, dass die Eschatologie in der Theologie der Reformatoren «eine verhältnismäßig geringfügige Rolle» spielt[422]. Das gilt freilich nicht minder für die Auferstehung Christi. Denn im reformatorischen Christentum ist die entscheidende Glaubenswirklichkeit der Kreuzestod Christi, weshalb in ihm der Karfreitag seit eh und je bedeutsamer ist als das Osterfest.

Mit der Ganztodtheorie verbindet sich vielfach die Theorie von der «Auferstehung im Tod». Ihre Vertreter meinen, sie müssten den Zwischenzustand einer «leibberaubten» Seele ablehnen[423]. Sie bestehen darauf, dass Gott

---

im Leben des Menschen. Internationales theologisches Symposion an der Universität Bamberg vom 12.-13. November 1992, St. Ottilien 1994, 129 f.
421 Ebd., 132.
422 Karl Barth, Credo. Die Hauptprobleme der Dogmatik dargestellt im Anschluss an das Apostolische Glaubensbekenntnis, Zollikon-Zürich 1946, 140 bzw. 139 f.
423 Gisbert Greshake, Gerhard Lohfink, Naherwartung, Auferstehung, Unsterblichkeit. Untersuchungen zur christlichen Eschatologie, Freiburg i. Br. 41982. Die Behauptung begegnet uns bereits im «Neuen Glaubensbuch» von Johannes Feiner und Lukas Vischer, Freiburg i. Br. 1973, 542. Propagiert hat sie dann vor allem Gisbert Greshake.

in der Heiligen Schrift nicht einer vom Leib getrennten Seele, sondern dem ganzen Menschen Unsterblichkeit verheiße. Sie meinen, im Tod des Individuums erfolge bereits dessen Auferstehung. Damit entfällt die Annahme eines leiblosen Zwischenzustandes der Seele und mit ihm eine etwa notwendige Läuterung, de facto allerdings auch die Möglichkeit der ewigen Verdammnis[424].

In der These von der Auferstehung im Tod fehlt, nicht anders als in der These vom Ganztod, das Kontinuum, das die Bedingung dafür ist, dass man von Auferstehung sprechen kann. Wenn der ganze Mensch stirbt und wieder zum Leben kommt, kann nicht mehr von Auferstehung die Rede sein, sondern nur noch von Neuschöpfung[425]. Ohne die Fortdauer der Seele ist eine Auferstehung des Leibes nicht möglich. Dann wäre die Identität des Verstorbenen und dann wieder Lebenden nicht mehr gegeben, die Kontinuität müsste man dann in die Erinnerung Gottes verlegen[426]. Die Unsterblichkeit der Seele verhält sich zur Auferstehung der Toten nicht gegensätzlich[427], sondern komplementär.

Der Weltkatechismus erklärt: «Im Tod, bei der Trennung der Seele vom Leib, fällt der Leib des Menschen der Verwesung anheim, während seine Seele Gott entgegengeht und darauf wartet, dass sie einst mit ihrem verherr-

---

424 Holländischer Katechismus. Glaubensverkündigung für Erwachsene, Deutsche Ausgabe, Utrecht/Freiburg i. Br. 1966.

425 Vgl. auch Anton Ziegenaus, Hoffnung angesichts des Todes, in: Ders., Hrsg., Zukunft des Menschen, Augsburg 1979, 75-78.

426 Ferdinand Holböck, Seele, Unsterblichkeit, Auferstehung I: Theologische Darlegungen, in: Hans Pfeil, Seele, Unsterblichkeit, Auferstehung II. Philosophische Erwägungen, in: Hans Pfeil, Hrsg., Unwandelbares im Wandel der Zeit. 20 Abhandlungen gegen die Verunsicherung des Glaubens, Bd. II, Aschaffenburg 1977, 26 f.

427 Vgl. vor allem Oscar Cullmann, Unsterblichkeit der Seele oder Auferstehung der Toten? Antworten des Neuen Testamentes, Stuttgart 21963.

lichten Leib wiedervereint wird. In seiner Allmacht wird Gott unserem Leib dann endgültig das unvergängliche Leben geben, indem er ihn kraft der Auferstehung Jesu wieder mit unserer Seele vereint.»[428] An anderer Stelle bekräftigt der Weltkatechismus diese Position, wenn er feststellt: «… beim Tod wird die Seele vom Leib getrennt. Sie wird am Tag der Auferstehung der Toten wieder mit ihrem Leib vereint werden.»[429]

Popularisiert wurde die These von der Auferstehung im Tod vor allem durch den Holländischen Katechismus aus dem Jahre 1966. Ihm gegenüber fordert die nach dem Erscheinen des Katechismus von Papst Paul VI. eingesetzte Kardinalskommission in Punkt 9: «Es muss auch klar von den Seelen der Gerechten gesprochen werden, die, genügend gereinigt, sich bereits der unmittelbaren Gottesschau erfreuen, während die pilgernde Kirche noch des glorreichen Kommens des Herrn und der endgültigen Auferstehung harrt.»[430]

Die Behauptung, die Schrift kenne keine Unsterblichkeit der Seele, sie kenne nur den Ganztod des Menschen, ist unhaltbar, sowohl für das Alte wie auch für das Neue Testament[431]. Josef Anton Fischer hat in seinem Buch «Studien zum Todesgedanken in der Alten Kirche»[432] nachgewiesen, dass die gesamte nachbiblische kirchliche

---

428 Weltkatechismus, Nr. 997.
429 Ebd., Nr. 1005.
430 Acta Apostolicae Sedis, Vol. LX (1968), Nr. 11-12.
431 Erinnert sei hier an folgende markante Stellen: 2 Makk 7,22: «… denn nicht ich habe euch Geist und Seele gegeben», sagt die Mutter ihren Söhnen, die im Begriff sind, für das Gesetz Gottes zu sterben. Pred 12,7: «Es kehre der Staub zur Erde zurück, von wo er war; der Geist kehre zu Gott zurück, der ihn gegeben hat.» Mt 10,28: «Fürchtet euch nicht vor denen, die den Leib (soma) töten, aber die Seele (Psyche) nicht töten können. Fürchtet vielmehr den, der Seele und Leib in das Verderben der Hölle stürzen kann.» Vgl. 1 Kor 15,21 ff; Hebr 11,13 ff.
432 München 1954.

Literatur der ersten drei Jahrhunderte unbestritten den Glauben an ein bewusstes Fortleben über den Tod hinaus bis zur Auferstehung vertreten hat, dass nur Außenseiter diese Auffassung bestritten haben. Man kommt nicht daran vorbei, dass die Lehre von der Unsterblichkeit der Seele nicht nur eine philosophische Meinung ist, sondern auch ein Dogma.

Das IV. Laterankonzil von 1215 definiert den Menschen als «ex anima rationali et humana carne compositus»[433]. Das Konzil von Vienne erklärt 1312, dass die Geistseele als eine substantielle oder subsistente Wesensform festzuhalten ist, die durch sich selbst und wesenhaft den Leib informiert[434].

Das V. Laterankonzil hat im Jahre 1513 den «verderblichen» Irrtum verworfen, die Seele sei sterblich oder eine und dieselbe in allen Menschen, und damit ihre Unsterblichkeit und ihre Individualität erneut bekräftigt[435]. Das Konzil kann nicht an eine Geistseele denken ohne postmortale Existenz, wobei diese postmortale Existenz gemäß dem Denken des Konzils selbstverständlich auf die Auferstehung der Toten hin ausgerichtet ist. Papst Paul VI. übernimmt die Definition von 1215 im Credo des Gottesvolkes vom 30. Juni 1968[436], ebenso übernimmt sie das Lehrschreiben der Kongregation für die

---

433 DS 801.
434 DS 902.
435 DS 1440.
436 Papst Paul VI., Professio Fidei (Credo des Gottesvolkes) zum Abschluss des Jahres des Glaubens am 30. Juni 1968, Art. 1: «Credimus in unum Deum .... Creatorem, in unoquoque homine, animae spiritualis et immortalis». Art. 2: «Credimus animas eorum omnium, qui in gratia Christi moriuntur – sive quae adhuc Purgatorii igne expiandae sunt, sive quae statim ac corpore separatae ... a Iesu in Paradisum suscipiuntur – Populum Dei constituere post mortem, quae omnino destruetur Resurrectionis die, quo hae animae cum suis corporibus coniungentur» (www.vatican.va/holy_father/paul_VI).

Glaubenslehre zu einigen Fragen der Eschatologie vom 17. Mai 1979[437].

Wie sehr die Lehre vom Ganztod und von der Auferstehung im Tod sowie von der Unmöglichkeit der Fortexistenz einer «anima separata» auch auf das katholische Denken Einfluss gewonnen hat, geht aus der Tatsache hervor, dass heute bis in die liturgischen Bücher hinein das Wort «Seele» ängstlich vermieden wird, dass an die Stelle des Requiems oder der Exequien, wenn überhaupt noch das Messopfer im Kontext der Beisetzung der Verstorbenen gefeiert wird, heute vielfach das «Auferstehungsamt» getreten ist und dass die Seelenmessen weithin der Vergangenheit angehören..

Gisbert Greshake (* 1933) und andere behaupten, die Auferstehung im Tod widerspreche mitnichten der dogmatischen Tradition der Kirche, «wenngleich diese verschiedentlich das Leib-Seele-Modell bei ihren verbindlichen Aussagen» voraussetze[438]. Angesichts des biblischen Befundes und der eindeutigen Lehre der Kirche ist das jedoch eine leere Behauptung. Eine im Tod und mit dem Tod erfolgende Auferstehung oder Auferweckung ist der Heiligen Schrift zudem völlig fremd und selbstverständlich auch der Verkündigung der Kirche und ihrem Glauben. Man will mit der Erklärung, dass «das ganze

---

437 Kongregation für die Glaubenslehre, Lehrschreiben zu einigen Fragen der Eschatologie vom 17. Mai 1979: www.vatican.va – Vgl. auch Ferdinand Holböck, Seele, Unsterblichkeit, Auferstehung. I. Theologische Darlegungen, in: Hans Pfeil, Hrsg., Unwandelbares im Wandel der Zeit. 20 Abhandlungen gegen die Verunsicherung im Glauben, Bd. II, Aschaffenburg 1977, 39-48; Joseph Ratzinger, Eschatologie – Tod und ewiges Leben (Johann Auer, Joseph Ratzinger, Kleine Katholische Dogmatik, Bd. IX), Regensburg 41978, 99-114; Anton Ziegenaus, Die Zukunft des Menschen in Gott. Eschatologie (Leo Scheffczyk, Anton Ziegenaus, Katholische Dogmatik Bd. VIII), Aachen 1996, 36-44.

438 Gisbert Greshake, Naherwartung, Auferstehung, Unsterblichkeit, Freiburg i. Br. 1975, 120.

leibhaftige Leben des Menschen sofort nach dem Tod weitergeht, nur halt in einer anderen Existenzweise»[439], den Tod ernst nehmen, erreicht damit jedoch gerade das Gegenteil. Die Auferstehung der Toten gehört der Zukunft an, die endgültige Erlösung des Menschen und der Welt vom Tod steht noch aus (Röm 8,18-23), so der Glaube der Kirche, wenngleich der an Christus Glaubende in einem gewissen Sinn bereits auferstanden ist und seit der Auferstehung Jesu der neue Äon schon in den alten hineinreicht. So wurde hier dargelegt[440]. Nicht zuletzt ist auch darauf hinzuweisen, dass die These von der Auferstehung im Tod diametral dem Dogma von der leiblichen Aufnahme Mariens in den Himmel entgegensteht[441]. Überträgt man die Zeitlosigkeit Gottes auf die Geschöpfe, wie das bei Gisbert Greshake und Gerhard Lohfink (* 1934) und vielen anderen geschieht, identifiziert man sie mit Gott[442]. Die Kategorie der Zeit ist ein Wesensmoment alles Geschaffenen. Sie ist nicht notwendig physikalischer Natur. Das Wesen der Zeit ist Veränderung. Die aber

---

439 Ferdinand Holböck, Seele, Unsterblichkeit, Auferstehung I: Theologische Darlegungen, in: Hans Pfeil, Seele, Unsterblichkeit, Auferstehung II. Philosophische Erwägungen, in: Hans Pfeil, Hrsg., Unwandelbares im Wandel der Zeit. 20 Abhandlungen gegen die Verunsicherung des Glaubens, Bd. II, Aschaffenburg 1977, 31.

440 Hier ist zu erinnern an 2 Kor 5,17 und an Kol 3,3 f; vgl. Joseph Schumacher, Auferstehung: Vollendung des Lebens Jesu und Bestimmung des Christseins, in: Leo Scheffczyk, Hrsg., Die Mysterien des Lebens Jesu und die christliche Existenz, Aschaffenburg 1984, 217-219.

441 Ferdinand Holböck, Seele, Unsterblichkeit, Auferstehung I: Theologische Darlegungen, in: Hans Pfeil, Seele, Unsterblichkeit, Auferstehung II. Philosophische Erwägungen, in: Hans Pfeil, Hrsg., Unwandelbares im Wandel der Zeit. 20 Abhandlungen gegen die Verunsicherung des Glaubens, Bd. II, Aschaffenburg 1977, 28-31.

442 Vgl. Gisbert Greshake, Auferstehung der Toten, Essen 1969, 410 und Gisbert Greshake, Gerhard Lohfink, Naherwartung – Auferstehung – Unsterblichkeit, Freiburg i. Br. 1982, 72. 142. Missverständlich ist die diesbezügliche Rede bei Romano Guardini (Die letzten Dinge, Würzburg 1952, 28. 35).

gibt es für alle Geschöpfe die ganze Ewigkeit hindurch, für die Engel, für die menschlichen Seelen und für die Menschen in der Vollendung. Die Theologie unterscheidet traditionellerweise zwischen der «aeternitas» und der «aeviternitas». Die Veränderung der Geschöpfe betrifft in der jenseitigen Welt das Wachstum in der Erkenntnis und in der Liebe[443].

Die Unsterblichkeit der Seele ist der natürlichen Vernunft zugänglich, während die Unsterblichkeit des ganzen Menschen, wie sie mit der Auferstehung der Toten anhebt, dank der göttlichen Offenbarung (nur) im Glauben erkannt werden kann[444]. Wenn die Philosophie über die Auferstehung des Leibes auch nichts Positives aussagen kann, so kann sie doch die Widerspruchslosigkeit und die Angemessenheit dieser Glaubenswahrheit erkennen. Widersprüchliches kann es nicht geben, weder in der natürlichen Seinsordnung noch in der übernatürlichen. Übervernünftiges, ja, das kann es geben, und das gibt es, nicht aber etwas, das gegen die Vernunft ist. Die Glaubensmysterien können nicht «contra naturam» sein, wohl aber «supra naturam». Sind sie «contra naturam», sind sie nicht existent.

Die These von der Auferstehung im Tod ist ein Konstrukt. Eindeutig verknüpft das Neue Testament die Auferstehung der Toten mit der Wiederkunft Christi am Ende der Geschichte. Im Weltkatechismus heißt es unmissverständlich: «Durch den Tod wird die Seele vom Leibe getrennt; in der Auferstehung aber wird Gott unserem verwandelten Leib das unvergängliche Leben

---

443 Vgl. Thomas von Aquin, Summa Theologiae I, q. 10, a. 5 c.
444 Hans Pfeil, Seele, Unsterblichkeit, Auferstehung II. Philosophische Erwägungen, in: Hans Pfeil, Hrsg., Unwandelbares im Wandel der Zeit. 20 Abhandlungen gegen die Verunsicherung des Glaubens, Bd. II, Aschaffenburg 1977, 63.

geben, indem er ihn wieder mit unserer Seele vereint. Wie Christus auferstanden ist und immerdar lebt, so werden wir alle am Letzten Tag auferstehen.»[445]

VI. Rückblick

Die verschiedenen Formen der Neuinterpretation der allgemeinen Auferstehung der Toten führen faktisch weithin zu ihrer Auflösung, im Grunde nicht nur zur Auflösung dieser einen Wahrheit des Credos der Kirche, sondern der Eschatologie als solcher. Unverkennbar ist dabei die Tendenz, die Lehre von den Letzten Dingen zu horizontalisieren, eine Tendenz, die im Grunde die gesamte Theologie der Gegenwart und inzwischen auch die Glaubensverkündigung beherrscht[446]. Kritisch merkt der evangelische Theologe Emil Brunner († 1966) an: «Eine Kirche, die nichts über das Zukünftig-Ewige zu lehren hat, hat überhaupt nichts zu lehren, sondern ist bankrott.»[447]

Die Offenbarung Gottes «kulminiert in der eschatologischen Vollendung, in die der Leib einbezogen ist»[448].

---

445 Weltkatechismus, Nr. 1016.

446 Johannes Stöhr, Jenseits des Todes: Die Auferstehung des Leibes und die Eigenschaften des Auferstehungsleibes, in. Ders., Hrsg., Die Letzten Dinge im Leben des Menschen. Internationales theologisches Symposion an der Universität Bamberg vom 12.-13. November 1992, St. Ottilien 1994, 130 f; Leo Scheffczyk, Auferstehung. Prinzip des christlichen Glaubens, Einsiedeln 1976, 284 ff. Erinnert sei hier vor allem auch an die Neuinterpretation des «Credo» von Hans Küng: Credo – Das apostolische Glaubensbekenntnis. Zeitgenossen erklärt, München 1992.

447 Emil Brunner, Das Ewige als Zukunft und Gegenwart, Zürich 1955, 257; vgl. Leo Scheffczyk, Auferstehung, Prinzip des christlichen Glaubens, Einsiedeln 1976, 285.

448 Joseph Schumacher, Auferstehung: Vollendung des Lebens Jesu und Bestimmung des Christseins, in: Leo Scheffczyk, Hrsg., Die Mysterien des Lebens Jesu und die christliche Existenz, Aschaffenburg 1984, 216.

Franz Mussner (* 1916) weist in seiner Monographie über die Auferstehung Jesu darauf hin, dass die Theologie nicht «leibvergessen» sein darf, wenn sie der biblischen Offenbarung gerecht werden will, dass das christlich verstandene Heil die Sphäre des Fleisches nicht ausklammern kann, worauf bereits der Prolog des Johannes-Evangeliums hinweist (Joh 1,4)[449]. Er betont, dass das endgültige Heil nicht die Rettung der Seele bedeutet, sondern die Rettung des ganzen Menschen, und dass, wenn sich der letzte Artikel des Apostolischen Glaubensbekenntnisses zur Auferstehung des Fleisches bekennt, er sich damit gemäß der Sprache der Bibel zur Auferstehung des ganzen Menschen bekennt, nicht nur der Körper oder der Leiber[450]. Die allgemeine Auferstehung der Toten lässt sich zwar nicht rational begreifen, sie resultiert aber unumstößlich aus der Osterbotschaft der Offenbarung und darf daher in keiner Weise unterschätzt werden in ihrer Bedeutung[451].

Die allgemeine Auferstehung der Toten meint die Gleichgestaltung mit dem auferstandenen Christus. Ihr Modell ist die Gestalt des «verherrlichten Leibes» Christi (Phil 3,21). Dieser Christus ist als der Auferstandene präsent in der eucharistischen Speise, die ihrerseits die Voraussetzung und das entscheidende Medium der eschatologischen Vollendung des Menschen ist. Dabei ist die Wirklichkeit des Auferstehungsleibes in Analogie zu den Mysterien des auferstandenen Christus und der Eucharistie zu sehen.

Neben der Auferstehung zum ewigen Leben steht die Auferstehung zu ewigen Tod. Hier berühren wir das

---

449 Franz Mussner , Die Auferstehung Jesu (Biblische Handbibliothek, VII), München 1969, 192.
450 Ebd., 193 f.
451 Leo Scheffczyk, Auferstehung. Prinzip christlichen Glaubens, Einsiedeln 1976, 293.

Mysterium der ewigen Verdammnis und der Hölle, die Kehrseite des Mysteriums der ewigen Vollendung, das nicht weniger unsere Vorstellungen übersteigt als dieses, vielleicht gar noch mehr. Auch jene, die sich bis zuletzt der Liebe Gottes widersetzt haben, werden auferstehen. Ihre Unvergänglichkeit und Unsterblichkeit bezeichnet Matthias Joseph Scheeben († 1888) als «negative Verklärung».

Er schreibt: «Der Strafzustand des Sünders ist ... hier nicht bloß die Negation, sondern geradezu das umgekehrte Bild der göttlichen Verklärung und ist daher in seiner Art ebenso übernatürlich und geheimnisvoll wie diese.»[452] Michael Schmaus († 1993) betont: Auch die Leiber der Verdammten werden auferweckt, sie werden jedoch «in Hässlichkeit, Unförmigkeit, Gebundenheit weiterexistieren», an ihnen «wirkt sich die Schande und die Unseligkeit der Seele aus»[453].

«Die Auferstehung des Leibes lehrt ... dass der Mensch nicht eine Seele ist, die ihren Körper gebraucht (anima utens corpore), sondern eine sinnenbegabte Materie, belebt durch einen Geist, der die Materie transzendiert. Der lebendige Leib gehört zur Integrität des Menschen, auch im Himmel; die Erlösung des Menschen besteht daher nicht in der Befreiung von der Materie, sondern in der Erlösung des Fleisches durch die Auferstehung.»[454]

---

452 Matthias Joseph Scheeben, Die Mysterien des Christentums (Gesammelte Schriften, Hrsg. von Josef Höfer, Bd. II), Freiburg i. Br. 1941, 573, bzw. 572 f.

453 Michael Schmaus, Katholische Dogmatik: Von den Letzten Dingen, München 41953, 89.

454 Lucas Francisco Mateo-Seco, Der übernatürliche Heilswille Gottes und die Vollendung des Menschen, in: Johannes Stöhr, Hrsg., Die letzten Dinge im Leben des Menschen. Theologische Überlegungen zur Eschatologie. Internationales Theologisches Symposium an der Universität Bamberg vom 12.-13. November 1992, 120.

Sie ist wesentlich «nicht nur die Wiederherstellung des Menschen in seiner schöpfungsgemäßen leib-seelischen Ganzheit, sondern noch mehr die Offenbarung der Herrlichkeit des Sohnes (Gottes) als des Mittel- und Zielpunktes der Heilsgeschichte»[455]. In ihr geht es um die «Restitution des Leibes als des natürlichen Ausdrucks- und Kontaktmittels unter Menschen»[456]. Als universale Auferstehung folgt sie in gewisser Weise aus dem Gerichtsgedanken, der nicht nur Belohnung, sondern auch Bestrafung in sich schließt, dann folgt sie aber auch in gewisser Weise aus der Vollendungsabsicht Gottes, der «den Torso der unsterblichen Seele» nicht in Ewigkeit bestehen lassen will. «Gott führt, was ihn betrifft, die Menschen zu der bei der Erschaffung geplanten Vollendung, selbst wenn der Mensch aufgrund seiner Schuld der Gemeinschaft mit Gott nicht teilhaftig werden kann.»[457]

---

[455] Anton Ziegenaus, Die Zukunft der Schöpfung in Gott. Eschatologie (Leo Scheffczyk, Anton Ziegenaus, Katholische Dogmatik, Bd. VIII), Aachen 1996, 270.
[456] Ebd., 257.
[457] Ebd., 270.

Dr. Peter Christoph Düren, Augsburg

Ein kritischer Blick auf Totenliturgie und Bestattungsriten

Josef von Arimatäa «nahm Jesus vom Kreuz, wickelte ihn in das Tuch und legte ihn in ein Grab» (Mt 15,46). Die Frage, wie Totenliturgie und Bestattungsriten aussehen sollten, wäre aus christlicher Sicht im Grunde also einfach beantwortet – Christen bestattet man so, wie Christus bestattet wurde: in einem Grab.

Doch dieser aus christlicher Sicht so selbstverständliche und jahrhundertelang geübte Umgang mit den Toten ist heute in vielerlei Hinsicht hinterfragt. Es geht so weit, dass Leichname zu Kunstobjekten bearbeitet werden: Denken wir an Gunther von Hagens' Körperwelten-Ausstellung, bei der plastinierte menschliche Leichen in allen möglichen und unmöglichen Posen öffentlich zur Schau gestellt werden. Und das ist wahrlich ein Anlass, sich mit der Frage intensiv auseinander zu setzen: Wie bestattet man in angemessener Weise die Toten?

Auch wenn es von Hagens' «Körperwelten»-Ausstellung nicht gäbe, so lohnte sich eine intensive Auseinandersetzung mit der Frage dennoch, denn Erdbestattung ist längst nicht mehr die einzig heute praktizierte Form der Bestattung: Nicht weniger als 18 verschiedene Bestattungsformen nebst einigen Varianten – inklusive der Plastination – sollen hier dargestellt werden, um gemeinsam zu überlegen, inwieweit alle diese Formen mit dem christlichen Glauben vereinbar sind.

Der Tod ist nicht Ende, sondern Grenze – er beendet nicht die Existenz des individuellen Menschen an sich, sondern lediglich seinen «irdischen Pilgerstand», und versetzt ihn unmittelbar in den «Endstand»[458]. Wäre der Tod das Ende der Person, so könnte man die «sterblichen Überreste» des Menschen einfach «entsorgen». Doch niemand verscharrt eine Leiche wie einen Tierkadaver. Vielmehr werden an ihr in allen Religionen Übergangsriten vollzogen, die darauf verweisen, «dass der Tod nicht die absolute Grenze, sondern Übergang in ein Leben danach ist»[459].

Entsprechend pietätvoll gehen Menschen mit dem Leichnam eines Toten um. Wenn die verschiedenen Religionen auch unterschiedliche Vorstellungen von der Existenz nach dem Tod vertreten – sei es ein Weiterleben des Verstorbenen im Reich der Toten, eine Wiedergeburt in einem neuen Leib oder, wie wir Christen es glauben: die vorläufige Trennung der unsterblichen Seele vom verwesenden Leib, der am Jüngsten Tage mit der Seele wieder vereint und verklärt auferstehen wird, – der Tod bleibt etwas Ehrfurchtgebietendes und die Bestattung etwas Geheimnisvolles. Dementsprechend haben der Bestattungsritus sowie der Bestattungsort für religiöse Menschen eine sakrale Bedeutung, weil sie die Grenzen von Leben und Tod betreffen und zum Eingangstor der Begegnung mit dem Göttlichen werden.[460]

---

458 Vgl. Peter Christoph Düren, Der Tod als Ende des irdischen Pilgerstandes. Reflexion über eine katholische Glaubenslehre. Dissertation, Buttenwiesen 4. Aufl. 2002.

459 Horst Bürkle, Art. Bestattung. I. Religionsgeschichtlich, in: LThK, Bd. 2, 3. Aufl. 1994, Sp. 321f., hier: Sp. 321.

460 Vgl. Horst Bürkle – Robert Wenning – Günter Stemberger – Sebastian Scholz – Konrad Baumgartner – Gerhard Fahrenberber, Art. Bestattung, in: LThK, Bd. 2, Sp. 321-327.

1. Bestattungsriten in den nichtchristlichen Religionen

Die Bestattungsformen variieren in den verschiedenen Religionen. «Alle Religionen kennen seit jeher die Bestattung als religiösen Akt. Die Orte der Beisetzung gelten als heilig. Die Art, wie die Bestattungen vorgenommen werden, ist unterschiedlich. Man kennt sowohl das Erdbegräbnis wie die Totenverbrennung, aber auch die Aussetzung der Toten auf Bäumen bzw. Wasser- oder Hausbegräbnisse. Bekannt sind auch Mischformen, die sich bis heute erhalten haben, wie das Begraben der Asche oder der Gebeine.»[461] Bei den in Camps oder nomadisch lebenden Inuit (Eskimos), die keine besonderen Grabplätze oder gar Friedhöfe hatten, wurden die Toten in eine große Karibufell- (ein Rentierfell-) oder in eine Wolldecke gehüllt und weit draußen in der Tundra mit dem Gesicht zum Himmel niedergelegt, unter einem Steinhügel geschützt gegen Tierfraß.

Im «Leichnam», das Wort besagt mehr als bloß «Leiche», nämlich in der vom Tod betroffenen Leib-Gestalt, die der Mensch besitzt, wird in allen Kulturen dem Toten und nicht lediglich seinen «sterblichen Überresten» ein entsprechendes Verhalten entgegengebracht, wie es in den verschiedenen religiösen Bestattungsriten zum Ausdruck kommt.[462]

---

[461] Die deutschen Bischöfe, Tote begraben und Trauernde trösten. Bestattungskultur im Wandel aus katholischer Sicht (20. Juni 2005) =DeuBi 81, S. 19f; vgl. Bernhard Maier, Art. Leichenverbrennung, in: LThK, Bd. 6 (1997), Sp. 779.

[462] Vgl. Raphael Schulte, Art. Leichnam, in: LThK, Bd. 6 (1997), Sp. 779f.

a) Hinduismus

Im *Hinduismus* gilt der Tod als Reise ins Jenseits, als Reise zu den Göttern und den Ahnen. Der Sterbende soll nicht allein gelassen werden, sondern durch ein Mantra die Götter hören. Der Körper des Toten wird gewaschen und gesalbt, und es wird ein Totengebet gesprochen. Männliche Leichen werden in ein weißes und weibliche in ein rotes Tuch eingeschlagen und auf einer Trage festgezurrt. Dann transportieren die Träger den Leichnam zum Ort der Verbrennung, wo die Unterkaste, die für die Bestattungen zuständig ist, einen Scheiterhaufen errichtet hat. Die Prozession führt der älteste Sohn an, während die Frauen kurz vor der Verbrennungsstätte zurückbleiben und die Männer den Toten bis zuletzt begleiten, die nochmals rituell gereinigte Leiche auf den Holzhaufen legen und ihn mit weiteren Holzscheiten bedecken.

Bei Prozession und Verbrennung darf nicht geweint werden (das gilt für Hindus oft als Grund, Frauen auszuschließen), erst zu Hause darf man seinen Gefühlen freien Lauf lassen. Die engsten männlichen Verwandten umschreiten die Stätte der letzten Ruhe, ehe der älteste Sohn das Feuer entfacht, um dann schließlich bei fortgeschrittener Verbrennung den Schädel mit einem Bambusrohr zu öffnen, was als der eigentliche Todeszeitpunkt gilt. Damit die Seele den Körper verlassen kann, so der Glaube der Hindus, muss nämlich die Schädeldecke des Toten eingeschlagen werden. Dabei werden der Totengott Yama, der Feuergott Agni und andere Gottheiten angerufen, sie mögen dem Verstorbenen beistehen und ihn in das Land seiner Ahnen geleiten. Asche und Knochenreste bestattet man in der Erde, schüttet sie in einen heiligen Fluss oder streut sie später an einer Pilgerstätte aus. Die trauernden Söhne lassen sich bis auf ein kleines

Haarbüschel kahl scheren. Hat der Verstorbene keinen Sohn, der am Tag nach dem Tod sowie im Todesjahr allmonatlich und danach jeweils jährlich am Todestag dem Verstorbenen das Totenmahl reichen kann, ist der Verstorbene verurteilt, auf immer als umherirrender Geist auf Erden zu bleiben. Die Familie fürchtet sich vor der Macht des Toten und vor seiner Rückkehr. Wenn die Seele des Toten auf dem Weg zum Ahnenhimmel nicht entsprechend rituell begleitet und von ihrem Totendasein befreit wird, besteht die Gefahr – so fürchten die Hindus – dass der Verstorbene als rastlose Seele (preta), als Geist, zurückkommt und der Familie Schaden zufügt. Häufig werden die Leichname von Hindus nach Indien überführt, um sie dort traditionsgerecht zu bestatten. Für den Verstorbenen gibt es keinen Grabstein, keine Gedenkfeier und keine Totenanzeige.[463]

b) Buddhismus

Im *Buddhismus* wird der Tote zunächst im Hause aufgebahrt, auch wenn er im Krankenhaus verstorben ist. Hier erfolgt die Abschiednahme durch Nachkommen und Trauergäste in gemeinsamen Gesängen und Liedern, wie dem Herz-Sutra, möglichst in Anwesenheit buddhistischer Mönche. Der buddhistische Tote wird anschließend verbrannt und die Asche beerdigt. «In Tokio ist die Feuerbestattung obligatorisch. In den großen japanischen Ballungszentren werden die Verstorbenen in High Tech Krematorien verbrannt. Im Gegensatz hierzu wird in den ländlich strukturierten Gebieten Japans auch heute noch auf traditionelle Art und Weise eine Grube ausgehoben, in

---
[463] Friedemann Bedürftig, Die großen Weltreligionen, Köln o.J. [2008], S. 245; vgl. http://religion.orf.at/projekt03/religionen/hindu/re_hi_c_glaube_leid.htm

der ein Scheiterhaufen mit dem Verstorbenen aufgebaut wird.»[464] In der Vorstellung des Buddhismus herrscht das Prinzip der Seelenwanderung (samsara) oder der Wiedergeburt (Reinkarnation). Gute Taten werden im nächsten Leben durch Gutes, böse Taten durch Böses belohnt. Im Rad der Wiedergeburten soll der Mensch sich aus eigener Kraft zur Vollkommenheit hocharbeiten. Am Ende der Wiedergeburten wartet das Nirvana, das Nichts.

c) *Islam*

Im *Islam* gibt es genaue Regeln für die Bestattung. Der Leichnam einer Frau soll von Frauen, der eines Mannes von Männern gewaschen werden – da auch dies eine religiöse Handlung ist, darf sie nur von Muslimen vollzogen werden. Anschließend wird der Leichnam in Leinentücher gewickelt. In diesen Tüchern, also ohne Sarg, soll er ins Grab gelegt werden. Rechtsseitig oder auf dem Rücken liegend geht die Blickrichtung nach Mekka – und zwar gradgenau. Die Bestattung soll unverzüglich, möglichst noch am Sterbetag, erfolgen. Nahezu jede Form des Grabschmucks und der Grabpflege hat zu unterbleiben. Für gläubige Muslime ist die Erdbestattung die einzig mögliche Bestattungsform, während die Feuerbestattung im Islam verboten ist. «Mit dem Leichenzug wird ... [der Verstorbene] zum Friedhof getragen (bei männlichen Toten kann unterwegs in der Moschee für ihn gebetet werden), wobei er auf einem rein muslimischen oder zumindest einem Muslimen vorbehaltenen Gräberfeld beigesetzt werden muss. Es ist eine Ehre, einer der Sargträger sein zu dürfen, auch Passanten an der Straße

---

464 http://www.bestattungen-schulte.de/01b97196d20136701/01b97196d20136706.html

können den Toten ein Stück des Weges begleiten. Nach der Überlieferung bewirkt das Tragen der Totenbahre Sündenvergebung. Zu diesem Leichenzug gehören traditionell ausschließlich Männer, da die Überlieferung Frauen verbietet, an der Grablegung – und sei es die ihres Ehemannes oder ihrer Kinder – teilzunehmen.»[465] Die muslimischen Gräber «sollen schlicht gestaltet werden, ohne Steineinfassung oder Bedeckung, auch ohne Blumenschmuck. Als Grabschmuck kann eine schlichte Säule (Stele) dienen»[466].

d) *Judentum*

Anders als in asiatischen Religionen, die durchweg die Feuerbestattung praktizieren, gilt sowohl im Islam als auch im jüdisch-christlichen Kulturkreis die Erdbestattung als Norm. Innerhalb des *Judentums* erlauben lediglich progressive Synagogen die Feuerbestattung, die von «orthodoxen» Juden-Gemeinden strikt abgelehnt wird.

Bereits zu biblischen Zeiten war die Körperbestattung auf dem Boden oder auf Bänken von Höhlen und in Felskammern die Regel für Israeliten.[467] Während nach älterer jüdischer Vorstellung der Verstorbene zu den Vätern geht und ein Schattendasein führt, entwickelte sich in der Zeit kurz vor Christi Geburt die jüdische Eschatologie fort: Der Glaube an die Auferstehung der Toten bildete sich heraus. Leitend war der Gerechtigkeitsgedanke, mit dem der Tod und damit das endgültige Scheitern des

---

465 http://www.bestattungen-schulte.de/01b97196d20136701/01b971 96d20136708.html

466 Was jeder vom Islam wissen muss. Hg. v. Amt der VELKD und vom Kirchenamt der EKD, Gütersloh 7. Aufl. 2007, S. 69.

467 Vgl. Robert Wenning, Art. Bestattung. II. Biblisch, in: LThK, Bd. 2, 3. Aufl. 1994, Sp. 322f.

Märtyrers nicht vereinbar war (vgl. 2 Makk 7). Da der Tote bis zur leiblichen Auferstehung am Jüngsten Tage im Grab ruht, sind im Judentum Erdbestattungen vorgeschrieben. Diese müssen so schnell wie möglich nach dem Tode erfolgen. Bisweilen werden die Toten nach Israel überführt, wo nach rabbinischer Auffassung die Auferstehung beginnt.[468] Die Verstorbenen werden mit einem weißen Totengewand («Sarganes») bekleidet und in einer einfachen Holzkiste zur Ruhe gebettet.

Um die Gleichheit aller im Tod deutlich zu machen, darf der Sarg auch nicht mit Silber oder sonstigem Schmuck verziert werden. Bei der Beerdigung gibt es weder Musik noch Blumen. Gewaschen und bekleidet wird der Tote durch die heilige Bruderschaft, die Chewra Kadischa. Beim Begräbnis werden Psalmen zitiert und im Kadisch-Gebet die Herrlichkeit Adonais (so lesen Juden das Tetragramm JHWH, den Namen Gottes, den man nicht ausspricht) beschworen. Die Trauergäste werfen Erde auf den Sarg. Damit die rituellen Vorschriften eingehalten werden können, gibt es eigene jüdische Friedhöfe; auf vielen städtischen Friedhöfen sind gesonderte jüdische Grabfelder geschaffen, um die ewige Ruhe zu ermöglichen. Die siebentägige Trauerwoche, die so genannte Schiv'a, schließt sich für die Hinterbliebenen an die Beerdigung an.

Michael Rosenkranz schreibt über den Umgang mit dem toten Leichnam eines Juden: «Auch wenn wir wissen, dass alles Weiche am Körper sich in der Erde auflöst und schließlich nur die Knochen übrig bleiben, so achten wir doch mit besonderer Sorgfalt darauf, dass der Leib des Verstorbenen unversehrt bleibt: Er ist die sichtbare Ent-

---

468 Vgl. Günter Stemberger, Art. Bestattung. III. Im Judentum, in: LThK, Bd. 2, 3. Aufl. 1994, Sp. 323.

sprechung der geistigen Gestalt des Verstorbenen. Nach unserer Überzeugung würde sie bei einer Verletzung des Leibes mit verletzt werden. Denn wir Juden glauben daran, dass wir beim Kommen des Maschiach (Messias) in dieser Gestalt wieder auferstehen werden. Und deshalb werden jüdische Gräber auch nicht nach einer bestimmten Zeit aufgehoben – die Toten dürfen darin unangetastet ruhen bis zu jener fernen Zeit.»[469]

2. Die christliche Bestattung

«Für Christen und für die kirchlichen Gemeinden ist die Bestattung der Toten bestimmt von Pietät und Erinnerung, von Trauer und Mitsorge, von gemeinsamem Gedenken und Gebet. All dies ist umgriffen vom Horizont der Hoffnung des Glaubens. Deshalb ist eine würdige, von christlichem Geist bestimmte Bestattung für die christliche Gemeinde Verpflichtung und Aufgabe»[470], so die deutschen Bischöfe.

Der Liturgiewissenschaftler Reiner Kaczynski betont, dass der christliche Bestattungsritus nicht mehr, wie vor dem Zweiten Vatikanischen Konzil, den Aspekt der «Lösung des Verstorbenen von den Sündenstrafen» betonen, sondern er nun – nach Wegfall des «Libera» und des «Dies irae» ein Verabschiedungsritus sei.[471] Doch dies ist aus christlicher Sicht viel zu wenig.

---

469 http://www.talmud.de/cms/Tod_eines_Menschen.76.0.html
470 Die deutschen Bischöfe, Tote begraben und Trauernde trösten. Bestattungskultur im Wandel aus katholischer Sicht (20. Juni 2005) =DeuBi 81, S. 20.
471 Vgl. Rainer Kaczynski, Art. Begräbnis, in: LThK, Bd. 2, 1994, Sp. 146-148.

a) Der christliche Bestattungsort

In der Geschichte des Christentums erfolgte die Bestattung der Toten zunächst außerhalb der Städte. Man wünschte sich aber, in der Nähe der Märtyrer, der Blutzeugen Christi, bestattet zu werden, um ihrer Fürsprache gewiss zu sein. Weil die Märtyrer in Kirchen bestattet wurden, mühte man sich, ihres Gebetsgedenkens gewiss zu sein, indem man sich selbst auch in einer Kirche bestatten ließ, was Papst Gregor I. noch billigte. Bis heute ist es christlicher Brauch, unter den Altären Reliquien der Märtyrer und der übrigen Heiligen zu bestatten. Ansonsten haben nur noch die Bischöfe das Recht, in ihren Kathedralen bestattet zu werden. Der Wunsch nach Bestattung in der Kirche wurde im 13./14. Jhdt. durch die Entwicklung der Fegfeuerlehre noch verstärkt; man hoffte sich daraus Linderung durch die Zuwendung der Messopferfrüchte und des Gebetes der Gläubigen.

Auf den Grabtafeln, die in Kirchen – wie z.B. im Augsburger Dom – angebracht sind, werden die Vorübergehenden direkt angesprochen: «Sta Viator – Bleib stehen, Erdenpilger, und lies, und bete für den Verstorbenen: Precare Pro Peccatore heic Resurrectionem Carnis Exspectante – Bete für den Sünder, der hier auf die Auferstehung des Fleisches wartet.» – Und dann der «memento mori»-Spruch: «Qui fuit. Tu quis es. Atque eris»[472] – Was er einst war, das bist du jetzt – und was er jetzt ist, das wirst Du einst sein: Er war Erdenpilger – wie Du jetzt – und jetzt ist er im Endstand, was auch Du bald sein wirst. Konnte eine Bestattung nicht in der Kirche selbst erfolgen, dann sollte sie zumindest in der Nähe der Kirche, auf dem Kirchhof, dem Gottesacker vorgenom-

---

472 Grabplatte des Domherrn Mehler († 1517), im Kreuzgang des Hohen Domes zu Augsburg.

men werden. Dies ist der Ursprung unserer Dorffriedhöfe, die um die Kirche herum angelegt sind. Wegen Überfüllung der Kirchen und Kirchhöfe begann man ab dem 14./15. Jhdt., verstärkt im 16. Jhdt., die Toten außerhalb der Städte auf Friedhöfen zu bestatten. Ab dem 18. Jhdt. wurde der Friedhof dann weniger als Kultort der Kirche denn als sanitäre Einrichtung der bürgerlichen Gemeinde verstanden, womit eine Säkularisierung der Bestattung sowie der Trauerkultur ihren Anfang nahm.[473]

b) Die christliche Erdbestattung als Nachahmung des Begräbnisses Christi

Was ist nun die angemessene Form einer christlichen Bestattung? Im Johannesevangelium spricht Jesus das Wort: «Amen, amen, ich sage euch: Wenn das Weizenkorn nicht in die Erde fällt und stirbt, bleibt es allein; wenn es aber stirbt, bringt es reiche Frucht» (Joh 12,24). Das Bild vom Weizenkorn, das in die Erde fällt und stirbt, legt es nahe, verstorbene Christen in der Erde zu bestatten. Auch der Herr selbst wurde in ein Grab gelegt. Im Johannesevangelium heißt es dazu: «Sie nahmen den Leichnam Jesu und umwickelten ihn mit Leinenbinden, zusammen mit den wohlriechenden Salben, wie es beim jüdischen Begräbnis Sitte ist. An dem Ort, wo man ihn gekreuzigt hatte, war ein Garten, und in dem Garten war ein neues Grab, in dem noch niemand bestattet worden war. Wegen des Rüsttages der Juden und weil das Grab in der Nähe lag, setzten sie Jesus dort bei» (Joh 19,40-42).[474]

---

473 Vgl. Sebastian Scholz, Art. Bestattung. IV. Kirchengeschichte, in: LThK, Bd. 2, 3. Aufl. 1994, Sp. 323f.

474 Matthäus spricht von einem Felsengrab: «Gegen Abend kam ein reicher Mann aus Arimathäa namens Josef; auch er war ein Jünger Jesu. Er ging zu Pilatus und bat um den Leichnam Jesu. Da befahl Pilatus, ihm den Leichnam

Christen verstanden das Grab Jesu seit jeher nur als ein «kurzes Ruhelager», in dem der Leichnam Jesu weilte, während die Seele Jesu in die Unterwelt hinabfuhr, um Adam und die Gerechten des Alten Bundes aus dem Limbus patrum («Vorhölle der Väter», d.h. aus dem zeitlichen Verdammungsort der gerechten Frauen und Männer, die vor Jesus gelebt hatten) zu befreien, und um dann am dritten Tage mit verklärtem Leib herrlich aus dem Grab aufzuerstehen.

c) Das Erdbegräbnis als Konsequenz aus dem Auferstehungsglauben

Wie Christus aus dem Grabe auferstand, so sollen auch die Christen einmal aus ihren Gräbern auferstehen. Dieser theologische Gedankengang führte zur logischen Konsequenz, die verstorbenen Leiber der Christen ebenfalls in einem Grab ruhen zu lassen, aus dem heraus sie einmal auferstehen könnten. Paulus bringt die Auferstehung Jesu daher direkt mit der Auferstehung aller Toten in Verbindung, wenn er sagt: «Wenn aber verkündigt wird, dass Christus von den Toten auferweckt worden ist, wie können dann einige von euch sagen: Eine Auferstehung der Toten gibt es nicht? Wenn es keine Auferstehung der Toten gibt, ist auch Christus nicht auferweckt worden. Ist aber Christus nicht auferweckt worden, dann ist unsere

---

zu überlassen. Josef nahm ihn und hüllte ihn in ein reines Leinentuch. Dann legte er ihn in ein neues Grab, das er für sich selbst in einen Felsen hatte hauen lassen. Er wälzte einen großen Stein vor den Eingang des Grabes und ging weg» (Mt 27,57-60). Kürzer heißt es bei Markus: «Josef kaufte ein Leinentuch, nahm Jesus vom Kreuz, wickelte ihn in das Tuch und legte ihn in ein Grab, das in einen Felsen gehauen war. Dann wälzte er einen Stein vor den Eingang des Grabes» (Mt 15,46). Ebenso heißt es bei Lukas über Josef: «Und er nahm ihn vom Kreuz, hüllte ihn in ein Leinentuch und legte ihn in ein Felsengrab, in dem noch niemand bestattet worden war» (Lk 23,53).

Verkündigung leer und euer Glaube sinnlos. Wir werden dann auch als falsche Zeugen Gottes entlarvt, weil wir im Widerspruch zu Gott das Zeugnis abgelegt haben: Er hat Christus auferweckt. Er hat ihn eben nicht auferweckt, wenn Tote nicht auferweckt werden. Denn wenn Tote nicht auferweckt werden, ist auch Christus nicht auferweckt worden. Wenn aber Christus nicht auferweckt worden ist, dann ist euer Glaube nutzlos und ihr seid immer noch in euren Sünden; und auch die in Christus Entschlafenen sind dann verloren» (1 Kor 15,12-18).

Daher kann man zu Recht sagen, dass die Form des christlichen Begräbnisses – nämlich die Erdbestattung – eine direkte Folge aus dem Glauben an die Auferstehung der Toten, an die Auferstehung des Fleisches, am Jüngsten Tage ist.

Im Credo des Konzils von Konstantinopel 381 hat die Kirche ihr Bekenntnis festgeschrieben: «Ich erwarte die Auferstehung der Toten und das Leben der kommenden Zeit.»[475] In Jesus Christus ist die Auferstehung personifiziert: «Ich bin die Auferstehung und das Leben» (Joh 11,25). Der Mensch ist nicht nur reine Geistseele wie die Engel, sondern zu seinem vollen Personsein gehören Leib und Seele. Nach dem Tod gelangt die Seele zwar unmittelbar in das ewige Heil, an den Läuterungsort oder ins ewige Verderben, doch die anima separata muss zugleich warten, dass sie am Ende der Zeit mit ihrem (beim Heiligen: verklärten) Leib vereint wird (vgl. KKK 997). Nur unser Herr sowie seine heiligste Mutter genießen das Privileg, bereits jetzt mit Leib und Seele verherrlicht zu sein.

Wie Christus im Grabe lag bis zum Ostermorgen, so erwarten auch die Christen am Ende der Zeit die Aufer-

---

[475] Nizäno-Konstantinopolitanisches Glaubensbekenntnis, in: DzH 150.

stehung von den Toten. Das Grab ist der Ort, an dem die Toten «schlafen», um dann von den Posaunen der Engel am Jüngsten Tag geweckt zu werden. Das Bild vom Tod als «Schlaf» prägt auch unser Gebet für die Verstorbenen, wenn es heißt: «R.I.P. – Requiescat in pace – er möge ruhen in Frieden – Herr, gib ihnen die ewige Ruhe. Und das ewige Licht leuchte ihnen. Herr, lass sie ruhen in Frieden. Amen.» Das Grab als Ort des «Schlafes», an dem die Leiber auf die Auferstehung am Jüngsten Tag warten. Verständlich, dass diese Vorstellung die Erdbestattung nahe legt und zunächst einmal inkompatibel ist mit einer Feuerbestattung, wie sie andere Religionen pflegen, die an eine Reinkarnation der Seele, an eine Wiedergeburt der Seele in einem anderen Leib glauben, oder wie die Materialisten, für die die Existenz des Individuums mit dem Tode beendet ist, so dass vom Menschen nur noch Asche übrigbleibt.

d) Die Identität des Auferstehungsleibes mit dem irdischen Leib

Aufgrund des Glaubens an die Auferstehung der Toten ist der Leichnam des Verstorbenen kein Kadaver, den es zu entsorgen gilt, sondern Überbleibsel – Reliquie –, die auf die Auferstehung und Wiedervereinigung mit der im Tod vom Leib getrennten Seele harrt.[476]

Während das *Konzil von Konstantinopel 325* von der «Auferstehung der Toten» (resurrectionem mortuorum) spricht, finden wir im *Apostolischen Glaubensbekenntnis* die Formel «carnis resurrectionem»[477], also «Auferstehung des Fleisches», die noch deutlicher die Identität des Auf-

---

476 Vgl. Katechismus der Katholischen Kirche 997-1001.
477 Missale Romanum, ed. typ. tertia, Vatican 2002, S. 514.

erstehungsleibes mit dem irdischen Leib betont.[478] Der Leib, der in das Grab gelegt wird, wird auch auferstehen – natürlich nicht als verweslicher, sondern als verklärter Leib. Es handelt sich aber nicht um einen ätherischen Leib oder eine rein geistige Größe, sondern um irdische Materie, menschliches Fleisch, das verklärt wird.

Für Christen ist der Leib, sein Fleisch, nach dem Tode nur zeitweise von der Seele getrennt – er wird auferstehen in «diesem» Leib. So heißt es schon in der *«Fides Damasi»* genannten Formel aus dem 5. Jahrhundert: «Wir glauben, ... von ihm auferweckt zu werden am jüngsten Tag in diesem Fleisch, in dem wir jetzt leben [in hac carne, qua nunc vivimus].»[479] Ähnlich im *Pseudo-Athanasischen Glaubensbekenntnis «Quicumque»*: «Bei seiner Ankunft müssen alle Menschen mit [in] ihren Leibern auferstehen und Rechenschaft ablegen über ihre eigenen Taten; und die Gutes getan haben, werden in das ewige Leben eingehen, die aber Böses [getan haben], ins ewige Feuer.»[480] Wer im 5. Jahrhundert Bischof werden wollte, musste sich einer Glaubensprüfung unterziehen; im entsprechenden Fragenkatalog, den *Statuta Ecclesiae Antiqua*, stand u.a.: «Man soll ihn auch fragen, ob er [an] die Auferstehung dieses Fleisches, das wir tragen, und nicht eines anderen glaubt.»[481] Die *4. Synode von Toledo (633)* bekennt, dass wir von Jesus Christus «am Jüngsten Tag in dem Fleisch auferweckt ... werden, in dem wir jetzt leben»[482]. Der Auferstehungsleib des Menschen ist identisch mit dem

---

478 Den Rubriken zufolge soll das Apostolische Glaubensbekenntnis besonders in der Fasten- und Osterzeit anstelle des Nizäno-Konstantinopolitanum treten.
479 Fides Damasi (5. Jhdt.), in: DzH 72.
480 Pseudo-Athanasisches Glaubensbekenntnis «Quicumque»(5.-8. Jhdt.?), in: DzH 76.
481 Statuta Ecclesiae Antiqua (5. Jhdt.), in: DzH 325.
482 4. Synode von Toldo (633), in: DzH 485.

Leib, in dem wir auf Erden gelebt haben. Dies lehrt beispielsweise klar die *11. Synode von Toledo (675):* «Wir bekennen nun, dass nach diesem Beispiel unseres Hauptes die wahre Auferstehung des Fleisches aller Toten geschieht. Wir glauben, dass wir weder in einem luftförmigen noch in irgendeinem anderen Fleisch (wie manche daherphantasieren) auferstehen werden, sondern in dem, in dem wir leben, bestehen und uns bewegen.»[483] So betont es auch die *16. Synode von Toledo (693),* dass wir glauben, «dass auch wir am Ende dieser Zeit auferstehen werden, nicht in einem luftigen Schemen [non in aeria] oder im Schemen [Schatten] einer eingebildeten Erscheinung [vel in phantasticae visionis umbra], wie es die verwerfliche Meinung gewisser Leute behauptet [d.h. Eutyches]»[484].

Im Glaubensbekenntnis des Papstes *Leo IX. (1053)* heißt es: «Ich glaube auch [an] die wahre Auferstehung eben dieses Fleisches, das ich jetzt an mir trage.»[485] Ebenso betont das den Waldensern von Papst *Innozenz III. (1208)* vorgeschriebene Credo: «Wir glauben von Herzen und bekennen mit dem Mund die Auferstehung dieses Fleisches, das wir tragen, und nicht eines anderen.»[486] Und so heißt es in der dogmatischen Definition des *4. Laterankonzils (1215)* über die Menschen am Jüngsten Tag: «Sie alle werden mit ihren eigenen Leibern auferstehen, die sie jetzt tragen, damit jene mit dem Teufel die ewige Strafe und diese mit Christus die immerwährende Herrlichkeit empfangen, je nach ihren Werken, ob sie gut waren oder

---

483 11. Synode von Toledo (07.11.675), Glaubensbekenntnis, in: DzH 540.

484 16. Synode von Toledo (02.05.693), Glaubensbekenntnis, in: DzH 574.

485 Leo IX., Brief «Congratulamur vehementer» an Petrus, den Patriarchen von Antiochien (13.04.1053), in: DzH 684.

486 Innozenz III., Brief «Eius exemplo» an den Erzbischof von Tarragona (18.12.1208), in: DzH 797.

schlecht.»[487] Genauso heißt es im Glaubensbekenntnis des 14. ökumenischen und *2. Konzils von Lyon (1274)*: «Wir glauben ... an die wahre Auferstehung dieses Fleisches, das wir jetzt tragen.»[488]

Dass unser Leib nach der Auferstehung verklärt und trotzdem mit unserem irdischen Leib identisch sein wird, legt schon Paulus dar, der im Bild vom Weizenkorn, das in die Erde gelegt wird, um dann umso herrlicher wieder aus der Erde herauszuwachsen, die Problematik klärt, wie aus einem verwesten Leib ein herrlicher Auferstehungsleib entstehen kann: «Nun könnte einer fragen: Wie werden die Toten auferweckt, was für einen Leib werden sie haben? Was für eine törichte Frage! Auch das, was du säst, wird nicht lebendig, wenn es nicht stirbt. Und was du säst, hat noch nicht die Gestalt, die entstehen wird; es ist nur ein nacktes Samenkorn, zum Beispiel ein Weizenkorn oder ein anderes ... So ist es auch mit der Auferstehung der Toten. Was gesät wird, ist verweslich, was auferweckt wird, unverweslich. Was gesät wird, ist armselig, was auferweckt wird, herrlich. Was gesät wird, ist schwach, was auferweckt wird, ist stark. Gesät wird ein irdischer Leib, auferweckt ein überirdischer Leib. Wenn es einen irdischen Leib gibt, gibt es auch einen überirdischen» (1 Kor 15,35-37.42-44).

Die christliche Vorstellung von der Auferstehung der Toten legt daher nahe, dass Christen in der Regel mit ihrem Leichnam in der Erde bestattet werden – gleichsam Weizenkörner, die darauf warten, am Ende der Tage – plötzlich – auferweckt zu werden: «Die Posaune

---

487 4. Konzil im Lateran (11.-30.11.1215), Kap. 1. Der katholische Glaube. Definition gegen die Albigenser und Katharer, in: DzH 801.

488 2. Konzil von Lyon, 4. Sitzung (06.07.1274). Glaubensbekenntnis des Kaisers Michael Palaiologos, in: DzH 854.

wird erschallen, die Toten werden zur Unvergänglichkeit auferweckt» (1 Kor 15,52).

3. Das Bestattungswesen in der kirchlichen Ordnung

In kirchenrechtlicher Sicht hat sich seit der Promulgation des neuen kirchlichen Gesetzbuches aus dem Jahre 1983 ein nicht unbedeutender Wandel gegenüber der aus dem Jahre 1917 geltenden Rechtslage vollzogen.

a) Das kirchliche Gesetzbuch CIC/1917

Im CIC von 1917 gab es noch 40 Kanones, die dezidiert die kirchliche Bestattungsordnung regelte. Grundsätzlich erklärte das kirchliche Gesetzbuch zunächst einmal: «Es besteht die Pflicht, die Leichen der Gläubigen zu bestatten. Die Leichenverbrennung wird demnach verboten» (c. 1203 CIC/1917).

Das Verbot der Feuerbestattung durch Karl den Großen hatte über 1000 Jahre lang diese Form der Bestattung verdrängt. In Europa kam die Feuerbestattung erst wieder im Jahre 1800 im Zuge der Französischen Revolution auf. «In der Epoche der Aufklärung und besonders während der Französischen Revolution wurde leidenschaftlich für die Feuerbestattung gekämpft, hauptsächlich mit antikirchlichen und antichristlichen Tendenzen.»[489] 1869 machte der Freimaurerkongress in Neapel die Feuerbestattung zu seinem Kampfmittel gegen die Kirche. Im Jahre 1876 bzw. 1878 wurden die ersten Krematorien in Mailand bzw. Gotha eröffnet. Auch von marxistischer

---

489 Die deutschen Bischöfe, Tote begraben und Trauernde trösten. Bestattungskultur im Wandel aus katholischer Sicht (20. Juni 2005) =DeuBi 81, S. 21.

Seite wurde die Feuerbestattung propagiert, u.a. durch die Gründung des Vereins für Freidenker für Feuerbestattung (1905) wurde sie auch praktisch gefördert. Es ist verständlich, dass die Kirche auf dem Hintergrund dieser glaubensfeindlichen Motivation bei der Wahl der Feuerbestattung Ende des 18. und Beginn des 19. Jhdt. ein kategorisches Verbot aussprach, da die Befürworter derselben mit der Wahl der Feuerbestattung den Glauben an die Unsterblichkeit der Seele und der Auferstehung der Toten untergraben wollten. Bis zum Jahre 1926 wurde das Verbot der Feuerbestattung von der Kirche dreimal eingeschärft und präzisiert. Selbst wenn ein Verstorbener zu Lebzeiten die Feuerbestattung gewünscht hatte, war es den Angehörigen verboten, sie durchführen zu lassen. Geschah sie dennoch, war das kirchliche Begräbnis zu verweigern.[490]

«Die DDR propagierte bewusst und ausdrücklich die Feuerbestattung, förderte sie staatlicherseits finanziell und stellte sie als gesamtgesellschaftliches Anliegen dar: Eine neue Einstellung zum Totenkult sollte in Absage an das Erbe des Christentums entstehen. Ideologisch begründete Urnengemeinschaftsanlagen brachten auch kostenmäßige Vorteile. Der Anteil der Feuerbestattungen lag schließlich in der DDR landesweit bei 67 Prozent. Die meisten von ihnen wurden in nichtkirchlichen Feiern mit säkularen Riten vorgenommen.»[491]

Zur Nomenklatur sei am Rande vermerkt: Der Ausdruck Exequien (eigentlich Exsequien; von lat. exsequi «hinausgeleiten, aussegnen») bezeichnet in der Liturgie der katholischen Kirche die Riten und Handlungen zwi-

---

490 Vgl. Elmar Güthoff, Art. Feuerbestattung, in: LThK, Bd. 3, 3. Aufl. 1995, Sp. 1265f.

491 Die deutschen Bischöfe, Tote begraben und Trauernde trösten. Bestattungskultur im Wandel aus katholischer Sicht (20. Juni 2005) =DeuBi 81, S. 22.

schen dem Tod und dem Begräbnis eines Christen, jedoch in erster Linie die Totenmesse vor der Beerdigung. Während beispielsweise im Rheinland der Begriff «Exequien» verwendet wird, sagt man im Süddeutschen eher «Requiem». Das Requiem ist die Heilige Messe für Verstorbene (auch Missa pro defunctis). Der Begriff bezeichnet sowohl die Liturgie der Heiligen Messe bei der Begräbnisfeier der katholischen Kirche als auch kirchenmusikalische Kompositionen für das Totengedenken. Er leitet sich vom ersten Wort des Introitus «Requiem aeternam dona eis, Domine» («Ewige Ruhe schenke ihnen, o Herr») ab.

Was uns heute als Praxis im städtischen Bereich ungewöhnlich erscheint, regelte das alte Kirchenrecht dezidiert; das kirchliche Begräbnis hat nämlich drei Teile (c. 1204):
- die Überführung der Leiche in die Kirche,
- die Abhaltung der Exequien in der Kirche in Gegenwart der Leiche sowie
- die Beisetzung an einem zur Bestattung der Gläubigen rechtmäßig bestimmten Ort.

Diese Trias ist heute leider vielerorts nur noch in Ausnahmefällen üblich. In der Regel wird heute der Leichnam vor allem in den städtischen Gebieten nicht mehr in die Kirche getragen, sondern wartet bereits in der Leichenhalle. Und auch konfessionelle Friedhöfe verschwinden immer mehr zugunsten kommunaler Friedhöfe. Daraus ergibt sich das pastorale Problem, dass der unmittelbare Zusammenhang zwischen Exequien und Beerdigung als liturgischer Ritus und kultisches Ritual am Verstorbenen weniger stark deutlich wird. Auch die Totenmesse als Entsühnungsritus für den Verstorbenen wird so – da der Leichnam nicht im Kirchenraum anwesend ist – nicht mehr präsent, was vielfach dazu führt, dass der Beerdigungsgottesdienst auf einen Trauerritus für die

Hinterbliebenen reduziert wird und die Beerdigung sich auf einen Abschiedsritus beschränkt. Beides ist an sich nicht christlich, denn der Christ soll eben nicht trauern wie die anderen, die keine Hoffnung haben (vgl. 1 Thess 4,13), und wer an die communio sanctorum (Gemeinschaft der Heiligen) der vollendeten Seelen im Himmel, der zu läuternden Seelen im Fegfeuer und der Gläubigen auf Erden glaubt, hat keinen Grund, «Abschied» zu nehmen, bleibt diese Gemeinschaft doch auch über den Tod hinaus bestehen. Hier bringt die frühere kirchliche Ordnung noch deutlicher zum Ausdruck, dass es sowohl bei den Exequien als auch bei der Beerdigung in erster Linie nicht um Trauerbewältigung der Hinterbliebenen und Abschied vom Toten geht, sondern um das Seelenheil des Verstorbenen, dem, sofern sich seine Seele am Läuterungsort befindet, durch die Darbringung des Messopfers, das Gebet für den Verstorbenen sowie die am Leichnam vollzogenen Riten (Beweihräucherung, Besprengen mit Weihwasser) und natürlich auch durch die Gewinnung eines vollkommenen oder Teil-Ablasses, der fürbittweise dem Verstorbenen zugewendet werden kann, Linderung beim Erleiden oder Befreiung aus der postmortalen Läuterung im Purgatorium zuteil werden soll. Ist die Seele des Verstorbenen bereits in der Herrlichkeit des Himmels, so gereichte ihm all das zu einer größeren Herrlichkeit (wie ja auch bei Messen zu Ehren eines kanonisierten Heiligen).

Ein *erstes Kapitel* innerhalb der kirchlichen Ordnung für das Begräbnis befasst sich mit den Friedhöfen (cc. 1205-1214 CIC/1917). Hier sind konkrete Bestimmungen enthalten, wie zum Beispiel die Pflicht, die verstorbenen Gläubigen auf einem gesegneten Friedhof zu beerdigen (c. 1205 CIC/1917), Priester und Kleriker von Laien getrennt und an bevorzugtem Ort zu bestatten (c. 1209

CIC/1917) und einen eigenen Bestattungsplatz vorzusehen für die, denen die kirchliche Beerdigung verweigert wird (c. 1212 CIC/1917). Behandelt wird auch, dass eine Exhumierung nur mit Erlaubnis des Ordinarius (c. 1214 CIC/1917) stattfinden darf, entweder um Verbrechen aufzuklären, oder um für andere Leichen Platz zu machen, oder zur Verehrung von Reliquien eines Dieners Gottes.

Ein *zweites Kapitel* des früheren kirchlichen Gesetzbuches befasst sich mit den drei Teilen der Totenliturgie: der Überführung der Leiche in die Kirche, den Exequien und der Beisetzung (cc. 1215-1238 CIC/1917). Hierzu gehört die «Pflicht, die Leichen der Gläubigen vor ihrer Beerdigung ... in die Kirche zu überführen ... In der Kirche muss der ganze von den lit. Büchern für die Exequien vorgeschriebene Ritus stattfinden» (c. 1215 CIC/1917). Der Codex nennt auch das Recht des Gläubigen, zu bestimmen, in welcher Kirche die Exequien und auf welchem Friedhof die Beerdigung stattfinden soll (c. 1223 CIC/1917). Streng festgehalten wird: Wer die Exequien hält, hat die Pflicht, die Leiche zur Grabstätte zu begleiten (c. 1231). Auch rituelle Bestimmungen, die heute ungewöhnlich klingen, enthält das frühere kirchliche Gesetzbuch, so zum Beispiel: Kleriker dürfen niemals die Leiche eines Laien tragen (c. 1233 § 4 CIC/1917).

Finanzielle Fragen werden ebenfalls geklärt – allerdings mit sozialer Weitsichtigkeit: «Von den Armen dürfen keine Gebühren verlangt werden. Dessenungeachtet müssen aber auch die Armen eine würdige Beerdigung erhalten» (c. 1235 § 2 CIC/1917).

Im *dritten Kapitel* des früheren kirchlichen Gesetzbuches geht es um die Gewährung und Verweigerung des kirchlichen Begräbnisses (cc. 1239-1242 CIC/1917). Generell gilt: «Ungetaufte [abgesehen von Katechumenen] dürfen nicht kirchlich beerdigt werden» (c. 1239 CIC/1917). Außerdem werden Exequien, kirchliches Begräbnis und Jahresgedächtnis folgenden Personengruppen verweigert (cc. 1240-1241 CIC/1917): Apostaten, Häretikern, Schismatikern, Freimaurern, Nihilisten und Anarchisten, Exkommunizierten oder Interdizierten, freiwilligen Selbstmördern, Duellanten, Anhängern der Leichenverbrennung, öffentlichen und offenkundigen Sündern, d.h. Konkubinariern, nur standesamtlich Verheirateten, Christen, die regelmäßig ihre Osterpflicht vernachlässigten sowie im Allgemeinen Verbrecher, die als Verbrecher starben.

b) Das kirchliche Gesetzbuch der lateinischen Katholiken CIC/1983

Im neuen kirchlichen Gesetzbuch CIC für die lateinischen Katholiken aus dem Jahre 1983 haben sich die kirchlichen Bestimmungen über das kirchliche Begräbnis um drei Viertel auf nur 10 Kanones (plus 4 Kanones an anderer Stelle) reduziert. Zunächst gibt es wieder eine grundsätzliche Bestimmung:

«Can. 1176 – § 1. Den verstorbenen Gläubigen ist nach Maßgabe des Rechts ein kirchliches Begräbnis zu gewähren.

§ 2. Das kirchliche Begräbnis, bei dem die Kirche für die Verstorbenen geistlichen Beistand erfleht, ihren Leib ehrt und zugleich den Lebenden den Trost der Hoffnung gibt, ist nach Maßgabe der liturgischen Gesetze zu feiern.

§ 3. Nachdrücklich empfiehlt die Kirche, dass die fromme Gewohnheit beibehalten wird, den Leichnam Verstorbener zu beerdigen; sie verbietet indessen die Feuerbestattung nicht, es sei denn, sie ist aus Gründen gewählt worden, die der christlichen Glaubenslehre widersprechen.» So könnte man sich kirchlicherseits auf die Beisetzung der Urne beschränken.

Das apodiktische Verbot der Feuerbestattung ist hier also aufgegeben worden. Sowohl im kirchlichen Gesetzbuch der lateinischen Kirche (CIC) wie in dem der katholischen Ostkirchen (CCEO) haben die Gläubigen zwischen der Erdbestattung, die als fromme Gewohnheit ausdrücklich empfohlen wird, und der Feuerbestattung zu wählen, jedenfalls insofern Letztere nicht aus Gründen gewählt wurde, die der christlichen Glaubenslehre widersprechen (c. 1176 § 3 CIC bzw. can. 876 § 3 CCEO). In diesem Falle wäre das kirchliche Begräbnis zu verweigern (c. 1184 § 1 n.2 CIC; can. 877 CCEO). Ansonsten gilt, was der Katechimus sagt: «Die Kirche gestattet die Einäscherung, sofern diese nicht den Glauben an die Auferstehung des Fleisches in Frage stellen will.»[492]

Ein *erstes Kapitel* handelt von der Begräbnisfeier. Die Bestimmung, dass der Leichnam in die Kirche getragen wird und die Exequien in Gegenwart der Leiche stattfinden müssen, ist im Codex weggefallen, wird aber in der liturgischen Ordnung immerhin weiterhin als Normalfall vorgesehen. Dies ist nur noch in Ausnahmefällen üblich. Neben der Regel, dass die Exequien in der Pfarrkirche des verstorbenen Gläubigen stattfinden sollen, wird die freie Wahl der Kirche für die Exequien sowie des Friedhofes für die Beerdigung erklärt (c. 1177-1180). Wie schon im alten kirchlichen Gesetzbuch werden Bestimmungen zu den Gebühren genannt – aber den Armen darf eine gebührende Begräbnisfeier nicht vorenthalten werden (c. 1181).

Im *Kapitel 2* über die Gewährung und Verweigerung des kirchlichen Begräbnisses ist im Gegensatz zu den frü-

---

[492] KKK 2301.

heren kirchlichen Bestimmungen neu hinzugekommen: «Wenn Eltern vorhatten, ihre Kinder taufen zu lassen, diese aber vor der Taufe verstorben sind, kann der Ortsordinarius gestatten, dass sie ein kirchliches Begräbnis erhalten» (c. 1183 § 2).

Diese Regel trägt dem pastoralen Gedanken Rechnung, dass christlichen Eltern, die ein Neugeborenes verlieren, nicht auch noch das kirchliche Begräbnis ihres Kindes verweigert werden soll, was ihnen zusätzlichen Schmerz bereiten würde. Dies steht natürlich auch in Bezug zu neueren Erwägungen über die Heilsmöglichkeit ungetaufter Kinder im Weltkatechismus[493] und in der Enzyklika «Evangelium vitae». Das führt zum Verzicht auf die Rede vom limbus puerorum, womit das theologische Problem der Frage der Notwendigkeit der Taufe für das Heil des unmündig sterbenden Menschen allerdings noch überhaupt nicht geklärt ist.[494]

Allerdings muss man hierbei wissen, dass Papst Johannes Paul II. den originalen, ursprünglichen Text seiner Enzyklika nachträglich geändert hat. Zunächst lautete der entsprechende Satz der Enzyklika: «Tunc percipietis nihil periisse et licebit vobis etiam ab infante vestro veniam petere, qui nunc in Domino vivit.»[495] Dementsprechend

---

[493] Vgl. KKK 1261.

[494] Vgl. Peter Christoph Düren, Die Rechtfertigung Unmündiger ohne Taufe aufgrund einer im Zusammenhang mit dem Tod stehenden Entscheidungsmöglichkeit. Ein Beitrag zur Wirkungsgeschichte des Thomas-Kommentars von Kardinal Cajetan de Vio, in: Doctor Angelicus. Internationales Thomistisches Jahrbuch. Bd. 1 (2001), S. 69-98. Kardinal Ratzinger hatte sich als Privattheologe für einen Abschied von der Lehre über den Limbus puerorum ausgesprochen (vgl. Joseph Ratzinger, Zur Lage des Glaubens. Ein Gespräch mit Vittorio Messori, München u.a. 1985, S. 154 f). Im Jahre 2007 – nach Wahl Kardinal Ratzingers zum Papst (2005) nahm die Internationale Theologenkommission in diesem Sinne zur Lehre vom Limbus puerorum Stellung.

[495] Joannis Pauli PP. OO Summi Pontificis Litterae encyclicae «Evangelium vitae», Libreria Editrice vaticana MCMXCV, S. 123.

lautete der Satz der Enzyklika in der von der Deutschen Bischofskonferenz approbierten Fassung korrekt übersetzt wie folgt: «Ihr werdet merken, dass nichts verloren ist, und werdet auch euer Kind um Vergebung bitten können, das jetzt im Herrn lebt.»[496] Daraus konnte logischerweise gefolgert werden, dass Papst Johannes Paul II. «eine heilsoptimistische Betrachtungsweise in Bezug auf die abgetriebenen Kinder» vertrete, denn: «Damit ist offensichtlich die Theorie des limbus puerorum verlassen; denn wer ‹im Herrn lebt›, ist wohl auch in der Gottesschau.»[497]

Doch hat sich in dieser Frage ganz offensichtlich das höchste Lehramt in allerletzter Minute selbst korrigiert, da die Enzyklika eine «sensationelle Textgeschichte»[498] aufweist. Denn die im offiziellen Amtsblatt des Papstes «Acta Apostolicae Sedis» schließlich abgedruckte Fassung lautet – im Unterschied zur ersten offiziellen Ausgabe – ganz anders: «Infantem autem vestrum potestis Eidem Patri Eiusque misericordiae cum spe committere», zu deutsch: «Euer Kind aber könnt ihr demselben Vater und Seiner Barmherzigkeit mit Hoffnung anvertrauen.»[499] Barth folgert daraus: «Offenbar wurde also der Papst in letzter Minute noch korrigiert (oder korrigierte sich

---

496 Enzyklika Evangelium vitae von Papst Johannes Paul II. an die Bischöfe, Priester und Diakone, die Ordensleute und Laien sowie an alle Menschen guten Willens über den Wert und die Unantastbarkeit des menschlichen Lebens, = VApS 120, Bonn 1995, S. 118 f.

497 Peter Christoph Düren, Die Rechtfertigung Unmündiger ohne Taufe ..., in: Doctor Angelicus 1 (2001), S. 69-98, hier: S. 79; vgl. Johannes M. Schwarz, Zwischen Limbus und Gottesschau. Das Schicksal ungetauft sterbender Kinder in der theologischen Diskussion des zwanzigsten Jahrhunderts. Ein theologiegeschichtliches Panorama, Kisslegg 2006.

498 Heinz-Lothar Barth, Korrektur von Irrtümern auf Druck traditionstreuer Katholiken?, in: Theologisches Nr. 5/6 Mai/Juni 2002, Sp. 155-164, hier: Sp. 160.

499 Zit. nach Barth, a.a.O.

selbst?).»[500] Von einer Heilssicherheit – «euer Kind ..., das jetzt im Herrn lebt» – ist also keine Rede mehr, nur noch ein «mit Hoffnung Anvertrauen». Bedenklich ist jedoch, dass diese Selbstkorrektur des obersten Lehramtes in den landessprachlichen Fassungen nicht rezipiert wurde und nach wie vor auch bei Neuauflagen ignoriert wird. Sogar in der 6. Auflage der offiziellen deutschen Textausgabe aus dem Jahr 2009 ist die unkorrigierte und somit falsche Fassung enthalten[501], obwohl die päpstliche Textänderung seit Jahren offiziell bekannt ist.[502]

Die *Internationale Theologenkommission*, ein Beratungsorgan der Glaubenskongregation ohne eigene lehramtliche Kompetenz, verabschiedete im Jahr 2007 ein Papier[503] mit dem Titel: «Die Hoffnung auf Erlösung für die Kinder, die ohne Taufe sterben.»[504] Dieses theologische Arbeitspapier kommt zwar zu dem heilsoptimistischen Schluss, dass es Hoffnung gebe für das Heil der ungetauft sterbenden Kinder, es handelt sich nicht aber um eine

---

500 Barth, a.a.O.

501 Enzyklika Evangelium vitae von Papst Johannes Paul II. an die Bischöfe, Priester und Diakone, die Ordensleute und Laien sowie an alle Menschen guten Willens über den Wert und die Unantastbarkeit des menschlichen Lebens, = VApS 120, Bonn 1995, 6. Auflage 2009, S. 118 f. http://dbk.de/imperia/md/content/schriften/dbk2.vas/ve_120.pdf

502 Vgl. Heinz-Lothar Barth, Eine Tragödie verharmlost? Zur vatikanischen Theologenkommission: Kommen ungetaufte Kinder in den Himmel?, in: Die Tagespost v. 09.11.2004, S. 12.

503 Vgl. Manfred Hauke, Existiert die Erbsünde nur theoretisch? Eine kritische Würdigung des jüngsten Dokuments der Internationalen Theologenkommission über das Heil ungetauft sterbender Kinder, in: Die Tagespost v. 02.06.2007, S. 5.

504 "La speranza della salvezza per i bambini che muoiono senza battesimo"
http://www.vatican.va/roman_curia/congregations/cfaith/cti_documents/rc_con_cfaith_doc_20070419_un-baptised-infants_it.html

«The Hope Of Salvation For Infants Who Die Without Being Baptised»
http://www.vatican.va/roman_curia/congregations/cfaith/cti_documents/rc_con_cfaith_doc_20070419_un-baptised-infants_en.html

sichere Kenntnis über das Heil, sondern um eine (vage) Hoffnung: «Unser Ergebnis ist, dass die vielen Faktoren, die wir betrachtet haben, uns eine seriöse theologische und liturgische Grundlage für die Hoffnung geben, dass ungetauft sterbende Kinder gerettet werden und die beseligende Gottesschau genießen. Wir heben hervor, dass dies Gründe für eine gebetsvolle *Hoffnung* ergeben, nicht die Grundlage einer sicheren Kenntnis.»[505] Und nach wie vor hält die Theologenkommission fest, dass «die Theorie des Limbus ... eine mögliche theologische Meinung bleibt»[506]. Von einer «Abschaffung des Limbus», wie etliche Medien berichteten, kann also nicht die Rede sein. Eine Sicherheit über das Heil der ungetauft sterbenden Kinder hat weder die Theologenkommission angenommen noch das höchste Lehramt der Kirche je behauptet, bzw. diese Behauptung (siehe die abenteuerliche Textgeschichte von «Evangelium vitae») sogleich wieder zurückgenommen.

Die Verweigerung von Exequien und kirchlichem Begräbnis für verschiedene Personenkreise ist auch im neuen Kirchenrecht nach wie vor vorgesehen (c. 1184-85); dies trifft offenkundige Apostaten, Häretiker und Schismatiker; denjenigen, der sich aus Gründen, die der christlichen Glaubenslehre widersprechen, für die Feuerbestattung

---

505 Nr. 102: «La nostra conclusione è che i molti fattori che abbiamo sopra considerato offrono seri motivi teologici e liturgici per sperare che i bambini che muoiono senza Battesimo saranno salvati e potranno godere della visione beatifica. Sottolineiamo che si tratta qui di motivi di speranza nella preghiera, e non di elementi di certezza.» – «Our conclusion is that the many factors that we have considered above give serious theological and liturgical grounds for hope that unbaptised infants who die will be saved and enjoy the Beatific Vision. We emphasise that these are reasons for prayerful hope, rather than grounds for sure knowledge.»

506 Nr. 41: «Ne consegue dunque che, oltre alla teoria del limbo (che rimane un'opinione teologica possibile), ...» – «Therefore, besides the theory of Limbo (which remains a possible theological opinion), ...»

entschieden hat sowie andere öffentliche Sünder, denen das kirchliche Begräbnis nicht ohne öffentliches Ärgernis bei den Gläubigen gewährt werden kann.

Auch hier kann man eine Milderung in den kirchlichen Bestimmungen entdecken. Maßgeblich ist jetzt nicht mehr, ob jemand ein öffentlicher Sünder ist (also Konkubinarier, nur standesamtlich Verheirateter, ein Christ, der seinen christlichen Pflichten regelmäßig nicht nachkommt sowie im Allgemeinen Verbrecher, die als Verbrecher starben, – hinzukommen muss jetzt, dass eine Bestattung nur dann verboten ist, wenn dies zu einem «öffentlichen Ärgernis bei den Gläubigen» führen würde. Bei der zunehmend liberaleren Einstellung der Gläubigen in Bezug auf das moralische Verhalten kann man davon ausgehen, dass «öffentlichen Sündern» wohl kaum noch das kirchliche Begräbnis verweigert wird – schlicht, weil die öffentliche Sünde nicht mehr zu einem öffentlichen Ärgernis bei den meisten Gläubigen führt – vielleicht ist diese Gleichgültigkeit der öffentlichen Sünde gegenüber das eigentliche Ärgernis, dem der kirchliche Gesetzgeber vielleicht ungewollt Vorschub geleistet hat.

Ergänzend dazu enthält der Teil III (Heilige Orte und Zeiten) noch einen Titel I (Heilige Orte) und darin das Kapitel V (Friedhöfe), in dem in vier Kanones die kircheneigenen Friedhöfe bzw. Bereiche für das Begräbnis der verstorbenen Gläubigen empfohlen werden (c. 1240), Pfarreien, Ordensinstituten, anderen juristischen Personen und Familien eigene Friedhöfe oder Grabanlagen zugesprochen werden (c. 1241), verboten wird, in Kirchen Leichname zu bestatten, mit Ausnahme von Päpsten, Kardinälen und Diözesanbischöfen (c. 1242), und für den Schutz und die Pflege des heiligen Charakters des Friedhofs Sorge getragen wird (c. 1243).

c) Das kirchliche Gesetzbuch der Katholiken der Ostkirche CCEO/1990

Im kirchlichen Gesetzbuch für die katholischen Ostkirchen CCEO lauten die Bestimmungen ähnlich:[507] Auch hier wird in sehr wenigen Kanones das Thema «Friedhöfe und Begräbnisse» behandelt: das Recht der Kirche auf Besitz von Friedhöfen, bzw. möglichst eigenen Bereichen für Christgläubige bzw. wenigstens zu benedizierenden Gräbern sowie das Verbot der Bestattung von Verstorbenen in den Kirchen, abgesehen von Patriarchen, Bischöfen oder Exarchen, sowie eigenen Friedhöfen für Pfarreien, Klöster und übrige Religioseninstitute (c. 874 CCEO); das Recht auf ein kirchliches Begräbnis für alle verstorbenen Christgläubigen und Katechumenen, es sei denn, ihnen sei dieses Recht entzogen worden (c. 875 CCEO); die Möglichkeit, das kirchliche Begräbnis nichtkatholischen Getauften zu gewähren wegen Abwesenheit eines eigenen Amtsträgers, ebenso auch die Begräbnisfeier für kleine Kinder, die die Eltern taufen lassen wollten, und andere, die der Kirche nahe zu sein schienen, die Beisetzung der Asche Verstorbener, sofern sie die Feuerbestattung nicht aus antichristlichen Gründen gewählt haben (c. 876 CCEO); die Verweigerung des kirchlichen Begräbnisses für Sünder, sofern dies zu einem öffentlichen Ärgernis der Gläubigen führen würde (c. 877 CCEO); das Vermeiden einer unterschiedlichen Behandlung aufgrund des Ansehens der Person sowie die Freiwilligkeit von Spenden anlässlich einer Beerdigung (c. 878 CCEO) und die Eintragung ins Totenbuch (c. 879 CCEO).

---

507 Codex Canonum Ecclesiarum Orientialium. Gesetzbuch der katholischen Ostkirchen, Paderborn. Hrsg. von Libero Gerosa und Peter Krämer, Paderborn 2000.

d) Das deutschsprachige Rituale «Die kirchliche Begräbnisfeier» (1972)

Das bisher verwendete Rituale aus dem Jahr 1972 hat eigentlich ausgedient; es entfiel fakultativ mit der Publikation (21.11.2009) des neuen Rituale aus dem Jahr 2009 (obligatorisch am 29.11.2009).[508] Wir werden später noch sehen, dass es vorläufig wieder eingeführt wurde, nachdem die Deutsche Bischofskonferenz am 23. Februar 2010 zu der Feststellung gelangt war, «dass das neue Rituale in der vorliegenden Fassung [von 2009] als gescheitert gelten muss»[509].

e) Das deutschsprachige Rituale «Die kirchliche Begräbnisfeier» (2. Aufl. 2009)

Auch das neue Rituale «Die kirchliche Begräbnisfeier» (2009)[510], das sofort nach Erscheinen verwendet werden konnte und ab 1. Adventssonntag (29.11.) 2009 obligatorisch war,[511] hält – wie schon das alte Kirchenrecht von 1917 – am Begräbnis mit «drei Stationen» als Normalfall fest: 1. Ausgangspunkt (Trauerhaus, Friedhofseingang, Friedhofskapelle oder Trauerhalle), 2. in der Kirche, 3. am Grab.

---

508 Die kirchliche Begräbnisfeier in den katholischen Bistümern des deutschen Sprachgebietes, Freiburg u.a. 1972 bzw. 1989.

509 DiözBl. d. Diözese Innsbruck, 85. Jg., Mai/Juni 2010, Nr. 3, 20.

http://www.uibk.ac.at/praktheol/kirchenrecht/teilkirchenrecht/innsbruck/begraebnisrit.html

510 Vgl. Die kirchliche Begräbnisfeier in den Bistümern des deutschen Sprachgebietes. Zweite authentische Ausgabe auf der Grundlage der Editio typica 1969, Freiburg u.a. 2. Aufl. 2009.

511 Vgl. Die kirchliche Begräbnisfeier. Pastorale Einführung. Hrsg. vom Sekretariat der Deutschen Bischofskonferenz (=Arbeitshilfen 232), Bonn 2009, S. 5 (Nr. 1).

In der grundlegend vorgesehenen *Form A* wird – entgegen der vielerorts geübten Praxis – davon ausgegangen, dass der Sarg in Prozession zur Kirche getragen und der Verstorbene in der Kirche aufgebahrt wird. Diese Praxis sollte allgemein wieder eingeführt werden,[512] da sie deutlich macht, dass das Requiem bzw. die Exequien in erster Linie ein liturgischer Entsühnungsritus an der Seele des Verstorbenen sind und sein Leib bereits für die Auferstehung am Jüngsten Tag vorbereitet wird. Die Aufbahrung geschieht so, «dass das Gesicht des Verstorbenen auf den Altar ausgerichtet ist. Kleriker können mit dem Gesicht zur Gemeinde aufgebahrt werden».[513]

Nach der Wort-Gottes-Feier bzw. dem Wortgottesdienst der Heiligen Messe werden vor der Prozession zum Grab Teile der commendatio animae (seu morientum), also des kirchlichen Sterbegebetes, wiederholt.[514] Das Einsenken in das Grab und die erwartete Auferstehung werden wieder in engem Zusammenhang genannt: «Wir haben hier keine bleibende Stätte, sondern wir suchen die künftige. Lasst uns darum den Leib unserer Schwester / unseres Bruders zum Grab tragen in der Hoffnung auf die Auferstehung.» Auch die Nennung der Seele, die sich ja vom Leib gelöst hat, findet Erwähnung: «In deine Hände, gütiger Vater, befehlen wir die Seele unserer Schwester / unseres Bruders N., gestützt auf die sichere Hoffnung, dass

---

512 «Es ist sinnvoll, den Leichnam in die Kirche zu bringen und die Eucharistie in dessen Gegenwart zu feiern. Wo es möglich ist, soll man diesen Brauch beibehalten oder wieder einführen» (Die kirchliche Begräbnisfeier. Pastorale Einführung, Bonn 2009, S. 25 [Nr. 45]).

513 Vgl. Die kirchliche Begräbnisfeier, Freiburg 2. Aufl. 2009, S. 34 (Nr. 48).

514 Vgl. Peter Christoph Düren, Die Begleitung Schwerstkranker und Sterbender, Augsburg 7. Aufl. 2010; enthält die kirchlichen Gebete der «commendatio animae» (Anempfehlung der Seele) bzw. jetzt «commendatio morientium» (Anempfehlung der Sterbenden) genannt.

er wie alle, die in Christus gestorben sind, mit Christus auferstehen wird am Jüngsten Tag.»

Eine *Form B* ist vorgesehen für den Fall, dass die Beisetzung der Messe vorausgegangen ist, was aus praktischen Gründen wohl bisweilen unvermeidlich, aber von der Symbolhaftigkeit der Liturgie her betrachtet, eher das Zweitbeste ist.

Die *Form C* ist zu nehmen, wenn die Messe in Abwesenheit des Leichnams in der Kirche stattfindet und die Gemeinde von dort in Prozession zum Ort der Aufbahrung zieht.

Die *Beisetzung* selbst ist in der Regel als Beerdigung, also als Beisetzung in einem Erdgrab, vorgesehen. Dass die Bestattung in «gesegneter Erde» erfolgt, wird bischöflicherseits nurmehr als «guter Brauch»[515] betrachtet. Doch dabei handelt es sich um mehr als nur um christliches Brauchtum. Bereits zu Beginn der Station am Grab wird bei der Segnung des Grabes Bezug genommen auf das Grab Christi als Urbild des christlichen Grabes, aus dem die Verstorbenen einmal auferstehen sollen: «Herr Jesus Christus, du hast drei Tage im Grab geruht und die Gräber aller, die an dich glauben, so geheiligt, dass sie als Ruhestätte für unsere Toten auch die Hoffnung auf die Auferstehung vermehren. Gewähre gnädig, dass in diesem Grab dein Diener (deine Dienerin) in Frieden ruhe, bis du ihn (sie) auferweckst und erleuchtest, denn du bist die Auferstehung und das Leben.»[516]

Die Beisetzung enthält folgende Elemente:[517]

---

[515] Die kirchliche Begräbnisfeier. Pastorale Einführung, Bonn 2009, S. 31 (Nr. 62).

[516] Die kirchliche Begräbnisfeier, Freiburg 2. Aufl. 2009, S. 65 (Nr. 96).

[517] Die kirchliche Begräbnisfeier, Freiburg 2. Aufl. 2009, S. 67f (Nr. 98-102).

- Einsenken in das Grab: «Wir übergeben den Leib der Erde. Christus, der von den Toten auferstanden ist, wird auch unseren Bruder (unsere Schwester) N. zum Leben erwecken.»[518]
- Besprengung des Sarges mit Weihwasser: «In der Taufe bist du mit Christus begraben worden und hast in ihm neues Leben empfangen. Der Herr vollende an dir, was er in der Taufe begonnen hat.»
- Inzensierung des Sarges mit Weihrauch: «Dein Leib war Tempel des Heiligen Geistes. Der Herr nehme dich auf in das himmlische Jerusalem.»
- Werfen von Erde auf den Sarg: «Staub bist du und zum Staub kehrst du zurück. Der Herr aber wird dich auferwecken.»
- Bezeichnung des Grabes mit dem Kreuz, indem das Kreuz in die Erde gesteckt wird: «Das Zeichen unserer Hoffnung, das Kreuz unseres Herrn Jesus Christus, sei aufgerichtet über deinem Grab. Der Herr schenke dir seinen Frieden.»
- Oder durch das Kreuzzeichen über das Grab: «Im Kreuz unseres Herrn Jesus Christus ist Auferstehung und Heil. Der Herr schenke dir seinen Frieden.»

Daraufhin folgen Fürbitten:[519]

- für alle Verstorbenen: um Vergebung, Frieden und Vollendung

---

518 «Aus sehr unterschiedlichen Gründen ist das Hinablassen des Sarges ins Grab an manchen Orten nicht mehr üblich. Der momentane Schmerz soll vermieden werden. Dadurch entfällt die Kraft des Ritus für den Trauerprozess. Auch wird die Wirklichkeit des Verlustes nicht mehr sinnenfällig gemacht. Daher wird nachdrücklich empfohlen, den Sarg in Anwesenheit der Trauergemeinde ins Grab hinab zu lassen» (Die deutschen Bischöfe, Tote begraben und Trauernde trösten. Bestattungskultur im Wandel aus katholischer Sicht (20. Juni 2005) =DeuBi 81, S. 21).

519 Vgl. Die kirchliche Begräbnisfeier, Freiburg 2. Aufl. 2009, S. 69 (Nr. 104).

- für die Trauernden: um Trost in ihrem Schmerz, um Festigung ihres Glaubens und Stärkung ihrer Hoffnung,
- für den Nächstversterbenden – «Wir beten für uns selber und alle Lebenden, besonders für den Menschen aus unserer Mitte, der als Erster der/dem Verstorbenen vor das Angesicht Gottes folgen wird» – um Umkehr zu Gott und Stärkung und Erhaltung in seinem Dienst.

Die Feier schließt mit dem Vaterunser, dem Segen, gegebenenfalls einem Mariengruß sowie mit der ortsüblichen Bekundung der Anteilnahme der Anwesenden. Dass die Trauergäste zuvor Erde oder Blumen in das offene Grab werfen, wird nicht eigens erwähnt.

Eine verkürzte Form mit *zwei Stationen* (in der Friedhofskapelle oder Trauerhalle sowie am Grab) findet dann statt, wenn die Messfeier für den Verstorbenen nicht in unmittelbarem örtlichen und zeitlichen Zusammenhang mit dem Begräbnis gefeiert werden kann.[520]

Auch das Begräbnis bzw. die Feier der Verabschiedung mit *einer Station* ist möglich, sofern alles am selben Ort stattfindet oder der Leichnam an einem anderen Ort beigesetzt werden soll.[521]

Für das *Begräbnis eines getauften Kindes* oder eines Kindes, das die Eltern taufen lassen wollten, oder ein tot geborenes Kind oder eine Fehlgeburt ist ein eigener Ritus vorgesehen, der vor allem im Schmerz über den Verlust des Kindes Trost spenden soll. Dass im Falle des Begräbnisses eines tot geborenen Kindes oder einer Fehlgeburt die liturgische Farbe mit «festlich und österlich (weiß)» festgelegt wird, wird trotz fehlender vorangegangener Taufe theologisch nicht näher begründet, vor allem, da eigens

---

[520] Vgl. Die kirchliche Begräbnisfeier, Freiburg 2. Aufl. 2009, S. 71-90 (Nr. 109-140).

[521] Vgl. Die kirchliche Begräbnisfeier, Freiburg 2. Aufl. 2009, S. 91-110 (Nr. 141-175).

festgestellt wird: «Bei der allgemeinen Unterweisung der Gläubigen soll die Lehre von der Notwendigkeit der Taufe nicht verdunkelt werden.»[522] Ausdrücklich wird festgelegt, dass bei ungetauften, tot geborenen Kindern und bei Fehlgeburten die Deuteworte für Weihwasser («In der Taufe bist du mit Christus begraben worden und hast in ihm neues Leben empfangen ...») und Weihrauch («Dein Leib war Tempel des Heiligen Geistes. Der Herr nehme dich auf in das himmlische Jerusalem») «entfallen»[523]. Wenn aber die ungetauft verstorbenen Kinder – wie man im Umkehrschluss wohl lesen muss – nicht das neue Leben empfangen haben und ihr Leib kein Tempel des Heiligen Geistes war, wie kann man dann als liturgische Farbe «festlich und österlich (weiß)» festlegen, ohne dass über das ewige Heil des ungetauft sterbenden Kindes Sicherheit besteht? Dass in der Totenliturgie kein Unterschied zwischen einem getauften und einem ungetauften Kind gemacht wird, ist bedenklich, zumal die lex orandi (das Gesetz des Betens) der lex credendi (dem Gesetz des Glaubens) entsprechen muss. Unterschwellig gerät hier die Lehre über die Erbsünde und die Heilsnotwendigkeit der Taufe in Abrede.

Positiv hervorzuheben ist, dass bei der Bestattung eines getauften Kindes sogar wieder von der «Seele» die Rede ist: «Segne dieses Grab und sende ihm deinen heiligen Engel als Wächter. Nimm die Seele des Kindes, dessen Leib hier begraben wird, gnädig an, damit es in dir mit deinen Heiligen Freude hat ohne Ende.»[524] Allerdings könnte man anfragen, ob hier bloß aus romantisierenden Vorstellungen heraus von «Engeln» und «Seele»

---

522 Die kirchliche Begräbnisfeier, Freiburg 2. Aufl. 2009, S. 112 (Nr. 176).
523 Vgl. Die kirchliche Begräbnisfeier, Freiburg 2. Aufl. 2009, S. 124 (Nr. 193).
524 Die kirchliche Begräbnisfeier, Freiburg 2. Aufl. 2009, S. 123 (Nr. 190).

gesprochen wird, oder ob damit tatsächlich ein Schutzengelglaube sowie die Lehre über die «anima separata» (im Gegensatz zur Theorie der «Auferstehung im Tod») betont werden soll.

Das neue kirchliche Rituale aus dem Jahr 2009 bietet – im Unterschied zum Vorgänger-Rituale aus dem Jahr 1972 – einen *Ritus für die Verabschiedung vor einer Einäscherung* sowie eine *Feier der Urnenbeisetzung*.

Bedenklich ist erstens sicher, dass auch hier die kirchliche Mitwirkung sehr stark auf den Aspekt «Verabschiedung» gelegt wird. So ist mehrfach von «Verabschiedung», «Verabschiedungsgebet» und «Abschied» die Rede[525], wobei der Aspekt der Sühne und der Bitte um Befreiung von Sündenstrafen eher knapp gerät.

Vielleicht ist es aber zweitens doch noch viel problematischer, im Hinblick auf die zurückhaltende Einstellung der Kirche gegenüber der Feuerbestattung überhaupt einen Ritus der «Verabschiedung vor einer Einäscherung» zu schaffen. Denn Einäscherung kann allenfalls geduldet, nicht aber als Normalform eines christlichen Begräbnisses angesehen werden. So betont das Gesetzbuch der katholischen Ostkirchen, dass das kirchliche Begräbnis nach einer Leichenverbrennung «auf eine Art und Weise gefeiert werden muss, dass nicht verborgen bleibt, dass die Kirche die Beerdigung der Leiber ihrer Verbrennung vorzieht und dass ein Ärgernis vermieden wird» (c. 876 § 3 CCEO). Auch wenn im CIC, dem Gesetzbuch für die lateinischen Katholiken, diese Bestimmung fehlt, wird damit doch ein religiöser Grundsatz betont, der nicht nur für ostkirchliche Katholiken zutrifft. Auch die deutschsprachigen Bischöfe betonen in ihrer Pastoralen Einfüh-

---

525 Die kirchliche Begräbnisfeier, Freiburg 2. Aufl. 2009, S. 136-139 (Nr. 217).

rung aus dem Jahr 2009: «In Erinnerung an den Tod und das Begräbnis Jesu empfiehlt die Kirche nachdrücklich als vorrangige Form die Bestattung des Leichnams.»[526] Überdies ist die Feuerbestattung im CIC ausdrücklich dann verboten, wenn sie aus Gründen gewählt wurde, die dem christlichen Glauben widersprechen.

Ganz besonders kann man drittens aber große Fragezeichen hinter den Wortlaut des neu geschaffenen Ritus setzen. So spricht der Leiter der Feier – der Priester, Diakon oder vom Bischof beauftragte Laie: «Wir nehmen Abschied von unserer Schwester / unserem Bruder N. und übergeben (nun) ihren / seinen Leichnam dem Feuer. Uns tröstet die christliche Hoffnung, dass ihr / sein Leib verwandelt und mit Unvergänglichkeit bekleidet wird.»[527] Es ist wohl recht bedenklich, dass ein eigener kirchlicher Ritus der Leichenverbrennung geschaffen wurde, bei dem der Liturge sagt: «Wir ... übergeben ihren / seinen Leichnam dem Feuer.» Assoziiert da der bibelfeste Gläubige, der an einer solchen kirchlichen Leichenverbrennungszeremonie teilnimmt, nicht das Schriftwort: «Die Engel werden kommen und die Bösen von den Gerechten trennen und in den Ofen werfen, in dem das Feuer brennt. Dort werden sie heulen und mit den Zähnen knirschen» (Mt 13,49f)? Ist es pastoral geschickt, angesichts des potentiell drohenden Höllenfeuers, von dem das Neue Testament so oft spricht,[528] einen neuen kirchlichen Ritus zu schaffen, der angewandt wird, bevor ein Leichnam in den Feuerofen geschoben wird, und bei dem vom kirchlichen Amtsträger die Worte gesprochen werden: «Wir

---

526 Die kirchliche Begräbnisfeier. Pastorale Einführung, Bonn 2009, S. 13 (Nr. 21).

527 Die kirchliche Begräbnisfeier, Freiburg 2. Aufl. 2009, S. 139 (Nr. 217).

528 Vgl. Mt 3,10-12; 7,19; 13,40; 18,8f; 25,41; Mk 9,43-49; Lk 3,9.17; 9,54; 15,6; Hebr 12,29; 2 Petr 3,7; Offb 20,9; 21,8.

... übergeben nun seinen Leichnam dem Feuer»? Kann man da nicht die Worte des Menschensohnes beim Gericht mithören: «Gehet hin von mir, ihr Verfluchten, in das ewige Feuer, das bereitet ist dem Teufel und seinen Engeln!» (Mt 25,41)? – Diese Neuerung der «kirchlichen Begräbnisfeier» scheint nicht mit großem theologischen und pastoralen Bedacht in die Neuausgabe des Rituale aus dem Jahre 2009 eingebracht worden zu sein.

Die vorgesehene *«Feier der Urnenbeisetzung»* ist mit Eröffnung, Psalm 23, Oration, stillem Gedenken, Kyrie-Litanei oder Fürbitten, Vaterunser, Gebet um ewige Ruhe und fakultativem Mariengruß eher knapp gehalten.[529]

Eigene Gebete im kirchlichen Rituale sind für *besondere Situationen* vorgesehen: für einen verstorbenen Jugendlichen, verstorbene Eltern, Eheleute, Eltern eines Priesters oder Diakons, einen verstorbenen Priester oder Diakon, Ordensangehörigen, Katecheten, einen nach langer Krankheit Verstorbenen, einen plötzlich Verstorbenen, nach gewaltsamem Tod oder Suizid Verstorbenen, nach einem Tod beim Einsatz für andere.[530]

Das Gebet «beim Tod eines Ehepaares» missachtet offensichtlich die dogmatische Lehre, dass die Ehe mit dem Tod endet, wie der Priester ja im Rituale der Trauung fragt: «Nehmen Sie Ihre Braut N. an als ihre Frau ... bis dass der Tod Sie scheidet?»[531] Wie kann daher bei der Beerdigung gebetet werden: «Im irdischen Leben waren sie durch die eheliche Liebe treu verbunden, darum vereine sie auch im ewigen Leben durch die Fülle deiner

---

[529] Vgl. Die kirchliche Begräbnisfeier, Freiburg 2. Aufl. 2009, S. 145-151 (Nr. 228-239).

[530] Vgl. Die kirchliche Begräbnisfeier, Freiburg 2. Aufl. 2009, S. 153-172 (Nr. 240-266).

[531] Die Feier der Trauung, Freiburg 2. Aufl. 1992, S. 64 (Nr. 26).

Liebe»[532]? Oder im Alternativgebet: «Vereine sie nun zum himmlischen Gastmahl deiner Liebe»? Dieser Gedanke mag vielleicht für die hinterbliebenen Kinder und Enkel tröstlich sein, mit der Lehre über das Sakrament der Ehe ist aber sicher nicht vereinbar, anzunehmen, zwei Verheiratete wären im Himmel auch miteinander in liebender Zweiergemeinschaft verbunden: «Wessen Frau wird sie nun bei der Auferstehung sein? Alle sieben haben sie doch zur Frau gehabt», fragen die Sadduzäer; «Jesus antwortete ihnen: Ihr irrt euch; ihr kennt weder die Schrift noch die Macht Gottes. Denn nach der Auferstehung werden die Menschen nicht mehr heiraten, sondern sein wie die Engel im Himmel» (Mt 22,30).

Das Rituale enthält noch drei Anhänge:

In Fällen, in denen ein *kirchliches Begräbnis verboten* ist (genannt wird: weil jemand nicht zur katholischen Kirche gehörte, aus der Kirche ausgetreten ist oder auf andere Weise deutlich gemacht hat, dass er keine kirchliche Bestattung wünscht), sieht das Rituale die Möglichkeit einer «Begleitung» vor, die auf Wunsch der trauernden Angehörigen ein Priester oder Diakon ohne liturgische Kleidung – aber ausdrücklich als «Leiter dieser Feier»[533] – vornehmen kann. Dieser Ritus wurde «für das Erzbistum Vaduz nicht approbiert und nicht rekognosziert». Es erscheint auch nicht ganz verständlich, einerseits ein «amtliches Gebet» des Zelebranten für den Verstorbenen auszuschließen, andererseits aber seitens des Zelebranten die Angehörigen dazu zu «ermutigen, Gebete und Fürbitten für den Verstorbenen zu sprechen»[534]. Und wenn man einerseits zwar – kanonistisch korrekt – gemäß c.

---

532 Die kirchliche Begräbnisfeier, Freiburg 2. Aufl. 2009, S. 157 (Nr. 246).
533 Vgl. Die kirchliche Begräbnisfeier, Freiburg 2. Aufl. 2009, S. 335 f.
534 Die kirchliche Begräbnisfeier. Pastorale Einführung, Bonn 2009, S. 38 (Nr. 83).

1185 CIC eine Begräbnismesse ausschließt, andererseits aber «die Angehörigen zur Mitfeier einer Gemeindemesse eingeladen»[535] werden, scheint das auch eher Augenwischerei als eine klare theologische und pastorale Linie zu sein. Denn für die teilnehmenden Angehörigen ist hier wohl kein Unterschied zu erkennen.

Der *zweite Anhang* ist «Liturgischen Feiern nach Großschadensereignissen und Katastrophen» gewidmet.

Der *dritte Anhang* enthält «Die Feier der gemeinsamen Verabschiedung oder Bestattung von tot geborenen Kindern und Fehlgeburten». Zu den positiv formulierten Gebeten («Uns tröstet die Hoffnung, dass ihr Leib verwandelt und mit Unvergänglichkeit bekleidet wird»[536]) wird man fragen müssen, woher sich diese Heilssicherheit nährt. In Bezug auf die Worte vor der Leichenverbrennung («Wir übergeben das, was an ihnen sterblich war, dem Feuer»), sind obige Anmerkungen zur Feuerbestattung zu wiederholen.

Im Übrigen ist es auf dem Hintergrund der Bedeutung der für den Verstorbenen applizierten Heiligen Messe und des liturgischen Zusammenhangs von Prozession – Beerdigungsgottesdienst – Beerdigung äußerst problematisch, dass in zahlreichen Diözesen der Beerdigungsdienst von beauftragten Laien durchgeführt wird, zumal damit der eigentliche Sinn der Beerdigungsriten verloren geht. Im Bistum Aachen beispielsweise, wo Laien seit fast 20 Jahren Beerdigungen leiten, lernen gemäß Jahresprogramm der diözesanen Kontaktstelle Trauerpastoral und Trauerbegleitung «vom Bischof beauftragte Leiter/innen des Begräbnisdienstes ... durch die praktische Anleitung eines kirchlich engagierten Regisseurs und Schauspielers

---

535 Die kirchliche Begräbnisfeier. Pastorale Einführung, Bonn 2009, S. 38 (Nr. 84).
536 Die kirchliche Begräbnisfeier, Freiburg 2. Aufl. 2009, S. 355 (Nr. 36*).

das gestalterische Einüben ... Rollensicherheit ... Der Begräbnisdienst soll dabei als verbaler und nonverbaler Gestaltungsraum wahrgenommen werden, bei dem die Liturgie als sichtbare und authentische Kommunikation mit trauernden Angehörigen vollzogen wird»[537]. Liturgie wird also auf zwischenmenschliche Kommunikation reduziert, von «Anbetung der göttlichen Majestät», dem Zweiten Vatikanischen Konzil zufolge die erste Funktion der Liturgie (Sacrosanctum Concilium 33) oder gar von einem Gebet für das Seelenheil der Verstorbenen (vgl. Lumen gentium 50), ist bei dieser Kursausschreibung an keiner Stelle die Rede. Offensichtlich meint man, Verstorbene würden nach dem Tod nicht des für sie dargebrachten Messopfers, der ihnen zugewendeten Ablässe und des fürbittenden Gebetes der Gläubigen bedürfen – ein fataler theologischer und pastoraler Irrtum!

Doch diese Akzentverlagerung liegt nicht nur am Dienst der Laien, denen priesterliche Vollmachten fehlen, sondern ergibt sich schon aus dem Konzept eines «aufgeklärten» Verständnisses der Liturgie. Die kirchliche Begräbnisfeier wird in der Pastoralen Einführung der deutschsprachigen Bischöfe als «ein wesentliches Element kirchlicher Trauerbegleitung»[538] verstanden sowie als Ausdruck für «den österlichen Sinn christlichen Todes»[539] und als «Abschiedsfeier»[540]. Also: Begräbnisliturgie als Ort der Trauer, des Abschieds und der Heilsgewissheit. Es wird überhaupt nicht deutlich, warum es – wie schon in

---

537 Jahresprogramm 2009 der diözesanen Kontaktstelle Trauerpastoral und Trauerbegleitung in der Region Düren, S. 20 f.

538 Die kirchliche Begräbnisfeier. Pastorale Einführung, Bonn 2009, S. 14 (Nr. 22).

539 Die kirchliche Begräbnisfeier. Pastorale Einführung, Bonn 2009, S. 11 (Nr. 15).

540 Die kirchliche Begräbnisfeier. Pastorale Einführung, Bonn 2009, S. 8 (Nr. 7).

2 Makk 12,44 geschildert wird – notwendig ist, auch «für die Verstorbenen zu beten»[541], was immerhin erwähnt wird, aber unbegründet im Raum stehen bleibt. Denn wieso soll man «für» jemanden beten, der nichts mehr braucht? Zitiert wird bezeichnender Weise nicht 2 Makk 12,45, wo begründet wird, warum man für Verstorbene beten muss: «Auch hielt er sich den herrlichen Lohn vor Augen, der für die hinterlegt ist, die in Frömmigkeit sterben. Ein heiliger und frommer Gedanke! Darum ließ er die Toten entsühnen, damit sie von der Sünde befreit werden.» Von der Notwendigkeit dieser auch vom Zweiten Vatikanischen Konzil (vgl. Lumen gentium 50) hervorgehobenen Entsühnung der Verstorbenen durch die Feier der Begräbnismesse und die liturgischen Riten beim kirchlichen Begräbnis ist in der Pastoralen Einführung zum neuen Rituale (Arbeitshilfen 232) vom Februar 2009 bedauerlicher Weise keine Rede, geschweige denn vom Purgatorium (Fegfeuer), vom Ablass und von den Messstipendien für Verstorbene. Eine Fortschreibung des Rituale sowie der Pastoralen Einführung wäre daher wünschenswert.

In einem Schreiben des Vorsitzenden der Liturgiekommission der Deutschen Bischofskonferenz, Kardinal Joachim Meisner, an die Vorsitzenden der Bischofskonferenzen und konferenzfreien Bischöfe des deutschen Sprachgebiets, musste dieser im Jahr 2010 eingestehen: «Seit der Veröffentlichung begegnet das neue Rituale anhaltender Kritik bei Bischöfen, Priestern und Diakonen. Diese betrifft vor allem die Qualität der liturgischen Texte bzw. Übersetzungen, einzelne praxisfremde rubrikale Vorgaben, aber auch Größe und Umfang des Buches, die

---

[541] Die kirchliche Begräbnisfeier. Pastorale Einführung, Bonn 2009, S. 10 (Nr. 11).

seine Verwendung erschweren ... Die beim ‹Forum Liturgie im deutschen Sprachgebiet› zusammenkommenden Bischöfe haben sich am 20./21. Januar 2010 ausführlich mit dieser Situation befasst und die dringende Empfehlung ausgesprochen, zur Abwendung größeren Schadens zunächst umgehend den weiteren Gebrauch des Rituale von 1972/1973 zu gestatten und eine grundlegende Revision der neuen Ausgabe vorzunehmen. Die Deutsche Bischofskonferenz ist im Rahmen ihrer Frühjahrsvollversammlung am 23. Februar 2010 zu der Feststellung gelangt, dass das neue Rituale in der vorliegenden Fassung als gescheitert gelten muss.»[542]

So wurde die Erlaubnis zur Benutzung des Rituale von 1972/1973 um zwei Jahre (bis zum 1. Adventssonntag 2011, 27.11.2011), verlängert. Doch bis heute ist das Problem nicht gelöst. Jedenfalls ließ die Deutsche Bischofskonferenz am 01.03.2012 verlautbaren: «Die Vollversammlung hat jetzt ein Manuale verabschiedet, das eine praktische, auf die Bedürfnisse der Begräbnispastoral abgestimmte Ergänzung darstellt. Die Veröffentlichung erfolgt über das Deutsche Liturgische Institut.»[543] Diese Veröffentlichung steht jetzt – im August 2012 – immer noch aus.

---

542 DiözBl. d. Diözese Innsbruck, 85. Jg., Mai/Juni 2010, Nr. 3, 20.
http://www.uibk.ac.at/praktheol/kirchenrecht/teilkirchenrecht/innsbruck/begraebnisrit.html
543 Pressemeldung der DBK v. 01.03.2012 – Nr. 038: Pressebericht zum Abschluss der Frühjahrs-Vollversammlung der Deutschen Bischofskonferenz in Regensburg. dbk.de

4. Moderne Bestattungsformen[544]

Die meisten Menschen werden wohl denken, dass es nur die Alternative Erdbestattung – Feuerbestattung mit Urnenbeisetzung gibt. Hinzu kommt vielleicht noch die Seebestattung. Doch weit gefehlt. Es gibt tatsächlich im Bereich des Bestattungswesens kaum etwas, was es nicht gibt.

a) Erdbestattung – die häufigste Bestattungsart

Die Erdbestattung ist die klassische und häufigste Bestattungsart. Inzwischen wurde ihr allerdings der Rang der häufigsten Bestattungsart in vielen großen Städten von der Feuerbestattung abgenommen. Bei der Erdbestattung erfolgt die Beisetzung in einem Sarg aus verrottbarem Material – meistens aus Holz. Erdgräber werden je nach Grabstättenträger und Friedhofsordnung als Wahl- oder Reihengräber angeboten. In einem *Reihengrab* kann im Allgemeinen nur ein Verstorbener beigesetzt werden. Eine Verlängerung der Ruhezeit ist dabei normalerweise nicht möglich. *Wahlgräber* unterliegen hingegen nicht der strengen Ruhezeitregelung und es können so oft mehrere Verstorbene zeitlich versetzt in einem Wahlgrab beigesetzt werden, wobei mancherorts nachträglich auch Urnen in Erdgräbern beigesetzt werden können. Üblicherweise ist eine Verlängerung der Ruhezeit bei Wahlgräbern möglich.

Wahlgräber können ein-, zwei oder mehrstellig sein – das bedeutet, es können je nach dem ein oder mehrere Verstorbene beigesetzt werden. Zweistellige Wahlgräber

---

[544] Bei der Darstellung der Bestattungsformen greifen wir zurück auf:
http://www.fbstade.de/feuerbestattung/beisetzung/beisetzung.html
http://www.bestattungsplanung.de/pages/112-0.html

werden oft auch «Doppelgräber» genannt. Zweistellige oder Doppelgräber werden vorwiegend für Ehepartner gewählt, um deren Wunsch nach Gemeinsamkeit Rechnung zu tragen. Wiederum abhängig von Grabstättenträger, Friedhofsordnung und Grabstelle werden Särge in Doppelgräbern entweder nebeneinander oder aufeinander platziert, bei Letzteren spricht man oft von sogenannten «Tiefgräbern». Die Ruhezeit bei Einzel- oder Doppelgräbern beträgt meistens 20 Jahre. Ruhezeiten und Bedingungen sind von Friedhof zu Friedhof unterschiedlich, daher ist ein Blick in die jeweilige Friedhofs- und Gebührenordnung ratsam. Jede Kommune muss diese ihren Bürgern zugänglich machen. Oft sind sie sogar im Internet veröffentlicht. In Augsburg, einer Stadt mit zwölf Friedhöfen, beträgt die Ruhezeit für Leichen sowie für Aschen zehn Jahre, für Kinderleichen (bis 6 Jahre) nur vier Jahre.[545]

Rasengräber sind mit oder ohne Grabstein möglich. Diese Grabart bietet sich beispielsweise an, wenn die Möglichkeit zur Grabpflege nicht gegeben ist. Bei Rasengräbern übernimmt der Grabstättenträger die Pflege der Grabstelle. Abhängig von der Friedhofsordnung ist es mancherorts erlaubt, Blumen am Grab abzulegen. Eine Bepflanzung ist in der Regel nicht gestattet. Die Ruhezeiten sind wie bei herkömmlichen Erdgräbern abhängig vom Grabstättenträger.

b) Feuerbestattung

Die Alternative zur Erdbestattung ist zunächst einmal die Feuerbestattung, die aus christlicher Sicht stets skep-

---

545 Friedhofssatzung § 7, in: Der Friedhofswegweiser Augsburg, 2. Ausgabe 2009.

tisch betrachtet wurde. Befürworter der Feuerbestattung gab es in antichristlichen Bewegungen: Man wollte ein bewusstes Zeichen gegen den Glauben an die Auferstehung der Toten setzen. Bereits 785 ließ Karl der Große die Durchführung der Feuerbestattung unter Androhung der Todesstrafe verbieten. Durch die Jahrhunderte zog sich ein Kampf um die Frage der Feuerbestattung. Die Gegner kamen mehrheitlich aus den kirchlichen Kreisen aller Konfessionen; die Anhänger der Kremation führten vor allem hygienische, ökonomische und ästhetische Gründe gegen die bisherige Bestattungsart ins Feld. Nach einem Hygiene-Kongress in Turin im Jahre 1880 nahm die Feuerbestattung ab dem 19. Jahrhundert stark zu. Wissenschaftler wie Alfred Nobel, Robert Koch, Albert Einstein, Henri Dunant, Schriftsteller wie Jean-Paul Sartre und Simone de Beauvoir, Künstler wie Jean Gabin, Cary Grant, Maria Callas, Greta Garbo oder Ingrid Bergman ließen sich nach dem Tod einäschern. In Deutschland sicherte das Feuerbestattungsgesetz von 1934 den Durchbruch für die rechtliche Gleichstellung der beiden Bestattungsformen.

Während in Süddeutschland und in Dörfern Leichen noch überwiegend erdbestattet werden, hat in Norddeutschland und in den Städten die Feuerbestattung den größten Anteil: Im Jahre 2002 kamen bei den Hamburger Friedhöfen 14.559 Kremationen auf 8.214 Erdbestattungen, d.h. wir haben eine Mehrheit von 64%, die nach dem Tod feuerbestattet werden.[546] «Die meisten Krematorien befinden sich in Japan (1.625), den USA (1.468) und China (1.380). Den höchsten Prozentsatz an Kremationen (95% bis 99% aller Bestattungen je nach

---

546 Vgl. Christine Behrens, Thema: 125 Jahre Krematorien in Deutschland Kremation im internationalen Kontext und am Beispiel Frankreichs, in: Ohlsdorf – Zeitschrift für Trauerkultur Nr. 83, IV, 2003 v. 03.11.2003.

Quelle) weist ebenfalls Japan auf, was sich sowohl durch die hohe Bevölkerungsdichte als auch durch die Hauptreligionen Buddhismus und Shintoismus erklärt, die beide von der Mehrheit gleichzeitig praktiziert werden. Hongkong folgt ... mit 79,76% nach; China dagegen kommt erst mit Abstand hinterher (46%), die USA weit danach (etwa 26%).»[547]

c) Urnengrab

Die Feuerbestattung ist nur der erste Teil der Bestattung, denn nun ergibt sich die Frage: Wohin mit der Totenasche? Der «normale» Fortgang der Bestattung ist das Urnengrab. Die Asche der Verstorbenen wird in einer Urne beigesetzt. Ein *Urnengrab* ist überschaubar und muss nicht aufwändig gepflegt werden. Bei Urnengräbern unterscheidet man zwischen Einzelgräbern, die in der Regel mit einem Gedenkstein versehen sind, auf der der Name des Verstorbenen steht, anonymen Urnengräbern, Urnen-Gemeinschaftsgräbern mit gemeinschaftlichem Gedenkstein, Rasenreihengräbern oder Wahlgräbern. Die Ruhezeit bei Urnengräbern ist je nach Grabstätte unterschiedlich, aber meist kürzer als bei Erdgräbern. Üblicherweise liegt sie zwischen zehn und 25 Jahren.[548]

---

[547] Vgl. Christine Behrens, Thema: 125 Jahre Krematorien in Deutschland Kremation im internationalen Kontext und am Beispiel Frankreichs, in: Ohlsdorf – Zeitschrift für Trauerkultur Nr. 83, IV, 2003 v. 03.11.2003.

[548] Urnenstelen sind säulenförmige Gebilde – meist aus Naturstein oder Beton, die freistehend oder neben anderen Stelen im Boden verankert werden und eine oder mehrere Urnen aufnehmen können. Die Urnenkammer wird nach der Beisetzung mit einer Abdeckplatte, die meist den Namen des Verstorbenen trägt verschlossen. Diese platzsparende und optisch ansprechende Bestattungsform hat den Vorteil, dass der Grabstättenbetreiber in der Regel die Pflege der Anlage übernimmt. Wie bei Urnengemeinschaftsanlagen werden

Bei einer Beisetzung in einem *Kolumbarium*, auch Urnenwand oder Urnennische genannt, werden die Urnen in vorbereitete Fächer eingestellt, anonym oder mit Namensplatten versehen. Sie stehen in Reihen neben- und übereinander. Möglicherweise auch in der Friedhofsmauer. Das Kolumbarium ist meist eine kostengünstige Alternative zum Urnengrab. Die Urne mit der Asche des Verstorbenen wird in einer Wandnische beigesetzt. Je nach Friedhofsträger dauert die Ruhezeit zwischen zehn und 30 Jahren. Nach der Beisetzung wird die Nische mit einer Abdeckplatte – meist aus Stein – verschlossen, welche in der Regel eine Aufschrift mit dem Namen des Verstorbenen trägt. Die einzelnen Wandnischen im Kolumbarium können verschiedene geometrische Formen haben. Gepflegt wird die Anlage immer vom Friedhofsträger.[549]

Das *Urnengemeinschaftsgrab mit Namenstafel* ist eine Variante des Gemeinschaftsgrabes, bei der der Name des Verstorbenen auf einer Gedenktafel vermerkt ist. Eine Bepflanzung der Grabstelle ist normalerweise nicht möglich. Blumen können meist an einer gesonderten Stelle abgelegt werden. Eine Verlängerung der Ruhezeit ist in der Regel nicht möglich. Diese Grabart existiert in verschiedenen Varianten. Je nach Gestaltung der Anlage gibt es mal eine gemeinschaftliche Namenstafel und mal

---

oft Ablagestellen für Blumen angeboten.

549 Je nach Ausprägung kann die Urnenkammer auch anstatt mit einer Steinplatte mit Glas oder mit einem Gitter verschlossen sein. Ist die Urnenkammer einsehbar, werden üblicherweise Schmuckurnen zur Aufbewahrung der Totenaschen verwendet. Manche Urnenkammern sind räumlich so klein, dass sie nur die Aschenkapsel vom Krematorium aufnehmen können, und eine Überurne dann keinen Platz hat. Kolumbarien finden sich sowohl im Freien, als auch in geschlossenen Räumen. Manche Kammern können zwei oder mehrere Urnen aufnehmen, was die Verwendung als Familiengrab erlaubt. Dies hängt jedoch von den jeweiligen örtlichen Bestimmungen ab.

erhält jeder Verstorbene eine gesonderte Tafel oder einen kleinen Grabstein. Für die Angehörigen des Verstorbenen hat diese Grabart den Vorteil, dass die Pflege der Anlage von Grabstättenträger übernommen wird. Es ist aber dennoch ein Ort vorhanden, an dem der Verstorbene besucht werden kann. Die Kosten für solche Grabstätten liegen oft höher als bei einem von den Angehörigen gepflegten Urnengrab, weil die Pflegekosten auf die Gebühren umgelegt werden müssen.

Viele Friedhöfe bieten spezielle Varianten von *Urnengemeinschaftgräbern ohne Namensnennung* an. Das Muster, nach welchem diese Gruppe von Grabstätten aufgebaut ist, ist aber immer ähnlich. Auf vergleichsweise engem Raum wird eine größere Anzahl von Urnen in Form einer gemeinschaftlichen Gedenkstätte untergebracht. Die Grabpflege wird vom Träger übernommen und es ist üblicherweise nicht möglich, die Grabstellen als Angehöriger anzupflanzen. Oft findet sich eine ausgewiesene Stelle, an der Blumen abgelegt werden können. Diese Grabform enthebt die Angehörigen von der Grabpflege, bietet aber andererseits trotzdem einen Ort, an dem sie den Verstorbenen besuchen können. Der Name des Verstorbenen ist jedoch nicht genannt. Im Gegensatz zur völlig anonymen Bestattung können hier Angehörige an der Beisetzung teilnehmen.

Geringere Kosten, Entfallen der Grabpflege, gesellschaftliche Isolation und Vereinsamung, zunehmende Bereitschaft zu aktiver Sterbehilfe und Suizid, Verlust der Heimat, Verbitterung, Privatisierung von Sterben, Tod und Trauer, gegebenenfalls bewusste Absage an den Auferstehungsglauben, säkulare Lebenseinstellung, atheistische Propaganda in der damaligen DDR, Förderung der «Urnen-Gemeinschafts-Anlagen» und Verfall der Friedhofs- und Bestattungskultur führen vermehrt zu *anonymen Bestattungen*. Anonyme Bestattung – dies bedeutet, dass die Urne (selten der Sarg) ohne Teilnahme der Angehörigen und der Öffentlichkeit, ohne Kennzeichnung der einzelnen Grabstellen auf einem eigenen Rasenfeld durch das Friedhofsamt beigesetzt werden. Während in Gesamtdeutschland im Jahr 1991 nur 5,6% aller Bestattungen anonym erfolgten, waren es im Osten Deutschlands über 30%.[550]

Die Probleme liegen auf der Hand: Es gibt für die Hinterbliebenen keinen spezifischen Ort, kein persönliches Grab mehr, an dem sie trauern können. Es entfällt das noch vor allem im bayerisch-ländlichen Raum prägende Generationendenken, das sich im sonntäglichen Friedhofsgang zum Familiengrab auf dem Kirchhof widerspiegelt. Die christliche Gemeinde und die Kirche überhaupt sind für die Bestattung entbehrlich geworden – können daher auch nicht als sinnstiftende Institutionen angesichts von Tod und Trauer genutzt werden. Spezifisch christliche Vorstellungen wie die Gottebenbildlichkeit, der Leib als «Tempel des Heiligen Geistes» (1 Kor 6,19) und das persönliche Gerufensein des einzelnen Menschen von Gott verschwinden zusehends.

So folgern die deutschen Bischöfe zu Recht: «Die mit der anonymen Bestattung zusammenhängenden Probleme betreffen vor allem die Verhinderung der Trauerarbeit und des Totengedenkens an einem bestimmten Ort: Trauer wird ortlos. Darüber hinaus geht es aber um Tieferes: Der Umgang mit den Toten wird zur Beseitigung und zur Entsorgung der Leichen; was vom Menschen bleibt, ist eine anonyme Grabstätte, an die sich keine Geschichte knüpft; das Leben der Vorfahren bleibt für die kommen-

---

[550] Vgl. Konrad Baumgartner, Art. Bestattung. V. Gegenwart, in: LThK, Bd. 2, 3. Aufl. 1994, Sp. 324-326.

den Generationen namenlos; die Generationenkette reißt ab; eine zunehmende Geschichtslosigkeit greift um sich. Es gehört zur Aufgabe der Kultur eines Volkes, sichtbare Zeichen des Gedenkens zu schaffen und zu pflegen – für Lebende und Tote!»[551]

d) Seebestattung

Ursprünglich Seeleuten vorbehalten, kann heute jeder das Meer als letzte Ruhestätte wählen. Viele Menschen fühlen sich dem Element Wasser verbunden. Für die Seebestattung wird die Asche in einer speziellen Seeurne außerhalb der Dreimeilenzone über «Rauem Grund» – da, wo nicht gefischt wird – nach Seemannsbrauch dem Meer übergeben. Der Kapitän spricht dabei die Trauerrede.

Diese Art der Bestattung setzt eine Einäscherung voraus. Angehörige können bei der Beisetzung auf See teilnehmen. Bei der Seebestattung wird die Asche des Verstorbenen in einer wasserlöslichen Urne aus Zellulose, Sand- oder Salzstein der See übergeben. Die Übergabe erfolgt in gesondert ausgewiesenen Gebieten in *Nord- oder Ostsee*, aber auf Wunsch auch auf allen Weltmeeren. Voraussetzung ist, dass der Verstorbene eine besondere Beziehung zur See hatte und die Seebestattung vom Verstorbenen gewünscht wurde. Üblicherweise reicht hierfür eine Erklärung der Angehörigen, in jedem Fall wird aber eine behördliche Genehmigung benötigt. Die Beisetzung selbst kann zum Beispiel über bestimmten Positionen von untergegangenen Schiffen stattfinden. Eine Seekarte mit dem Beisetzungsort kann Angehörigen auf Wunsch erstellt werden.

---

551 Die deutschen Bischöfe, Tote begraben und Trauernde trösten. Bestattungskultur im Wandel aus katholischer Sicht (20. Juni 2005) =DeuBi 81, S. 26f.

Seit einiger Zeit sind auch *Flussbestattungen* auf Binnengewässern wie Seen und Flüssen in Holland möglich. Durch das liberale Bestattungsrecht in Holland ist dies auch von Deutschland aus möglich. Hier gibt es einige Bestattungsunternehmen, die Fluss- und Binnenseebestattungen anbieten.

Die deutschen Bischöfe haben sich gegenüber der Seebestattung deutlich reserviert geäußert: «Da die Urnenbeisetzung auf See eine pantheistische oder naturreligiöse Deutung nahe legt, hat die katholische Kirche grundlegende Vorbehalte gegen diese Bestattungsform. Sofern die Seebestattung aus Gründen gewählt wird, die der christlichen Glaubenslehre widersprechen, ist ein kirchliches Begräbnis nicht möglich.»[552]

e) Luftbestattung, Ballonbestattung, Flugbestattung

Anstelle sich im Element Wasser aufzulösen, möchten andere «in alle Winde verweht» werden – diesem Gedanken entspricht die Bestattung im «Element Luft». Die *Luftbestattung* besteht darin, dass die Asche des Verstorbenen entweder bei einer Ballonfahrt in einem Heißluftballon oder während des Fluges aus einem Flugzeug dem Luftraum übergeben wird. Diese Bestattungsart ist in Deutschland noch nicht erlaubt, wohl aber in anderen europäischen Ländern. Angehörige können auf Wunsch an der Zeremonie teilnehmen.

Unter *Ballonbestattung* versteht man das Verstreuen der Asche eines Verstorbenen von einem Heißluftballon aus. Da diese Bestattungsform in Frankreich und auch in der Schweiz verbreitet ist, wird sie von deutschen Bestattern

---

[552] Die deutschen Bischöfe, Tote begraben und Trauernde trösten. Bestattungskultur im Wandel aus katholischer Sicht (20. Juni 2005) =DeuBi 81, S. 29.

über dortigen Territorien ausgeführt. Die Asche wird in einer besonderen Zeremonie mit einem Heißluftballon, in ruhiger Fahrt, über einem großen Waldgebiet in Frankreich ausgestreut. Auch in Tschechien ist die Übergabe der Asche an den Wind möglich, sie fällt dabei auf genehmigte Wiesengebiete.

Bei der *Flugbestattung* handelt es sich um eine Kombination von Luftbestattung und Seebestattung. Die Asche wird mit einem Helikopter über der Nordsee ausgestreut. Hierbei besteht die Möglichkeit, als Angehöriger anwesend zu sein.

f) als Feuerwerk verglühen

Ein letztes Mal mit Pauken und Trompeten strahlend erleuchten – diese Vorstellung von letzter Erinnerung ist für einige etwas ganz Besonderes. Wer das möchte, kann seine Asche im Ausland als Feuerwerk am Himmel explodieren lassen.

g) Weltraumbestattung

Wem das noch zu erdnah ist, kann zur Weltraumbestattung greifen: «Eins werden mit dem Universum» – das strebten Menschen schon zu Lebzeiten und manche auch im Tod an. Ein kleiner Teil der Asche wird in einer Miniurne mit einem Bestattungssatelliten in den Weltraum geschossen. Dieser tritt später wieder in die Erdatmosphäre ein und verglüht wie eine Sternschnuppe.[553] Bisher hat nur das amerikanische Unternehmen

---

553 http://de.wikipedia.org/wiki/Weltraumbestattung
Formen: http://de.wikipedia.org/wiki/Bestattung
http://www.3sat.de/dynamic/sitegen/bin/sitegen.php?tab=2&source=/specials/120669/index.html

Celestis Weltraumbestattungen durchgeführt. Einer von ihnen ist der kanadische Schauspieler James Montgomery Doohan († 20. Juli 2005 in Redmond, Washington) – besser unter seiner Rolle «Scotty» in der TV-Serie «Raumschiff Enterprise» bzw. in den Filmen der Star-Trek-Reihe bekannt.

Am 28. April 2007 wurden seine sterblichen Überreste mit einer SpaceLoft XL-Rakete für einen kurzen Zeitraum ins All gebracht. Die Landung des Behälters erfolgte allerdings in einem zerklüfteten Gebirge, wodurch eine Bergung erst am 18. Mai 2007 erfolgen konnte. Am 3. August 2008 sollten die Überreste ein zweites Mal ins All geschossen werden und einige Jahre im Orbit verbringen. Nach einer Flugzeit von 2 Minuten und 20 Sekunden gelang die Trennung zwischen erster und zweiter Stufe nicht, womit ein Erreichen des Orbits unmöglich gemacht wurde und die Rakete in den Pazifik stürzte – mit insgesamt 208 Mikrournen Verstorbener. Wer 7 Gramm seiner Asche mit der Voyager Rakete so richtig tief ins All schießen lassen will, muss dafür immerhin US-$ 25.000 (17.099 €) bezahlen, mit Sonderservice immerhin US-$ 39.990 (27.352 €).

h) Asche an individuellen Orten verstreuen

Doch zurück zur Erde – manche möchten ihre Asche wieder in den Kreislauf der Natur geben. Dieser Gedanke tröstet viele diffus religiös denkende Menschen, die sich fragen: Wo gehe ich hin? Die Natur wird hier als Ort der Ruhe begriffen und die Besinnung durch eine schöne Landschaft soll auch den Hinterbliebenen bei der Überwindung der Trauer helfen. Ruhestätten sind Almwiesen, Bergbäche, Felsen, Berghänge, Täler, Waldflächen oder Meeresküsten

Der Begriff *Felsbestattung* wurde von Dietmar Kapelle, dem Betreiber der «Oase der Ewigkeit», geprägt. Felsbestattungen werden vorwiegend von sehr naturverbundenen Menschen angestrebt, die nach einer Alternative zur herkömmlichen Feuerbestattung mit anschließender Beisetzung in einem Urnengrab suchen. Hierbei wird die Asche des Verstorbenen unter der Grasnarbe eines Gemeinschaftsfelsens verstreut. Es gibt keine Möglichkeit, einen Grabstein, ein Kreuz oder fremde Blumen am Bestattungsort zu setzen, weil der natürliche Charakter der Landschaft nicht zerstört werden darf. Eine Feier für die Angehörigen zur Beisetzung ist aber möglich. Außerdem ist jederzeit der Zugang zum Bestattungsort für jedermann frei. Die «Oase der Ewigkeit» befindet sich im Schweizer Kanton Wallis, auf dem Gebiet einer Bergalm. Im Wallis können Angehörige per Gesetz über die Totenasche des Verstorbenen verfügen.[554]

Manche suchen die Möglichkeit, die *Totenasche in der freien Natur zu verstreuen*. In Deutschland ist das Verstreuen der Totenasche im Wind oder in der freien Natur wegen des Friedhofszwanges nicht zulässig. Dennoch ist es über Umwege auch für Deutsche möglich, diese Art der Beisetzung zu wählen, sofern diese im Ausland stattfindet. Naturverstreuungen sind beispielsweise in Spanien für Privatleute möglich.[555]

---

554 http://www.naturbestattungen.de

555 Da in Deutschland die Aushändigung der Totenasche an Angehörige nicht zulässig ist, muss die Asche allerdings zunächst ins Zielland kommen, und hier liegt oft das Problem für diese ungewöhnliche Bestattungsform. Liegt keine Bestätigung über eine Grabstätte im Ausland vor, weigern sich manche Standesämter, eine Genehmigung für die Beisetzung der Asche im Ausland auszuhändigen. Somit bleibt noch folgende Möglichkeit: die Totenasche entweder bei einem holländischen Krematorium selbst abzuholen, beispielsweise Midden-Limburg in Baexem, Yarden-Slangenburg in Doetinchem oder Heerlen. Das bietet sich insbesondere dann an, wenn die Entfernung zu diesen Orten

Bei der *Almwiesenbestattung* wird die Asche des Verstorbenen in der Schweiz auf einer Almwiese in die Erde eingebracht. Die Möglichkeit zur Aufstellung eines Grabsteines oder Kreuzes ist normalerweise nicht gegeben. Eine Feier mit Angehörigen ist möglich. Inzwischen gibt es mehrere Anbieter, die solche oder ähnliche Bestattungsformen vornehmen. Dies ist möglich, weil es für Totenaschen in der Schweiz keinen Friedhofszwang gibt und findige Geschäftsleute hier eine (Markt)lücke entdeckt haben, um den Friedhofszwang in Deutschland mit dem Aschenversand ins Ausland zu umgehen.[556]

Die deutschen Bischöfe lehnen derartige anonyme Aschenverstreuungen ab: «Das Ausstreuen der Asche Verstorbener, beispielsweise auf Grasflächen und Feldern, in Gärten und Wäldern oder über Flüssen und Seen, ist problematisch und wirft viele Fragen auf. Jede Anonymisierung der Bestattungen trägt dazu bei, den Tod unsichtbar zu machen.»[557]

---

gering ist und die Überführung des Leichnams zu diesen Krematorien deswegen nicht zu kostspielig wird. Hierbei ist zu beachten, dass laut niederländischem Bestattungsgesetz die Asche einen Monat im Krematorium verbleiben muss. Dies ist als Wartezeit zu sehen, damit die Asche nicht voreilig verstreut wird und der Betroffene den unwiderbringlichen Verlust später bereut. Die Totenasche wird von einer Grabstätte oder einem Bestatter im Ausland angefordert. Führend sind dabei Frau Ingrid Hoerner, die die Website www.weg4u.de betreibt, die Oase der Ewigkeit und Letzte Ruhe in der Schweiz.

556 Almwiesenbestattung 322,80 €; Almwiesenbestattung mit Edelweißpflanze 333,56 €; Bergbachbestattung 322,80 €; Gemeinschaftsbaum-Bestattung 408,88 €; Gemeinschaftsfelsen-Bestattung 408,88 €; bei Teilnahme der Angehörigen zzgl. 107,60 €.

557 Die deutschen Bischöfe, Tote begraben und Trauernde trösten. Bestattungskultur im Wandel aus katholischer Sicht (20. Juni 2005) =DeuBi 81, S. 26.

i) Waldbestattung bzw. Baumbestattung

Wer zwar als Leichnam «zurück zur Natur» gebracht, dabei aber als Nährstoff für die Natur dienen möchte, kann mittlerweile auch unter einem Baum bestattet werden. Durch die Bestattung im Wurzelbereich von Bäumen gelangt die materielle Hülle des Verstorbenen in den Naturkreislauf zurück. Die Baumbestattung ist eine relativ neue Bestattungsart. Die Idee dazu hatte erstmals der Schweizer Ueli Sauter 1993, der nach einer naturnahen Bestattung für einen Freund suchte. Er erfand die Bestattung im *Friedwald*[558] und ließ sich die Idee in der Schweiz und in der EU patentieren. Innerhalb kurzer Zeit erfuhr diese Bestattungsart großen Zuspruch, weil sie alt hergebrachte Strukturen aufbrach und naturverbundenen Menschen eine bislang nicht da gewesene Alternative bot. Die Idee basiert darauf, die Asche nach der Einäscherung im Wurzelbereich eines Baumes in die Erde einzubringen. Das kann ein eigens dafür neu gepflanzter Baum sein, oder auch ein bereits bestehender.

Entsprechend der ursprünglichen Idee, die so auch in der Schweiz praktiziert wird, kommt die Totenasche direkt mit dem Erdreich in Berührung. Friedwald Deutschland bestattet hingegen in Urnen. Mittlerweile bieten auch andere Grabstättenträger Baumbestattungen an, darunter auch viele Friedhöfe. Allen gemein ist, dass die Asche des Verstorbenen im Wurzelbereich eines Baumes die letzte Ruhe findet. Die Firmen *Friedwald* und seit einiger Zeit auch *Ruheforst* sind kommerziell organisiert und haben die größten Kapazitäten. Außerdem werden hier, anders als bei vielen kommunalen Trägern, alle Bürger aufgenommen und die Ruhezeiten sind oft deutlich länger.

---

[558] http://www.friedw.de

Allen Baumgrabstätten gemein ist, dass die Ruhestätte nicht von Angehörigen gepflegt werden muss, aber dennoch ein Ort existiert, an dem der Verstorbene besucht werden kann. Die Kosten für eine Baumgrabstätte sind abhängig vom Träger und je nach Standort des Baumes unterschiedlich.[559]

Die Kirche steht der Bestattungsform «Aschenstätten unter Bäumen» kritisch gegenüber, weil die Idee, dass der Mensch in den Naturkreislauf zurückkehrt und sozusagen als ein Teil des Baumes weiterleben soll, mit dem christlichen Glauben an die Auferstehung nicht vereinbar ist: «Mit der Urnenbeisetzung im Wald entwickelt sich eine neue Bestattungsform, die viele Fragen offen lässt. Weil Art und Ort dieser Baum- bzw. Strauchbestattung eine privatreligiöse oder pantheistische Einstellung nahe legen, hat die katholische Kirche grundlegende Vorbehalte gegen diese Bestattungsform. Sofern diese Form aus Gründen gewählt wird, die der christlichen Glaubenslehre widersprechen, ist ein kirchliches Begräbnis nicht möglich. Bei der Entscheidung hat der Pfarrer die entsprechenden diözesanen Richtlinien zu beachten.»[560] Die deutschen Bischöfe äußern sich daher in ihrer Pastoralen Einführung zum neuen Rituale kritisch gegenüber der Baumbestattung: «In jüngerer Zeit gibt es an verschiedenen Orten auch die Möglichkeit, die Urne mit der Asche des Verstorbenen auf einem naturbelassenen Waldstück im Wurzelbereich eines Baumes oder Strauches beizusetzen. Diese

---

559 Ein Gemeinschaftsbaum, an dessen Wurzeln mehrere Aschen ruhen, ist kostengünstiger als ein Einzel- oder Familienbaum, ein Grabplatz an einem prächtigen alten Baum an prominenter Stelle wiederum teurer als ein gewöhnlicher Baum abseits der Wege. Jeder Grabstättenträger hat hier aber seine eigenen Regeln. Baumgrabstätten werden ab ca. 750 € angeboten, können aber je nach Art auch ein Vielfaches davon kosten.

560 Die deutschen Bischöfe, Tote begraben und Trauernde trösten. Bestattungskultur im Wandel aus katholischer Sicht (20. Juni 2005) =DeuBi 81, S. 30

Bestattungsform fördert privatreligiöse, naturreligiöse oder pantheistische Vorstellungen und verbannt die Verstorbenen noch mehr aus dem alltäglichen Lebensraum der Lebenden. Deshalb hat die Kirche grundlegende Bedenken gegen diese Bestattungsform und fördert sie nicht. Trotzdem entwickelt sich hier offensichtlich eine neue Art des Friedhofes, sofern das Waldstück klar ausgewiesen ist und der Ort der Beisetzung des namentlich genannten Verstorbenen durch eine entsprechende Plakette markiert wird. Ein kirchliches Begräbnis ist hier nur dann möglich, wenn der Verstorbene diese Bestattungsform nicht aus Gründen gewählt hat, die der christlichen Glaubenslehre widersprechen. Die Mitwirkung eines Geistlichen oder eines mit dem Bestattungsdienst beauftragten Laien an einer Urnenbeisetzung im Wald ist darüber hinaus nur erlaubt, wenn die Grabstätte dauerhaft durch Namen und ein christliches Symbol gekennzeichnet werden kann.»[561]

j) Memorial reef

Wem ein einfacher Baum nicht «hip» genug ist, kann seine Asche auch zum Nährstoff von Korallenriffs und Meerestieren werden lassen und so mit seinem Tod «neues Leben» ermöglichen. Mit dem «Memorial Reef» an der Küste Floridas schuf «The Neptun Society» ein künstliches Riff für bis zu 125.000 Verstorbene. Es wurde aus ihrer Asche und zehn Prozent Beton geschaffen und gilt als ausgesprochen umweltfreundlich, da es Korallen und anderen Meerestieren einen Lebensraum bietet.[562]

---

561 Die kirchliche Begräbnisfeier. Pastorale Einführung, Bonn 2009, S. 33 Nr. 68.
562 www.nmreef.com

k) Urne zu Hause aufstellen

Doch warum in den Wald oder in das Meer, wenn man auch zuhause bleiben kann? Im Internet wird bereits mit dem Slogan geworben: «Bestattungspflicht legal für 150 € umgehen inkl. anonymer Beisetzung! Urne zu Hause kein Problem»[563]. Den geliebten Menschen in seiner Nähe behalten – das ist die Motivation, wenn man eine Urne mit nach Hause nehmen möchte. In Deutschland besteht aber nach wie vor die Pflicht zur Beisetzung der Urne. Das Verwaltungsgericht Weimar hat unter Berufung auf eine noch geltende Verordnung des DDR-Ministerrates den Verwandten eines verstorbenen Jugendlichen untersagt, dessen Urne (mit der Asche des Verstorbenen) im Wohnzimmer aufzubewahren. Nach Ansicht des Gerichts lasse der gesetzliche Bestattungszwang keine Ausnahmen zu. Diese Verpflichtung ist nach Ansicht der Richter auch im Hinblick auf das sittliche Empfinden der Allgemeinheit und mit Rücksicht auf die Totenruhe geboten. Ferner sei der gesetzliche Bestattungszwang auch verfassungsgemäß.[564]

Die Österreicher sind hier schon weiter. Der Rechtsausschuss des Landtags von Vorarlberg hat ein neues Bestattungsgesetz einstimmig angenommen, meldete der ORF am 27.05.2009. Das Gesetz, nach dem die Asche Verstorbener mit nach Hause genommen werden kann, wurde im Juni 2009 vom Vorarlberger Landtag einstimmig beschlossen. Die Seniorenvereinigungen hatten allerdings durchgesetzt, dass durch den Verbleib einer kleinen Teilmenge der Asche auf einem Friedhof oder einer Urnenstätte allen Angehörigen und Trauernden der «Zugang» zum Toten ermöglicht wird. Auf Verlangen der

---

563 http://www.weg4u.de/
564 Urteil des VG Weimar vom 07.08.2002 (6 K 177/02.We)

Angehörigen kann eine Teilmenge der Asche auch in kleine Behältnisse wie Amulette oder Schmuckkreuze gefüllt werden, sofern der Verstorbene dies nicht ausdrücklich abgelehnt hat. In Frankreich werden nur 2% der Aschen Verstorbener begraben, 71% bleiben bei den Familien.[565]

l) Verarbeitete Totenasche als Dekoration für die Wohnung

Das Ganze lässt sich noch ästhetisieren. Wem Asche zu schmutzig ist, der lässt seine verstorbenen Verwandten in hübsche Dekos umarbeiten. Die beispielsweise in sogenanntem *Erinnerungsporzellan* in einem speziellen Verfahren eingearbeitete und mitgebrannte Asche des Verstorbenen bietet angeblich eine neue, sehr persönliche und stilvolle Form privaten Gedenkens. Die beiden Figurmotive Engel

---

565 «Beim Thema ‹Urne im Wohnzimmer?›» (Ohlsdorf – Zeitschrift für Trauerkultur, Nr. 81) und nach den vielen Diskussionen der letzten Monate in Deutschland (wie im Hamburger Abendblatt vom 26.8.2003, S. 5, ‹Darf die Urne bald ins Bücherregal›) mag ein Blick auf das Bestattungsgesetz in Frankreich überraschen. In Bordeaux-Mérignac beispielsweise wird die Aschenurne nach der Kremation grundsätzlich an die Familie übergeben, die dann mehrere Möglichkeiten zur Auswahl hat: Die Asche kann am Ort verstreut, begraben oder ins Kolumbarium gegeben werden. Sie darf aber auch zu einem anderen Friedhof, zu einem privaten Grundstück oder anderswohin mitgenommen werden, um dort begraben bzw. aufgestellt zu werden. Auch darf die Asche außerhalb des Park-Friedhofs verstreut werden (innerhalb des Parks sind dafür bestimmte Zonen vorgesehen). Vom Gesetz verboten ist lediglich eine Verstreuung auf öffentlichen Wegen. Verblüffend sind in diesem Sinne die Statistiken für ganz Frankreich: Nur 2% der Aschen werden begraben, nur 7% kommen in ein Kolumbarium, 20% werden verstreut, und der Rest – 71% – bleibt bei den Familien. So kann es durchaus geschehen, dass eine Witwe die Urne ihres Mannes im Kleiderschrank aufbewahrt, um diese erst nach ihrem Tod, gemeinsam mit ihrer eigenen Asche, im fast überfüllten Familiengrab bestatten zu lassen. Nun, hier mag man den französischen Ausspruch gelten lassen, der da besagt: Chacun à sa façon!» (Christine Behrens, Thema: 125 Jahre Krematorien in Deutschland. Kremation im internationalen Kontext und am Beispiel Frankreichs, in: Ohlsdorf – Zeitschrift für Trauerkultur Nr. 83, IV, 2003 v. 03.11.2003).

und Mond und Stern solle dieser individuellen Erinnerung einen tiefen, symbolischen Bedeutungshintergund verleihen. Angeboten werden im Internet unter anderem die Bestattung in Glaskugeln, Ringen, Engelfiguren, in einer Babypuppe, im Kerzenhalter usw.[566]

m) Diamantbestattung

Natürlich kann man es auch noch edler haben – als Diamant aus der Asche des Verstorbenen. Die Diamantbestattung setzt eine Kremierung (Einäscherung) des Verstorbenen voraus. Kremationsasche besteht zu einem geringen Teil aus Kohlenstoff. Der Kohlenstoff liegt zum Großteil in Verbindungen vor. Aus den durchschnittlich ca. 2 kg Kremationsasche eines Menschen können laut Anbieterangaben auch mehrere Diamanten gefertigt werden. Da nicht die gesamte Asche zur Fertigung eines Diamanten benötigt wird, kann die verbleibende Asche auf herkömmliche Art beigesetzt werden. Durch ein spezielles Trennungsverfahren wird der Kohlenstoff aus der Asche gelöst und in einem weiteren Schritt werden die natürlichen Entstehungsbedingungen von Diamanten simuliert. Unter enorm hohem Druck von 50.000 bis 60.000 Bar und einer Temperatur von 1.500 bis 1.700 ° C beginnt sich das Karbon zu verflüssigen und seine Struktur (d.h. den atomaren Aufbau) zu verändern. Über einen Zeitraum von vier bis acht Wochen beginnen aus dem ursprünglichen «hexagonalen» Karbon «oktogonale» Diamant-Kristalle im wahrsten Sinn des Wortes «zu wachsen». Je nach Fertigungsverfahren müssen dem Kohlenstoff Zusätze beigemischt werden. Dies trifft jedoch nicht auf alle Hersteller zu. Durch einen

---

566 http://www.weg4u.de/schmuck/01.html

entsprechenden Schliff entsteht dann ein Erinnerungsdiamant, aus Teilen der sterblichen Überreste des geliebten Verstorbenen. Dabei sind verschiedene Schliffarten möglich.[567] Die Diamantbestattung gilt in verschiedenen Ländern als anerkannte Bestattungsart.[568] Die Kosten für den Geschenkdiamanten liegen zwischen 4.610 € (0,4 Karat) und 13.540 € (1,0 Karat). Und wenn es dann auf der Schauverpackung heißt: «Ein Juwel von Mensch»[569] – wer könnte dem widersprechen?

n) In einem Amulett ruhen

Wer nicht als Diamant-Collier enden möchte, aber trotzdem seinen Verwandten nach seinem Tod «am Hals hängen» möchte, kann dies in Form eines Amuletts mit Aschenbehälter tun. Als eine sehr persönliche Art, einen geliebten Verstorbenen weiter in seinem Herzen zu tragen, wird von entsprechenden Anbietern die Herstellung von Amuletten feilgeboten. Nach der Feuerbestattung wird dafür ein kleiner Teil der Asche in ein Amulett abgefüllt, das um den Hals getragen werden kann.

o) Recycling als Bleistift

Und für denjenigen, der auch nach seinem Tod noch für seine Hinterbliebenen nützlich sein möchte, für den

---

567 Ob tatsächlich in Kremationsasche genügend Kohlenstoff für die Herstellung von Diamanten verbleibt, wird von einigen Chemikern bezweifelt. Fakt ist, dass in 1 Karat – dies entspricht bereits einem vergleichsweise großen Diamant – nur 0,2 g Kohlenstoff enthalten sind. Daher wäre es einfacher und kostengünstiger, vor der Bestattung etwas Haar vom Verstorbenen abzunehmen. Ein Haarbüschel enthält genügend Kohlenstoff, um einen Diamanten herzustellen.
568 http://de.wikipedia.org/wiki/Diamantbestattung
569 http://landestrauerhilfe.de/diamant.html

verarbeitet die Künstlerin Nadine Jarvis die Asche zu 240 Bleistiften, in die der Name des Verstorbenen eingraviert ist. Diese werden in einer «schönen Holzkiste» aufbewahrt. In die Box ist ein Anspitzer eingebaut, so dass die Späne wieder in die Kiste zurückfallen und die Asche nicht verloren geht.[570]

p) Kryonik – Hoffnung auf ein irdisches Weiterleben in der Zukunft

Wer meint, so möchte ich nicht enden – vielleicht kann ich ja in Zukunft noch mal aufwachen so wie Schneewittchen, für den bietet sich Kryonik an. Es handelt sich bei der Kryonik nicht um eine Bestattungsart im eigentlichen Sinne. Im Gegenteil: Kryoniker streben danach, den Tod und den Verfall des Körpers oder der Körperteile – speziell des Gehirns – zu verhindern. Kryoniker glauben zum einen daran, dass die Medizin zukünftig die Krankheit, die zum Tode des Menschen geführt hat, heilen und darüber hinaus Körper, Geist und Intellekt des Verstorbenen wiederbeleben kann. Durch stufenweises Einfrieren bis auf sehr niedrige Temperaturen – unmittelbar nach dem Tode – werden die ansonsten sehr schnell einsetzenden Verfallsprozesse, die den Körper unweigerlich zerstören, gestoppt. Vor dem Einfrieren wird das Blut durch eine Kühlflüssigkeit ersetzt, um damit die Entstehung von Eiskristallen, die Zellwände zerstören würden, zu verhindern. Bis zum Wiederauftauen in einer ungewissen Zukunft verbleibt der Körper bei −196° C in einem Bad aus flüssigem Stickstoff.

Menschen, die ihrem Tode auf diese Weise durch einen «Dornröschenschlaf» entgehen wollen, müssen sich

---

[570] www.nadinejarvis.com

bereits zu Lebzeiten vorbereiten. In den USA gibt es seit geraumer Zeit Anbieter, die diese Art der Konservierung von Körpern oder Körperteilen anbieten. Aber auch in Europa sind mittlerweile Anbieter zu finden. Allerdings ist die Kryonik in Deutschland noch keine zugelassene Bestattungsart. Einzig in der Schweiz ist diese Art der Bestattung bislang zugelassen.[571]

q) Körperspende an ein anatomisches Institut

Wem das zu abgehoben ist, der kann seinen Körper einem anatomischen Institut zur Verfügung stellen. Der Körper des Verstorbenen findet dann Verwendung zu Lehr- oder Forschungszwecken. Nach dem Erfüllen des Zweckes – dies sind oft Monate bis Jahre – wird der Körper eingeäschert und die Asche auf Kosten des Instituts oder gegen einen geringen Kostenbeitrag beigesetzt. Oft besteht auch die Möglichkeit, die Totenasche in einem Familiengrab beizusetzen. Normalerweise werden die dafür anfallenden Kosten aber nicht übernommen.

Alle angehenden Ärzte müssen sich im Laufe Ihrer Ausbildung anatomische Kenntnisse aneignen. Dabei ist das Studium am toten menschlichen Körper und dessen Organen unabdingbar und daher in der Ausbildungsordnung aller Fachgruppen zwingend vorgeschrieben. Anatomische Institute benötigen geeignete Körper Verstorbener in ausreichender Anzahl, um die Ausbildung ihrer Studenten in der notwendigen Weise sicherzustellen. In der Praxis sind es vor allem Menschen, die Wert darauf legen, auch über den Tod hinaus ihrem Dasein einen irdischen Sinn zu geben, die die Verwendung ihrer

---

[571] http://www.cryonics.de/ http://www.alcor.org/

sterblichen Hülle als Studien- oder Forschungsmaterial in Erwägung ziehen.[572]

Die meisten anatomischen Institute haben allerdings bereits eine ausreichende Anzahl von Körperspendern registriert. Daher ist eine weitere Publizierung dort eher unerwünscht und die Institute schränken den in Frage kommenden Personenkreis ein. Oft werden nur Spender aus dem näheren Umkreis angenommen. Praktisch alle Hochschulen mit einer Medizinischen Fakultät unterhalten aber ein Institut, das Körperspenden annimmt. Die Bestattung wird in diesen Fällen aber nicht aufgehoben, sondern nur aufgeschoben. Oft findet auch anschließend beim jeweiligen anatomischen Institut eine Trauerfeier für die Verstorbenen statt, die zuvor von den Medizin-Studenten seziert wurden.

r) Körperspende zur Plastination

Und so kommen wir schließlich zur ultimativen Form, die eigentlich nur durch das «Ausstopfen einer Leiche» überboten werden könnte: Das von Gunther von Hagens entwickelte und bekannt gewordene Verfahren, genannt *Plastination*. Hierbei werden Präparate in hoher Qualität aus Körperteilen oder ganzen Körpern angefertigt. Insbe-

---

572 «Allerdings eignen sich nicht alle Verstorbenen zur Körperspende. Insbesondere sind ungeeignet: Menschen, die an einer ansteckenden Infektionskrankheit litten, wie beispielsweise: Hepatitis, HIV oder Salmonellose; Körper, die einer Obduktion unterzogen wurden; Unfalltote und Leichen, die bereits Anzeichen von Verwesung zeigen. Eine Körperspende kann auch nur dann angenommen werden, wenn der Verstorbene zu Lebzeiten eine entsprechende schriftliche Erklärung gegenüber dem jeweiligen anatomischen Institut abgegeben hat. Praktisch alle Institute haben hierzu eigene Formulare und Bestimmungen. Somit muss ein Körperspender selbst aktiv werden und vorab Kontakt mit dem Institut aufnehmen.»
www.bestattungsplanung.de/pages/bestattungsarten/257-0.html

sondere die Bestandteile des Körpers mit hohem Wasser- oder Fettanteil, die für gewöhnlich bereits kurze Zeit nach dem Tod durch Mikroorganismen zerstört werden, lassen sich durch Plastination dauerhaft konservieren. Plastinate dienen sowohl der Anschauung für Ärzte und Lehrinstitute, als auch für interessierte Laien, wie die weltweit bekannte Ausstellung «Körperwelten» beweist.[573] Derzeit hat Gunther von Hagens etwa 9.900 Körperspender in seiner Kartei – davon mehr als 900 Amerikaner – noch vor dem Tod Michael Jacksons wurde verlautbart, dass dieser ebenfalls ein Interessent für die Plastination sein solle. Nachdem dieser am 25.06.2009 starb, erklärte von Hagens, dass er ein halbes Jahr zuvor Kontakt zum Management des «King of Pop» gehabt habe und er ihn «tanzend bis in alle Ewigkeit»[574] in Szene setzen wolle.

---

573 «Plastinate werden zum Teil von anatomischen Instituten, getragen von den Universitäten, die eine medizinischen Fakultät unterhalten, hergestellt. Die Präparate stammen dabei normalerweise von Körperspenden die zu Lehrzwecken dienen, weswegen bei den Anforderungen an die Spenderkörper meist nicht unterschieden wird. Die bislang einzige Ausnahme ist das kommerziell orientierte Institut IfP (Institut für Plastination) in Heidelberg. Die Anforderungen des IfP an die Spenderkörper sind nicht so hoch wie bei den universitären Einrichtungen, weil die Spenderkörper ausschliesslich zur Plastination verwendet werden. Dort können auch Körper Verwendung finden, die an HIV, Salmonellose oder Hepatitis litten, denen einzelne Organe im Rahmen einer Organspende entnommen – oder denen Gliedmaßen amputiert wurden. Zur Zeit hat das IfP im Gegensatz zu den meisten anderen Einrichtungen noch einen Bedarf an Körperspenden. Dafür muss der Spender sich aber darüber im klaren sein, dass sein Körper wahrscheinlich öffentlich ausgestellt wird; beispielsweise in der Ausstellung Körperwelten. Das IfP nimmt laut Aussage einer IfP Mitarbeiterin (Stand 2005) auch Verstorbene zur Plastination an, wenn der Spender dies nicht schriftlich fixiert hat. Die Versicherung der Angehörigen, dass eine Platination der Wunsch des Verstorbenen war, reicht aus. Wer also sicher gehen möchte, nicht als Plastinat zu enden, sollte in jedem Fall eine Bestattungsverfügung verfassen und seinen Willen festlegen.»
www.bestattungsplanung.de/pages/bestattungsarten/261-0.html
574 Augsburger Allgemeine v. 27.06.2009, S. 4. Bis zur Beerdigung Jacksons am 03.09.2009 in Glendale bei Los Angeles in einem vergoldeten Sarg war dann nicht mehr davon die Rede (vgl. Augsburger Allgemeine v. 04.09.2009, S. 11).

Man wird jedoch bezweifeln können, dass es hier nur um eine «wissenschaftliche» Zur-Schau-Stellung menschlicher Leichname zwecks Bildung der Bevölkerung geht. Denn von Hagens seziert nicht nur die Leichname und stellt anschauliche Präparate her, sondern er verarbeitet sie geradezu zu «Kunstwerken». Damit geht eine Verzweckung des Menschen einher, die mit der Menschenwürde und der Einhaltung der gesetzlich geschützten Totenruhe nicht vereinbar ist: «Wer ... den Körper ... eines verstorbenen Menschen ... wegnimmt oder wer daran beschimpfenden Unfug verübt, wird mit Freiheitsstrafe bis zu drei Jahren oder mit Geldstrafe bestraft» (§ 168 StGB).

Wir sehen bei «Körperwelten» Menschen, die wie Fußballer einen Ball schießen, als Leichtathlet über eine Latte springen oder Schach spielen.

Und dann lässt sich mit «Körperwelten» auch eine Menge Geld verdienen. Die Eintrittskarten für die Ausstellung, die zum Zeitpunkt dieses Vortrags gleichzeitig in Berlin, London, San Diego (Kalifornien), Tampa (Florida), Haifa (Asien) und in Augsburg zu sehen war, kosten zwischen 9 € für Kinder und 17 € für Erwachsene. Eigenen Angaben zufolge haben «seit Beginn der Ausstellungsserie 1995 in Japan ... bis heute über 26 Millionen Besucher in über 40 Städten Asiens, Europas und Nordamerikas» diese Leichenzurschaustellung gesehen und wohl um die 300 Millionen Euro eingebracht.[575] Letztlich ist dies auch ein Geschäft für den Staat. Um die 50 Millionen Euro haben die verschiedenen Staaten dabei wohl allein an Mehrwertsteuer verdient.

Ganz und gar abartig ist es, dass die Ausstellung von Körperwelten, die am 06.06.09 in Berlin zu sehen war,

---

575 http://www.koerperwelten.com/de/ausstellungen/beispiellose_erfolg.html

zwei Leichen beim Geschlechtsverkehr zeigte: Zwei gehäutete tote Menschen beim Sex – «Der schwebende Akt» nennt von Hagens diese widerliche und menschenverachtende Installation. In Berlin wurde sie in einem abgetrennten Raum nur mit Altersbeschränkung von 16 Jahren gezeigt – in Zürich sollte sie auch Kindern gezeigt werden – Kinder bis sechs Jahren haben gratis Zugang. Bei den Leichnamen handelt es sich um zwei Deutsche, eine Frau im Alter von 58 Jahren und ein Mann im Alter von 51 Jahren, die an den Folgen von Lungenkrebs gestorben sind.

Berliner Politiker haben sich über die Zur-Schau-Stellung der Leichen in sexueller Pose erzürnt. Empört verlangte beispielsweise der CDU-Bundestagabgeordnete Kai Wegner, die Staatsanwaltschaft müsse prüfen, «ob eine derartig abstoßende Darstellung mit unserem Rechtssystem vereinbar» sei. Nach Auffassung des kulturpolitischen Sprechers der CDU-Fraktion, Michael Braun, verstößt Hagens mit seiner Ausstellung gegen Artikel 1 des Grundgesetzes «Die Würde des Menschen ist unantastbar». Die «Darstellung von Menschen in enthäuteter Situation» sei würdelos. Auch die Berliner Grünen-Abgeordnete Alice Ströver hat sich empört: «Geld mit Leichen zu verdienen ist absolut jenseitig. Dieses Paar ist dann noch der Gipfel – und sollte nicht gezeigt werden.» Und nach Ansicht der kulturpolitischen Sprecherin der SPD-Fraktion im Abgeordnetenhaus, Brigitte Lange, muss die Ausstellung «eigentlich eingestellt» werden, da sie die Totenruhe verletze. «Man stellt keine Toten aus.» Die Darstellung des Sexualakts sei «pervers».

Die Ausstellung traf in Augsburg auf heftigen Widerstand. Das Bistum Augsburg sprach bereits im Vorfeld von einem «Skandal», ein evangelischer Pfarrer von «öffentlicher Verzweckung des Menschen», Prof. Nagel, stellvertretender Vorsitzender des Nationalen Ethikrates und Leiter des Transplantationszentrums am Klinikum, Augsburg davon, dass «die Würde des Toten» bei der Ausstellung nicht gewahrt werde.[576] Der Diözesanrat der Katholiken im Bistum Augsburg gab am 25.05.2009 eine Erklärung ab: «Ein menschlicher Leichnam ist weder Sache noch ein Kunstobjekt. In ihm tritt uns eine einmalige Person mit ihrer unverwechselbaren Geschichte gegenüber. Dieser Mensch behält seine Würde, die über den Tod hinaus reicht und die deshalb anerkannt werden muss ... Die Ausstellung ‹Körperwelten› leistet ... [zur Humaniserung unserer Gesellschaft] keinen Beitrag. Sie ist als weltweites Geschäftsunternehmen Ausdruck einer Gesellschaft, in der die Sensationslust auch vor dem Verstorbenen keinen Respekt mehr kennt.»[577]

Als von Hagens zwei Monate nach Ausstellungseröffnung offensichtlich klar wurde, dass zu wenige, nämlich bislang nur 80.000 statt wie erwartet 200.000 Gäste, die «Körperwelten»-Ausstellung besuchen würden, brachte er am Fest «Verklärung des Herrn» einen «Liegenden Akt» zur Schau, was von der Stadt Augsburg umgehend verboten und mit einem angedrohten Bußgeld von 10.000 € belegt wurde.[578] Daraufhin enthüllte der Aussteller den «Sex-Akt» in Goldfolie gehüllt und hängte sieben großformatige Bilder auf, die das tote «Liebespaar», die sich im Leben wohl nie begegnet sind, unverhüllt zeigten; schließlich ginge es um die «Freiheit der Wissenschaft»

---

576 Körperwelten: «Störung der Totenruhe», in: Augsburger Allgemeine v. 25.04.2009, S. 47.

577 http://www.bistum-augsburg.de/ba/dcms/sites/bistum/dioezese/dienststellen/raete/dioezesanrat/index.html?f_action=show&f_newsitem_id=10188&tm=1

578 Stadt verbietet Sexszene mit Toten, in: Augsburger Allgemeine v. 06.08.2009, S. 40; Keine Sexdarstellung in Körperwelten-Schau, in: Augsburger Allgemeine v. 06.08.2009, S. 8.

und die «Schönheit der Liebe». Die Bayerische Justizministerin Beate Merk CSU erklärte: «Solange ihm niemand Einhalt gebietet, wird er auch weiterhin nach immer wieder neuen unerträglichen Provokationen suchen.»[579] Der Augsburger Oberbürgermeister Kurt Gribl sprach von Täuschung und Effekthascherei.[580]

Nachdem von Hagens mit seiner Klage vor dem Verwaltungsgericht gescheitert war, weil bei dem einen der ausgestellten Toten des «Liegenden Aktes» im Totenschein das Wort «Demenz» auftauchte und die Freiwilligkeit der Erklärung nicht feststand, holte von Hagens ein zweites totes «Sex-Paar» in die Ausstellung: das bereits in Berlin gezeigte Plastinat «Schwebender Akt». Daraufhin marschierte der Augsburger Oberbürgermeister nach kurzer Diskussion mit von Hagens «erbost mit einer Decke bewaffnet durch die Körperwelten-Ausstellung, ... warf die Decke über die überkopfhohe Vitrine und ließ später einen blickdichten Bauzaun aufstellen».[581] Das Verwaltungsgericht gab auch diesmal dem Kurs der Stadt Augsburg recht und sprach von «Verletzung der Würde der Verstorbenen» und von einem «Tabubruch»[582].

Weil die Richter die «Darstellungen von Emotionen des Paares» kritisiert hatten, griff der «Plastinator» zur nächsten Stufe: Er zersägte das Paar, um nun «nur den Geschlechtsakt – ohne Körper und erregte Gesichtszüge» zeigen zu können. Der Oberbürgermeister nannte

---

579 Vgl. Der «Sex-Akt» bleibt (vorerst) in Goldfolie gehüllt, in: Augsburger Allgemeine v. 07.08.2009, S. 36.
580 «Notfalls nagele ich Bretter hin», in: Augsburger Allgemeine v. 08.08.2009, S. 34.
581 Ein Bauzaun schirmt jetzt das zweite Sex-Plastinat ab, in: Augsburger Allgemeine v. 28.08.2009, S. 30.
582 Gericht verbietete Sexszene mit Toten, in: Augsburger Allgemeine v. 05.09.2009, S. 4.

dies «nicht nur geschmacklos, sondern widerlich»[583]. Da mittlerweile das Ende der Ausstellung nahte und ein Zwangsgeld von 50.000 € drohte, kündigte von Hagens an, auf eine Zurschaustellung des abgesägten Sex-Aktes zu verzichten, sie aber ab 19. September in Köln zeigen zu wollen.[584]

So weit kann es kommen, wenn die Würde des Menschen – auch die Würde des verstorbenen Menschen – missachtet wird. Doch auch die Stadt Köln hat bereits wirksame Maßnahme gegen die Missachtung der Totenruhe und der Würde der Verstorbenen ergriffen[585]: «Veranstalter der ‹Körperwelten› dürfen Tote in sexuellen Posen nicht zeigen; Jugendliche unter 16 sollen die Show nur in Elternbegleitung sehen. Das Ordnungsamt will die Einhaltung der Verbote überwachen.»[586]

Doch auch diese offensichtliche Leichenschändung lässt sich noch überbieten – Gunther von Hagens plant nun, präparierte Körper zu zeigen, die sich bewegen. Die Roboter-Leichen sollen – angetrieben durch kleine Motoren – zwinkern und einzelne Muskeln anspannen. Hier geht es nicht mehr um Wissenschaft, sondern um eine Horror-Show. Von Hagens wird in der Presse zitiert mit den Worten: «Es werden sich einige Besucher erschrecken, wenn sich plötzlich die Köpfe bewegen oder die Plastinate mit den Augenlidern klimpern.»[587] Und die

---

583 «Plastinator» zersägt Sex-Akt, in: Augsburger Allgemeine v. 08.09.2009, S. 32.

584 Vgl. Zersägter Sex-Akt wird nicht gezeigt, in: Augsburger Allgemeine v. 09.09.2009, S. 36.

585 Vgl. Ordnungsamt droht dem Leichenkabinett mit Zwangsgeld, in: Kölner Stadtanzeiger v. 18.09.2009.

586 Stadt verbietet Sex-Plastinate, in: Kölner Stadtanzeiger v. 18.09.2009; Ordnungsamt droht dem Leichenkabinett mit Zwangsgeld, in: ebd.

587 http://www.morgenpost.de/berlin/article1087374/Totes_Paar_beim_Sex_soll_erst_der_Anfang_sein.html#reqRSS

Berliner Morgenpost enthüllte: «Ein paar Tabus hat Gunther von Hagens noch in petto: ‹Einen Kuss zwischen zwei Frauen zum Beispiel – den werde ich wohl erst in zehn Jahren zeigen können. Das ist jetzt noch zu kontrovers.›»

Die deutschen Bischöfe haben grundlegend zum Umgang mit den Toten Stellung bezogen, wenn sie schreiben: «Auch der tote Körper hat seine Würde. Er bewahrt noch eine Weile die menschliche Gestalt und zeigt etwas von der Persönlichkeit, zu der dieser Körper gehörte. Er kann einen Menschen in seiner leiblichen Erscheinung wie auch in seiner geistigen Gestalt noch einmal ganz zum Ausdruck bringen. Nicht von ungefähr lassen manche Angehörige Totenmasken abnehmen, die das Bild des Verstorbenen ausdrucksvoll bewahren. Der tote Körper verweist ganz auf den, der tot und abwesend ist und uns dennoch im Leichnam eine vorübergehende Form leiblicher Nähe hinterlässt.

Nach dem Glauben der Kirche ist der Leib durch die Taufe ‹Tempel des Heiligen Geistes› (1 Kor 6,19). Die Berührungen Christi wurden ihm zuteil in den Salbungen der Sakramente: der Taufe, der Firmung, eventuell der Priesterweihe und der Krankensalbung. Dieser Leib wurde genährt durch das Brot des Lebens, die heilige Eucharistie, die Arznei der Unsterblichkeit. Er wurde geheiligt im Sakrament der Ehe, damit Menschen auch in der gegenseitigen leibhaften Zuwendung zueinander zum Zeichen der Nähe und Liebe Gottes werden. Durch den Leib haben sich Menschen an der Schönheit der Schöpfung erfreut und konnten so Gott ahnen. Sie haben durch den Leib das Wort Gottes aufgenommen und es in die Tat umgesetzt. In Jesus von Nazareth hat das ewige Wort des Vaters ‹Fleisch angenommen› aus Maria, der Jungfrau (Joh 1,14). So hat die Menschwerdung die Würde des Leibes unterstrichen.

Der ehrfurchtsvolle Umgang mit dem Leichnam Jesu bei seinem Tod und seinem Begräbnis war in der Geschichte der Kirche stets Impuls für einen pietätvollen Umgang mit den Toten. Das Bild der Mutter Maria mit ihrem toten Sohn auf dem Schoß, die Pieta, war und ist für Christen eine Einladung zur Nachahmung dieser pietas ... Aus all diesen Überlegungen ergibt sich für uns Christen ein geprägter pietätvoller Umgang mit den Toten.»[588]

Von all dem ist bei der Ausstellung der «Körperwelten» nichts mehr zu spüren.

5. Zusammenfassung

Fassen wir kurz zusammen:

a) Religiös denkende Menschen behandeln den Leichnam pietätvoll, ganz gleich, welche Jenseitsvorstellungen sie vertreten.

b) Diese Pietät gegenüber dem Leichnam oder der Asche eines Verstorbenen ist bei uns in Deutschland strafrechtlich geschützt.

c) Östliche Religionen (Buddhismus, Hinduismus) praktizieren als Bestattung die Leichenverbrennung, um der Seele des Verstorbenen den Weg zu den Göttern oder zur Wiedergeburt zu eröffnen.

d) Im Islam, Judentum und Christentum wurde traditionell die Feuerbestattung abgelehnt, da sie symbolisch konträr zum Auferstehungsglauben steht. Die normale jüdische, islamische und christliche Bestattung ist die Erd-Bestattung, die Beerdigung.

---

[588] Die deutschen Bischöfe, Tote begraben und Trauernde trösten. Bestattungskultur im Wandel aus katholischer Sicht (20. Juni 2005) =DeuBi 81, S. 13 f.

e) Die Erdbestattung im Christentum leitet sich aus dem Begräbnis Christi her und von der Vorstellung, dass der Leichnam des Menschen wie ein Weizenkorn in die Erde gelegt wird, um dann in einem verherrlichten Leib am Jüngsten Tag auferweckt zu werden (bzw. als Verdammter mit seinem Leib wieder vereint zu werden).

f) Nach christlichem Dogma gehört die «Auferstehung des Fleisches», also die Identität des Auferstehungsleibes mit dem irdischen Leib, zum Glaubensgut.

g) Die Feier der Bestattung des lateinischen Katholiken ist im kirchlichen Gesetzbuch CIC von 1983 sowie in der liturgischen Gesetzgebung («Die kirchliche Begräbnisfeier») klar geregelt.

h) Die Erdbestattung ist nach wie vor die aus christlichem Glauben favorisierte Bestattungsform – die Feuerbestattung ist aber nun erlaubt, sofern sie nicht aus Gründen gewählt worden ist, die der christlichen Glaubenslehre widersprechen.

i) Es empfiehlt sich, die Bestattung in der Form der drei Stationen zu halten: Abholung und Prozession mit dem Leichnam in die Kirche – Messfeier in Anwesenheit des Leichnams – Begräbnis auf dem Friedhof.

j) Die zahlreichen modernen Formen der Bestattung (von der Seebestattung über die Friedwaldbestattung bis zur Weltraumbestattung) entsprechen nur bedingt oder überhaupt nicht dem christlichen Glaubensempfinden, sondern präferieren eine pantheistische Vorstellung und sind teilweise sogar pietätlos gegenüber den Verstorbenen («Bleistiftbestattung»). Sie sollten daher von Christen nicht gewählt werden.

k) Die Plastination und Ausstellung von enthäuteten und präparierten Leichen widerspricht der Würde des Menschen, stellt eine Störung der Totenruhe dar und missbraucht den menschlichen Leib als Ausstellungs- und

Kunstobjekt. Damit sind die Grenzen des pietätvollen Umgangs mit den Verstorbenen eindeutig überschritten.

l) Die Antwort auf die Frage: «Wohin mit den Toten?» ist christlicherseits die folgende: Ein christlicher Toter gehört, nachdem er in die Kirche getragen wurde, wo für sein Seelenheil das Heilige Messopfer dargebracht wurde, unter kirchlicher Mitwirkung in ein Erdgrab bestattet. Die Seele gelangt unmittelbar im Augenblick des Todes vor das individuelle Gericht und erhält (nach etwaiger Läuterung) ewigen Lohn oder aber ewige Strafe.

Doch der Leichnam wartet – wie das Weizenkorn, das in die Erde gelegt wurde – im Grab auf die Auferstehung. Dort ruht der Leib, der in der Taufe ein Tempel des Heiligen Geistes geworden ist, bis zum Jüngsten Tag, an dem die Posaune erschallen wird und alle Leichname mit ihren Seelen wiedervereint aus den Gräbern auferstehen und vor das Jüngste Gericht Christi treten werden: «die einen zum ewigen Leben, die anderen zur Schmach, zu ewigem Abscheu». Gebe Gott, dass wir alle unser irdisches Leben so führen, dass wir im Augenblick des Todes als dem Ende des irdischen Pilgerstandes mit der vom Leib losgelösten Seele zur beseligenden Anschauung Gottes (visio beatifica) in der Gemeinschaft der Heiligen (communio sanctorum) gelangen und am Jüngsten Tag mit unserem verklärten Leib wieder vereint und vollendet werden mögen.

Kurzbiographien

Prof. Dr. Thomas Stark

Geboren 1960 in Frankfurt am Main. Studium der Philosophie; Theologie und Sozialwissenschaften in Frankfurt, München, Düsseldorf und Eichstätt. Promotion in Philosophie in Eichstätt. Seit 2005 ordentlicher Professor für Philosophie an der Philosophisch-Theologischen Hochschule St. Pölten. Seit 2010 Professor für Philosophie an der Phil.-Theol. Hochschule Benedikt XVI. Heiligenkreuz.

Pater Prof. Dr. Karl Wallner OCist.

Geboren 1963 in Wien. Er trat 1982 in das Zisterzienserkloster Heiligenkreuz ein und studierte an der Hochschule Heiligenkreuz sowie an der Universität Wien Theologie. 1992 Promotion mit einer Dissertation über Hans Urs von Balthasar. Seit 1999 Leiter der Hochschule Heiligenkreuz; mit der Erhebung zur Hochschule päpstlichen Rechtes 2007 wurde er zum Gründungsrektor der «Phil.-Theol. Hochschule Benedikt XVI. Heiligenkreuz» ernannt. Durch seine humorvollen Vorträge erreicht er ein weites Publikum. Verfasser von über 20 Büchern.

Aktuelle Aufgaben: Rektor der Hochschule Heiligenkreuz, Professor für Dogmatik und Sakramententheologie, Jugendseelsorger, Öffentlichkeitsarbeit im Stift Heiligenkreuz, Leiter des Be&Be-Verlages und des Labels «Obsculta Music».

Prof. Dr. Manfred Hauke

Prof. Dr. Manfred Hauke wurde 1956 geboren. Studium der Philosophie und Theologie in Paderborn und München, 1981 abgeschlossen mit dem Doktortitel in Theologie (bei Leo Scheffczyk). Nach der Priesterweihe 1983 vier Jahre im seelsorglichen Dienst als Vikar im Ruhrgebiet. 1991 Habilitation in Augsburg bei Anton Ziegenaus. 1993 Berufung an die Theologische Fakultät von Lugano als Professor für Dogmatik. Monographien u.a. zum Priestertum der Frau (Doktorarbeit), zur griechischen Erbsündenlehre (Habilitation), zur Firmung, zur Feministischen Theologie, zur Theologie von Leo Kardinal Scheffczyk sowie ein Lehrbuch der Mariologie.

Prof. Dr. Regina Willi

Prof. Dr. Regina Willi stammt aus Mels im Kanton St. Gallen (Schweiz). Studium der Theologie in Fribourg und Innsbruck. Im Mai 2004 Promotion an der kath. Fakultät Lugano in der Schweiz zum Thema der Hoffnung in der Verkündigung des Propheten Jeremia zur Zeit des babylonischen Exils. Dozentin für Altes Testament in Lugano von 2005 bis 2007. Seit Oktober 2007 außerordentliche Professorin für AT an der Phil.-Theol. Hochschule Benedikt XVI. Heiligenkreuz und seit Oktober 2010 ordentliche Professorin für AT an der genannten Hochschule.

Prof. Dr. Michael Stickelbroeck

Prof. Dr. Michael Stickelbroeck wurde 1963 in Walbeck am Niederrhein geboren. 1984-1990 Studium der Theologie in Kerkrade (Niederlande) und in Heiligenkreuz. 1990-1993 Promotionsstudium in Augsburg, Dissertation bei Prof. Ziegenaus. 1995 Priesterweihe in St. Pölten, Seelsorgstätigkeit. 2001 Habilitation in Dogmatik bei Prof Gerhard Ludwig Müller in München. Seit 2002: Ordentlicher Professor für Dogmatik an der Phil.-Theol. Hochschule in St. Pölten.

Gastprofessor an der Facultad de Teologia Pontivicia y Civil in Lima sowie am Priesterseminar der Prelatura Yauyos Instituut Sint Bonifaties, Haarlem, NL.

Er hält auch Rundfunkvorträge bei EWTN.

Prof. em. Dr. Dr. Anton Ziegenaus

Prof. Dr. phil. Dr. theol. Anton Ziegenaus, geboren 1936, studierte Theologie, Philosophie und Psychologie an der Ludwig-Maximilians-Universität München. 1963 empfing er die Priesterweihe. Im selben Jahr wurde er mit der Arbeit «Das Menschenbild des Theodor von Mopsvestia» zum Dr. phil. promoviert, 1972 folgte die Promotion zum Dr. theol. mit seiner vom Münchner Dogmatiker und späteren Kardinal Leo Scheffczyk betreuten Dissertation «Die trinitarische Ausprägung der göttlichen Seinsfülle nach Marius Victorinus». An der Albert-Ludwigs-Universität Freiburg habilitierte er sich mit einer Schrift zur Theologie der Buße für das Fach Dogmatik. 1977 erhielt er einen Ruf an den Lehrstuhl für Dogmatik an der Universität Augsburg, den er bis zu seiner Emeritierung 2004 innehatte. Er wirkt auch als Gastprofessor an der Universidad de Navarra in Pamplona und der Päpstlichen Universität vom Heiligen Kreuz (Pontificia Università della Santa Croce) in Rom und ist wissenschaftlicher Leiter der Theologischen Sommerakademie in Augsburg. Seine Forschungsschwerpunkte sind: Geschichte des Schriftkanons, Eschatologie und Sakramentenlehre. Bekannt wurde Anton Ziegenaus mit dem achtbändigen Werk Katholische Dogmatik, das er zusammen mit Leo Scheffczyk verfasste. Es wurde in mehrere Sprachen übersetzt, sogar ins Ungarische, Ukrainische und Koreanische. Ziegenaus publizierte über 200 wissenschaftliche Arbeiten und ist seit 1991 Mitherausgeber der Zeitschrift Forum Katholische Theologie. Bis 2005 war er Vorsitzender der Deutschen Arbeitsgemeinschaft für Mariologie und Herausgeber der Buchreihe Mariologische Studien.

Prof. Dr. Joseph Schumacher

Prof. Dr. Joseph Schumacher, geboren 1934, Priesterweihe 1959, nach Jahren in der praktischen Seelsorge und im Schuldienst 1973 Promotion, 1978 Habilitation, seit 1983 Professor für Fundamentaltheologie in Freiburg /Brsg. 1989 Ordentliches Mitglied der Pontificia Academia Theologica Romana, 1996 Korrespondierendes Mitglied der Pontificia Academia Mariana Internationalis. Umfangreiche Vortragstätigkeit auf wissenschaftlichen Kongressen und Akademie-Tagungen. Zahlreiche theologisch-wissenschaftliche Buchveröffentlichungen und Aufsätze. Seit 1990: Web-Site theologie-heute.de.

Dr. Peter Christoph Düren

Dr. theol. Peter Christoph Düren, geboren 1964, stammt aus Düren (Bistum Aachen). Nach dem Studium der Philosophie und Theologie an den Universitäten in Bonn (Dipl.-Theol.) und Augsburg (Dr. theol.) arbeitete er als Wissenschaftlicher Mitarbeiter an der Katholisch-Theologischen Fakultät der Universität Augsburg und ist seit 1989 Theologischer Referent im Bischöflichen Ordinariat Augsburg, Hauptabteilung VI: Grundsatzfragen: Glaube und Lehre – Hochschule – Gottesdienst und Liturgie. Nebenberuflich leitet er den Dominus-Verlag: www.dominus-verlag.de. Seine Dissertation schrieb er über das Thema «Der Tod als Ende des irdischen Pilgerstandes»; weitere Publikationen zu ähnlichen Themen: http://www.peter-dueren.de/site01.htm